传承与发展

新时代文化建设的无锡实践

《传承与发展：新时代文化建设的无锡实践》编写组◎编著

人民日报出版社

北　京

图书在版编目（CIP）数据

传承与发展：新时代文化建设的无锡实践 / 《传承
与发展：新时代文化建设的无锡实践》编写组编著 . --
北京：人民日报出版社，2025.2. -- ISBN 978-7-5115-
8675-9

Ⅰ. G127.533

中国国家版本馆 CIP 数据核字第 2025BG0682 号

书　　名：传承与发展：新时代文化建设的无锡实践
　　　　　CHUANCHENG YU FAZHAN:XINSHIDAI WENHUA JIANSHE DE WUXI SHIJIAN
作　　者：《传承与发展：新时代文化建设的无锡实践》编写组

出 版 人：刘华新
责任编辑：周海燕　马苏娜
封面设计：元泰书装

出版发行：人民日报出版社
社　　址：北京金台西路 2 号
邮政编码：100733
发行热线：（010）65369509　65369527　65369846　65363528
邮购热线：（010）65369530　65363527
编辑热线：（010）65369518
网　　址：www.peopledailypress.com
经　　销：新华书店
印　　刷：三河市嘉科万达彩色印刷有限公司
法律顾问：北京科宇律师事务所　（010）83622312

开　　本：710mm×1000mm　1/16
字　　数：210 千字
印　　张：14.75
版　　次：2025 年 3 月第 1 版
印　　次：2025 年 3 月第 1 次印刷
书　　号：978-7-5115-8675-9
定　　价：98.00 元

如有印装质量问题，请与本社调换，电话（010）65369463

本书编写组

主　编

刘大禹　马素伟

编　委

李　丰　张　丽　胡　哲　闫志远

徐梓又　向　羽　贺文强　陈良琨

编著单位

中共无锡市委宣传部

江南大学

在中国式现代化进程中承担文化建设新使命

近代以来，随着帝国主义的入侵，中国逐渐沦为半殖民地半封建社会，主权和领土完整遭受破坏，国家蒙辱，人民蒙难，文明蒙尘。这种危机，诚如贺麟先生所言，根本上是一个文化的危机。实现国家独立和民族解放，重焕文明荣光，实现现代化，成为中华各民族的共同愿望。为此，无数仁人志士抛头颅，洒热血，前赴后继，奋勇向前。十月革命一声炮响，给中国送来了马克思列宁主义，中国共产党因之诞生。党成立以来，以马克思主义理论为指导，结合中国的实际情况，结合中华优秀传统文化，领导和团结全国各族人民，发扬历史主动，赢得历史自信，以其稳健的革新力、坚定的自信力，展现出无与伦比的历史定力，带领人民实现了国家独立和民族解放，形成了推进中国式现代化的先决条件，并在探索和建设社会主义的进程中，找到了一条适合中国国情和文化发展的正确道路。通过数年建设，我国经济发展日新月异，文化事业繁荣昌盛，综合国力不断提高，国际地位大幅提升。

文化建设对国家经济社会发展至关重要。党的十八大以来，在中国式现代化建设的进程中，文化建设越来越得到党和国家的高度重视，并形成了习近平文化思想。党的二十大提出了以中国式现代化全面推进中华民族伟大复兴的奋斗目标，并就建设社会主义文化强国作了战略部署。习近平文化思想的形成，进一步推动文化建设在正本清源、守正创新中取得历史性成就，社会主义文化强国建设迈出坚实步伐。①新时代新征程，在传承和弘扬中华优秀传统文化的基础上，进一步推动文化建设，是党和人民的新使命。

新时代如何推进文化建设，全国各地从理论到实践都在对此进行探索。江苏作为中国经济社会发展最为发达的地区之一，成为文化建设探索的排头兵。习近平总书记明确赋予江苏"在建设中华民族现代文明上探索新经验"的重大任务。为响应习近平总书记的号召，江苏各地因地制宜掀起文化建设的新探索，传承历史文化资源，打造鲜明的文化标识，增强文化竞争力，为城市发展注入持久动力。

江苏无锡，作为近代以来闻名于世的工商名城，是一个历史名城，更是一个文化名城。近代以来，无锡从一座普通的地方县城，发展成为民族工商业的发祥地之一。新中国成立后，无锡依托经济与工业基础，以乡镇企业为特色，探索出"苏南模式"这一城乡一体化的发展模式，在物质文明建设方面做出了不平凡的业绩。

无锡的现代化，不是单纯追求 GDP 的增长，而是着眼于构建均衡、可持续的发展体系，强调物质富足与精神富有的统一。无锡充分挖掘和利用历史文化资源，以独树一帜的文化自信与开拓创新的精神，站在时代前沿，探索现代化路径，促进中华文明发展，打造出一系列具有影响力的文化产品，努力开创出一条符合自身特色的发展道路，为其他城市和地区提供可供借鉴的经验。

如今，无锡这座历史悠久、文化底蕴深厚的城市，面对工业化、市场化、信息化、国际化的快速推进，如何将提升城市精神风貌与实现中华民族伟大复兴的梦想相结合，成为其推动文化建设亟待解决的关键问题。为此，本课题从理论与实践两个维度出发，在系统梳理无锡探索文化建设的历史根脉和夯实文化建设的理论基石、实践根基的基础上，重点围绕打造文化建设的载体空间、优化文化建设的主体场域、推动文化建设成果的外向传播等方面展

---

① 《锚定建成文化强国战略目标　不断发展新时代中国特色社会主义文化》，《人民日报》2024年 10 月 29 日。

开深入研究，借此探索推进城市文化建设实践的成功经验。

俗话说，十年发展比经济，五十年发展比制度，一百年发展比文化。文化建设是一项系统工程，需久久为功。无锡作为文化建设的探路先锋，既要脚踏实地走好每一步，也要着眼长远目标，乘势而上，为中国式现代化建设、中华文明繁荣发展贡献力量。

目录

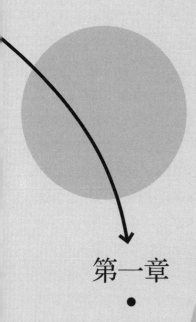

第一章

无锡探索文化建设的历史根脉

　　文化是人类社会实践的历史产物，具有传承性、创新性、独特性等显著特征。每个地区的文化都是前期历史文化的积累，同时根据时代的发展变化不断创新。探索一个地区的文化建设，首要的和基本的是要理清其历史根脉，方能了解其文化建设的传承与发展。无锡，作为一个具有深厚历史文化底蕴的江南城市，始终散发出鲜明的工商文化、江南文化等的独特魅力。

第一节　深厚的历史底蕴

　　无锡北依长江，南濒太湖，千年古运河穿城而过，具有通江达海、包孕吴越的优越地理条件。3000 多年前，泰伯奔吴，"断发文身"，以睦亲和众，最终筑城立国，开创了吴国历史，无锡也由此成为吴文化的发祥地。隋代京杭大运河开通，无锡"商旅往返，船乘不绝"。明清时期，无锡发展成为江南贸易中心，以"四大码头"而闻名。近代以降，无锡在"以义取财、以利厚人"的工商文化熏陶下，成为民族工商业的发祥地。改革开放后，无锡又诞生了全国第一家乡镇企业，并开创了"苏南模式"。

一、无锡建置的历史沿革

　　无锡历史源远流长，据文献记载，可追溯至三千年前。据传当时周太王意欲传位给幼子季历，长兄泰伯（又称"太伯"）为顺应父志，假托前往衡山采集药材，携次弟仲雍一同至江南，在无锡梅里筑城，建立了"勾吴"。泰伯到江南后，促进了中原文化与江南本土文化的交流与融合。据传，泰伯在无锡的梅里定居，并最终安葬于无锡鸿山。无锡的梅村至今仍保留着与泰伯相关的传说和遗迹，如泰伯庙、泰伯井以及泰伯河等。

　　无锡，这两个字最早出现在战国末期，时为楚国春申君黄歇的封地。那时的无锡，除了太湖，还有一片广渺的水面，时称无锡湖（即芙蓉湖）。芙蓉湖的湖面宽，湖水浅，中间间隔陆地，水涝时成汪洋，水退时陆地露出水面，极易旱涝，十年九荒。黄歇认为解决芙蓉湖的水患，涉及人民生活和封地税收。《越绝书》记："春申君，立无锡塘，治无锡湖。"在疏浚无锡湖时，黄歇还开凿了通向长江的河道，即如今的江阴申港、黄田港。不过，在无锡湖这一段，水浅时往往难以行船，黄歇带领民众重新开凿新的运河，开河土堆在北边成了堤岸，即后来所称的北塘。

　　无锡正式成为地名是在汉代。汉高祖五年（公元前 202 年），始置无锡县治，隶属会稽郡。[①]关于无锡名称的来历，并未有权威解释。唐代陆羽在《惠山寺纪》中说"山东峰，周秦间大产铅锡，至汉兴，锡方殚，故创无锡县"。又说"后汉，有樵容于山下得铭，云：有锡兵，天下争；无锡宁，天下清"。故山名锡山，地名无锡。自汉以来，两千多年间，其归属多变，而县的设置、名称、疆域变化都不很大。[②]王莽时改称有锡县，东汉时复称无锡。三国时，孙吴废无锡县，分无锡县以西为屯田，置毗陵典农校尉。西晋太康二年（281），复置无锡县，属毗陵郡。元朝在地方上实行行省制，元贞元年（1295）升无锡为州，属江浙行省常州路。明洪武元年（1368），无锡降州为县，属常州府。到清雍正二年（1724），分无锡为无锡县、金匮县，属常州府。1912 年，无锡、金匮两县又合并，仍称无锡县，属苏常道。1927 年，无锡县直属江苏省。1949 年 4 月，无锡解放之后，分设无锡市、无锡县[③]。1953 年和 1962 年两度划归苏州专区。1983 年 3 月 1 日，无锡市实行市管县领导体制，江阴县、无锡县、宜兴县同时分别由苏州、镇江地区划归无锡市管辖，形成"大无锡"发展格局。1987 年 4 月、1988 年 3 月、1995 年 6 月，江阴县、宜兴县、无锡县先后撤县设市。

---

①《无锡词典》编委会编：《无锡词典》，复旦大学出版社 1990 年版，第 503 页。
②无锡县地名委员会编：《江苏省无锡县地名录》，无锡市地名委员会 1986 年版，第 1 页。
③唐力行编：《江南文化百科全书》，光启书局 2021 年版，第 5 页。

二、工商名城的历史积淀

无锡，是吴文化发源地、民族工商业发祥地和乡镇企业"苏南模式"发轫地，熠熠生辉的江南文脉和现代经济在这片土地上共生共荣，熔铸了这座"百年工商名城"的风貌。无锡地处长江之口，枕运河之滨，通江湖河之利。东汉末年，战乱频传，大量北方人口南迁至无锡，带来了丰富的劳动力，加速了无锡的发展。隋唐时期，随着大运河的开通，无锡的漕运业得到了空前发展。这条连接南北的水上动脉，促进了商品的流通，商贾云集，市井繁华，为无锡的商业发展注入了强大动力。宋代，无锡县城人口已突破十万，城市规模扩大。

明代，明成祖将都城迁至北京后，南北经济联系愈发紧密。无锡成为江南漕运的关键，逐渐发展成为太湖流域农产品的最大集散地，成为全国著名的米、布、丝、钱"四大码头"。光绪年间，无锡成为太湖流域漕粮的集散中心，周边各县及两湖地区的米、麦、豆等物资纷纷运至无锡，以便转运各地。无锡每年平均承办漕粮超过 100 万石，吸引了众多外地粮商前来交易，一时粮行如雨后春笋，从光绪初年的 80 多家发展到 140 多家。还相继建立了规模较大的粮仓，粮食储量曾达到 400 万石。[1]

无锡土布贸易历史悠久，与手工纺织业的兴盛密不可分。明代中后期，无锡农村经济结构发生了显著变化，纺纱与织布业成为支柱行业，日益成为农民的主要收入来源。鉴于无锡本地不产棉花，农民采取了一种灵活策略，从江阴、常熟等邻近地区购进棉花，随后依靠精湛的手工技艺，将其纺成纱线，织成布料出售，实现了较高的经济效益。这种跨区域的棉花与布匹交易，催生了无锡花行和布行的兴盛。随着越来越多的商贩投身棉、布收购与销售，无锡逐步确立了在长江下游地区土布交易的核心地位。到清乾隆年间，无锡土布产业达到了顶峰，年销售量高达 300 万匹。除了本地生产的土布，无锡

---

① 高燮初主编，吴宏编著：《吴地名城》，河海大学出版社 1999 年版，第 16 页。

还吸引了大量外地土布的流入。据统计，当时无锡土布市场的年交易量惊人，介于 700 万至 1000 万匹之间。①

无锡是蚕丝之乡。据《无锡市丝绸工业志》记载，自泰伯奔吴教民栽桑养蚕，无锡养蚕缫丝已有 3200 多年历史，明清以后丝业发达，客商云集，拥有"丝码头"的美誉。由于植桑饲蚕获利丰厚，无锡乡民普遍从事蚕桑生产和进行手工缫制土丝，丝行和茧行大量涌现。至 19 世纪 80 年代，无锡土丝产量已达 20 万斤，价值 48 万海关两；到 19 世纪 90 年代，茧灶更发展到 800 余座。②生丝与蚕茧成为无锡出口最多的产品。20 世纪 20 年代，无锡养蚕农户 16.2 万户，占全县总户数的 33%，无锡一地的桑田面积、茧产量、制种量分别占江苏全省的 25%、33% 和 50%。③另有资料统计，20 世纪 20 年代无锡全部桑田占全县面积的 1/3，大量的稻田改种桑树，农户中 99.91% 从事蚕业，无锡成为上海之外苏南另一个蚕业中心。④

无锡也是近代著名的钱码头。明代，无锡的金融业已现雏形，出现了早期的金融组织形式，如"线肆""线辅"。到清同治八年（1869 年），随着米、布、丝三大产业的迅猛增长，原本通过苏州钱庄进行的款项汇划已不再便捷，于是单毓德创立了恒德钱庄（后更名为达源钱庄），恒德钱庄成为无锡首个提供存款、贷款和汇兑服务的钱庄，并涉及土丝销售。⑤随后，知仁、亨茂等六七家钱庄相继开业。光绪十四年（1888 年），随着无锡米市日趋繁荣，堆栈业和木机丝厂等近代工业相继兴起，资金融通业务增多，蚕茧土丝商纷纷开设钱庄。⑥到 1894 年，无锡已拥有大小钱庄 20 多家，其中规模较大的有广仁、辅仁、萃兴、达源、义和、德华、益馨、咸大等八家。这时的钱庄业务多数以信用放款为主，兼做汇兑、票据交换等业务，为市场提供了多元化的金融

① 王赓唐、汤可可主编：《无锡近代经济史》，学苑出版社 1993 年版，第 29~30 页。
② 王赓唐、汤可可主编：《无锡近代经济史》，学苑出版社 1993 年版，第 29~30 页。
③ 中国社会科学院经济研究所"无保"调查课题组：《中国村庄经济无锡、保定 22 村调查报告》，中国财政经济出版社 1999 年版，第 23 页。
④ 胡明：《民国苏南蚕业生产改进研究》，河南人民出版社 2016 年版，第 36 页。
⑤《无锡词典》编委会编：《无锡词典》，复旦大学出版社 1990 年版，第 169 页。
⑥ 无锡市北塘区地方志办公室编：《北塘区志》，无锡市北塘区地方志办公室 1991 年版，第 288 页。

服务。①无锡的钱庄为粮商提供了灵活的资金融通方案。外地粮商将稻谷运抵无锡，如遇粮价下跌，可在粮行或堆栈中寄存稻谷，以存储的粮食或栈单作为抵押，向钱庄申请贷款，以便资金周转。无锡的钱庄还会根据季节调整放款对象，夏季支持生丝和面粉业，秋季专注于花纱布行，冬季则主要为漕米商人提供资金。

在无锡"四大码头"的形成过程中，市场机制雏形逐步建立，基本涵盖了价格形成、市场竞争、金融服务等现代市场经济的核心要素。"四大码头"的崛起，体现了市场体系的地域分工与合作，可视为现代市场经济区域一体化特征的早期形态。无锡的商业文化也随之繁荣，以诚立市、守约重信等文化得到广泛认同，作为中华文明商业伦理的滥觞，为后世商业道德奠定了坚实的基础。

近代以来，无锡勇开工商风气之先，民族工商业迅速崛起，涌现出一大批实业家，如荣宗敬、荣德生兄弟等。他们投资兴办实业，推动了中国民族工商业的发展。但和国内其他城市不同，在实业初创期的无锡，并未采取"官督商办"或"官商合办"模式，本土工商业起步主要由民间资本经营运作。1895 年，弃官的杨宗濂、杨宗瀚兄弟集资 20 余万两，引进国外机器设备，置纱锭一万余枚，率先创办了无锡历史上第一家近代工业企业——业勤纱厂，开启了无锡近代工商实业的历史序幕。无锡此后一发不可收拾，至抗战前夕，全县拥有较大规模的纺织厂 7 家、织布厂 23 家、染织厂 18 家，形成了较为完整的产业链，纺织业成为三大支柱产业之一，占全国纺织厂的 4.73%，占江苏的 34.4%；有纱锭数 248174 枚，占全国的 4.8%，占江苏的 37.89%；布机 3522 台，占全国的 6.66%，占江苏的 48.33%，无锡也由此成为一座以轻工业为特色的工商城市。②

---

① 单强：《工业化与社会变迁——近代南通与无锡发展的比较研究》，中国商业出版社 1997 年版，第 285 页。
② 中国人民政治协商会议江苏省无锡市委员会文史资料研究委员会编：《无锡文史资料》（第 12 辑），中国人民政治协商会议江苏省无锡市委员会文史资料研究委员会 1985 年版，第 77 页。

无锡近代的缫丝业从 1904 年开始起步，最早是由周舜卿创办的裕昌丝厂。民国以后，随着国内外市场需求的不断增长，无锡的缫丝业在技术、规模和产品质量上都取得了显著进步。特别是在 20 世纪二三十年代，无锡缫丝工业迎来了发展的黄金时期。至 1936 年，无锡丝厂共计 50 家，丝车合计 15846 部。[①] 至 1937 年日军侵占无锡前夕，无锡缫丝厂和缫丝车数量分别占全省的 94% 和 95%，居全国城市首位，被誉为中国的"丝都"[②]。

无锡面粉业的发展自 1901 年荣氏兄弟建立的保丰厂开始，保丰不久更名为茂新，随后又建立了茂新二厂和三厂，逐步形成了规模化的生产体系。到 1936 年，无锡面粉厂数量增至 7 家，日产能力达到 36100 包，进一步巩固了其在全省乃至全国面粉产业中的重要地位。

无锡还涌现出机器、翻砂、制镁、水泥、砖瓦、肥皂、造纸、碾米、榨油、啤酒等工厂，形成了一个以轻工业为主的多元化工业体系。据 1937 年的《中国工业调查报告》统计，在全国工业城市中，无锡产业工人人数居第二位，工业产值居第三位，资本总额居第五位，是全国民族工业较为发达的 6 个城市之一。[③] 无锡由此跻身工商经济大市，以"小上海"驰名全国，在中国民族工商业发展史上写下了辉煌的一页。

党的十一届三中全会后，以无锡为代表的苏南乡镇工业迅速发展，走出了一条与发达国家截然不同的工业化道路。1983 年，无锡堰桥乡第一次把农业改革成功经验引入乡镇企业管理，率先推行经济承包责任制，改干部任免制为选聘制，改工人固定录用制为合同制，改固定工资制为浮动工资制，激发了乡镇企业和村级经济的发展活力。诞生于无锡的"一包三改"，成为改革开放和社会主义现代化建设新时期村镇变革发展的重大历史性突破，造就了独特的"苏南模式"，奠定了无锡作为中国乡镇企业发源地的地位。无锡

---

① 王翔：《中国近代手工业史稿》，上海人民出版社 2012 年版，第 280 页。
② 江苏省社会科学院编：《江苏发展研究报告 2007-2008》，光明日报出版社 2011 年版，第 207 页。
③ 董筱丹、温铁军：《国家、村社与地方工业化 苏南地区改革开放三十年述要》，东方出版社 2023 年版，第 247 页。

人风雨兼程、辉煌迭创，锤炼出"踏尽千山万水、吃尽千辛万苦、说尽千言万语、历尽千难万险"的"四千四万"精神，"四千四万"精神成为中国改革开放的宝贵精神财富。

从 1978 年到 1991 年，无锡的 GDP 从 24.9 亿元增长到 184.8 亿元，年均增长 12.8%；人均 GDP 从 687 元增长到 4406 元，增长了 5.41 倍，一批"亿元村""百亿元乡镇"迅速崛起。以农村经济体制改革为突破口，依托乡镇企业的发展，无锡冲破"以粮为纲"的计划经济樊笼，打破了中国传统的城乡二元化结构，改变了"农副产品进城、工业品下乡"的传统城乡关系，形成了城乡之间资金、资源、商品、人才、技术双向流动的新格局，开了市场经济的先河。

20 世纪 90 年代，随着社会主义市场经济体制的逐步完善，国家给予乡镇企业的各项优惠政策渐渐取消，市场竞争变得空前激烈，以镇、村两级集体办企业为特征的"苏南模式"，因其产权模糊、粗放经营而在竞争中优势不再突显。对此，无锡引导乡镇企业加快产业和产品结构的调整，努力从量的扩张转向质的提升，促进乡镇企业进入国际市场。

与此同时，无锡对村镇集体企业实行产权制度改革，加快建立现代企业制度。1992 年，无锡乡镇企业进行第一次改制，即股份合作制改革，初步明晰产权，实现了投资主体多元化。1997 年，产权模糊的乡镇企业加快了向现代企业制度的过渡，开始了第二次改制，到 2000 年底基本结束，乡镇工业企业工业总产值突破千亿大关，达到 1814.71 亿元，利润总额 114.89 亿元，职工人数 80.51 万人。[1] 到 2001 年 9 月底，无锡乡镇企业已完成改制任务的企业有 25255 家，改制率为 97% 左右。[2] 至此，无锡包括设在乡镇农村的各类企业都称为乡镇企业，包括个体私营企业。

如果说农村家庭联产承包责任制激发了农民的经营积极性，促进了农副

---

[1] 无锡市地方志编纂委员会编：《无锡市志 1986–2005》（第 2 册），方志出版社 2017 年版，第 902 页。
[2] 江苏省乡镇企业管理局编：《江苏乡镇企业年鉴 2003》，方志出版社 2003 年版，第 151 页。

业生产，那么乡镇企业的发展则激发了农民的创业热情。乡镇企业的发展既增加了集体积累，其收益又以各种形式转化为乡村养老保障和合作医疗等保障基金，投入乡村社会事业建设，促使农村走出了共同富裕的道路。乡镇企业的兴起，还推动了中国城镇化进程。一方面，大批农民工向小城镇集中，另一方面，乡镇工业又促成工业园区的发展，促进了路桥建设、河道整治、电力供输、基础设施的完善，加快了城乡一体化的进程，把现代城市文明引入农村，从根本上改变着农民延续千百年的生活状态。

综观无锡的发展脉络，"四大码头"的形成、民族工商业的兴盛以及乡镇企业的崛起，绝非仅仅在经济层面，而是深入制度革新、文化塑造等多个向度，炽盛了无锡地区的文明演进，揭示了无锡社会结构变迁和文化传承创新的复杂互动及其内在逻辑与动态平衡，为无锡文化建设的现代探索提供了良好的经济社会基础。

三、江南文脉的历史见证

文脉，这一术语最初起源于语言学的领域，随后其内涵被移植至文化学的讨论范畴。[1]在文化学的研究领域内，文脉指的是一种文化的传承和发展线索，它揭示了文化现象的内在联系和历史演变，它不仅关照文化的表层结构，更触及文化的深层肌理。江南文脉蕴含着江南地区深邃的历史文化传统，是中华文化多元一体格局中不可或缺的重要组成部分，历史源远流长，可追溯至约7000年前。当时的江南先民创造了河姆渡文化、马家浜文化、崧泽文化、良渚文化等，这些文化形态与北方文化交相辉映，共同铸就了中华文明早期的辉煌成就。无锡以其深厚的文化底蕴和独特的文化气质，成为江南文脉版图上的璀璨明珠。无锡是吴文化的发源地之一，亦是中国近代教育思想的萌发地，孕育了众多文化巨匠，留下了丰富的非物质文化遗产。这些文化硕果，

---

[1] 谢金良：《江南文脉的历史传承与文化使命》，《人民论坛》2019年第11期。

恍若历史长河中闪烁的星辰，构筑了无锡千年文化经纬的丰富纹理，投射出特有的文化光芒，成为江南文脉发展变迁的历史印记。

无锡这片文化沃土孕育出了众多文学巨擘。蒋重珍，无锡历史上首位状元，其坚定的政治立场和不畏权贵的谏诤精神，在南宋晚期留下了不可磨灭的政治印记。顾宪成，东林书院的创立者，其政治主张和教育理念深刻影响了明末的政治风貌，被后世尊为"东林先生"。他们的人生轨迹，体现了对学问的执着和对国家的忠贞，也代表无锡在文学领域的辉煌成就。

在漫长的历史演进中，无锡涌现了众多杰出的教育世家和学术泰斗，他们为江南文脉注入了恒久的动力。如钱氏家族，不仅以教育世家闻名遐迩，更培养出钱穆这样的学术巨匠，成为教育传承与学术造诣双向融合的典范。

无锡古代教育以儒学为核心，随着科举制度的建立与完善，形成了以官学、私塾和地方书院为载体的教育体系。官学作为官方教育机构，主要负责传授儒家经典，培养士子应试科举。私塾多为民间办学，注重基础教育，为地方培养了大量儒生。东林书院等地方书院的兴起，更是无锡教育的一大特色。在此过程中，教育理念逐渐从单一的知识传授转向德行并重。近代以降，随着西方列强的入侵和近代化进程的推进，无锡教育经历了从传统向现代的转型，新式学堂和教会学校相继成立，如无锡国专、竢实学堂[1]等，标志着教育内容和方式的革新，教育体系摒弃单一的儒家经典教育，转向以自然科学、社会科学和人文学科为主的多元化教育。与此同时，女子教育在无锡兴起，如1905年侯鸿鉴创办的无锡私立竞志女学校[2]，打破了传统的性别限制，为女性提供了受教育的机会，引领社会风气。

无锡的学术发展源远流长，明代的孙继皋著有《宗伯集》十卷收于《四库全书》。再如高攀龙，反对空虚玄妙，主张躬行实践、经世致用。[3]近代

---

[1] 江苏省地方志编纂委员会编：《江苏省志·大事记（上）》，江苏古籍出版社2001年版，第568页。
[2] 李桂林、戚名琇、钱曼倩编：《中国近代教育史资料汇编 普通教育》，上海教育出版社1995年版，第903页。
[3] 王毓铨主编：《中国通史第9卷 中古时代·明时期（下）》，上海人民出版社2013年版，第1435页。

西学东渐之际，无锡学者主动汲取西方科学文化的精华，与本土学术传统相融合，形成了独具特色的学术体系，涌现出了一批享誉海内的学术大师。如钱穆，他撰写的《国史大纲》从历史文化的深厚底蕴中探寻民族出路，体现了近代中国知识分子在传统与现代之间的挣扎，探寻在两者的对立中构建融合的可能性。被誉为"市场经济拓荒者"的薛暮桥主持起草的《关于经济体制改革初步意见》，被视为中国市场取向改革的第一个纲领性文件，其经济学领域的开创性研究，为我国现代经济学的发展奠定了坚实基础。

第二节　优秀的文化传统

无锡，作为江南地区的文化重镇，凝聚了济世安民的家国情怀、扶危济困的慈善情结以照耀前路的革命信仰的文化传统，三者共同构筑了一个历史悠久且意蕴深厚的文化矩阵。济世安民的家国情怀，孕育了无锡人民以天下为己任的宏阔胸怀；扶危济困的慈善情结，映射出无锡人民的大爱无疆；照耀前路的革命信仰，铸就了无锡人民勇往直前的精神风貌。这些文化要素塑造了无锡文化谱系的根基，为现代社会提供了精神指引和文化自信，推动了地区文化的持续繁荣与发展。新时代文化建设的无锡实践，要在返璞归真的历史审视中完成对文化的源头梳理。

一、济世安民的家国情怀

家国情怀，作为中华民族代代相传的深层文化心理，构成了中华文明绵延数千年的精神基石。习近平总书记多次谈及家国情怀的重要性，强调"我们要在全社会大力弘扬家国情怀，培育和践行社会主义核心价值观，弘扬爱国主义、集体主义、社会主义精神，提倡爱家爱国相统一，让每个人、每个家庭都为中华民族大家庭作出贡献"①。家国情怀发轫于小农经济的生产方式、家国同构的政治模式以及忠孝一体的伦理文化，蕴含了行孝尽忠、家齐国治、胸怀天下、济世安民的多元内涵。

习近平总书记指出："如果不从源远流长的历史连续性来认识中国，就不可能理解古代中国，也不可能理解现代中国，更不可能理解未来中国。"②深入剖析家国情怀的生发机制、演化历程及脉络延续，是践行尊古不泥古、守正不守旧、创新不离宗的必要前提。

自给自足的小农经济为家国情怀奠定了经济基础。受中国自然条件和地理环境的影响，勤劳聪慧的中国人民创造出了辉煌灿烂的农业文明。家庭作为基本生产单位离不开家族、国家的支持和帮助，百姓在有序的国家治理下安居乐业。这种良性互动催生了民众对国家强烈的归属感与依赖感，逐渐凝聚成家国情怀。

家国同构的社会政治结构进一步强化了家国情怀。家国同构的政治模式最早可以追溯到西周时期，周武王实行宗法制和分封制，"天子建国，诸侯立家，卿置侧室，大夫有贰宗"。纵观中国古代社会，家国同构的政治模式不断传承，长期延续，虽偶有变化，但其模式基本上循而未改。家国同构的政治模式实现了家与国的良性互动，促使个人对家庭、家族的情感与对国家和民族的认同感和归属感产生同构关系。由此，中国人形成了特殊的情感认知，即浓厚的家国共同体意识和家国情怀。

忠孝一体的伦理秩序是家国情怀衍生的文化土壤。虽然忠孝一体的伦理秩序产生于封建社会，有一定的阶级性和局限性，但由家及国的伦理秩序潜移默化地影响着中国人的思想观念和行为方式。孝本是家庭伦理道德规范，随着血缘关系在政治领域渗透，以家为起点的孝并未囿于家庭血缘亲情之中，而是与作为政治伦理观念的忠结合在一起，升华为建构和维系

① 中共中央党史和文献研究院编：《习近平关于注重家庭家教家风建设论述摘编》，中央文献出版社 2021 年版，第 71 页。
② 习近平：《在文化传承发展座谈会上的讲话》，《求是》2023 年第 17 期。

社会的伦理秩序。

　　济世救民与国家情怀紧密融合，成为古代先贤的崇高志向。这一理念在无锡这片热土得以生动映现，历经岁月沉淀，最终熔铸为无锡独特的文化传统。泰伯三让，是政治上的让贤典范，是济世安民家国情怀的滥觞。孔子在《论语·泰伯篇》中，对泰伯三让天下的壮举给予高度评价："泰伯其可谓至德也已矣，三以天下让，民无得而称焉。"此言揭示泰伯谦逊礼让、淡泊名利的高尚品性，凸显了他舍己为公、济世安民的家国情怀。三让的初衷与归宿，均以崇高的家国利益为依归，泰伯超越了个人权位之私欲，毅然让渡于天下苍生之福祉。明代，无锡地区人民济世安民的家国情怀进一步发展。据传，顾宪成曾邂逅高师出上联"风声雨声读书声声声入耳"，脱口应对"家事国事天下事事事关心"，彰显了胸怀天下、心系家国的崇高志向。以东林书院为精神渊薮的文人士大夫，秉承"明道救世"之治学宗旨，致力于探寻裨益民生、关乎国运的实学真谛。即便面临生死攸关之险境，其心中那份家国大义也未曾泯灭。

　　近代以降，无锡工商业家的实业救国之道将济世安民的家国情怀推向新的高潮。其中，荣氏兄弟秉承"实业救国"之核心理念，坚信"非力办实业，无以立身救世"，将个人命运与国家、民族命运紧密绑定。除却在工商业有着宏伟建树，他们还兴办教育、救济灾民、支持抗战，为国家强盛和民族复兴做出了不可磨灭的深远贡献。

　　随着历史的演进与社会的变迁，无锡济世安民的家国情怀如涟漪般扩散开来，其社会影响力和文化价值超越了一时一地，成为无锡精神中不可或缺的重要组成部分。这种文化传统成为一种重要的价值导向，指引着无锡人民在历史的长河中砥砺前行。它激励着人们坚守家国情怀，不为外界诱惑而动摇；勇于担当，敢于直面困难和挑战；积极作为，为国家的繁荣富强和民族的伟大复兴贡献自己的力量。

二、扶危济困的慈善情结

无锡，以其秀美的风光和深厚的文化底蕴著称，更因慈善事业的发展而充满温情。慈善，是无锡的一种传统、一种风尚、一种文化。从古至今，无锡人民秉持"扶贫济困、乐善好施"的美德，这是慈善情结的主要源泉。明清之际，工商业蓬勃兴盛，推动了无锡慈善的规模化，无锡实现了从个体慈善向家族慈善、群体慈善质的飞跃。义庄、善堂等慈善机构遍布城乡，为贫苦百姓提供了有力的救济保障。清末民初，随着近代慈善组织的兴起，工商实业家们纷纷加入慈善事业，推动慈善事业走向专业化和规范化。现代以来，无锡构建起以专业慈善机构、基金会及志愿服务组织为核心的多元化慈善体系，实现了慈善资源的优化配置和高效利用。

扶危济困的慈善情结源远流长，根植于深厚的文化土壤。北宋时期，范仲淹在苏州首创义庄，开启了江南地区慈善事业的新篇章。在无锡，元代的强以德等有识之士开始实践类似的慈善理念。强以德，无锡洛社人，一生颇具传奇色彩。他学有所成且仕途坦荡，因母亲年迈而辞官归乡，以孝道为本而退隐田园。他创办义塾、义冢、义井造福乡梓，彰显了扶危济困的慈善情结。虽然他并未建立真正意义上的义庄，其慈善义举却蕴含着义庄的雏形，并对无锡地方慈善事业的发展产生了深远影响。[1]

强以德的慈善事业并非局限于家族内部，而是面向乡里，惠及广大民众。他创办义塾，延聘名师，教育乡里子弟，培养人才，为社会发展提供智力支持；他创设义冢，为贫民提供葬地，解决其身后之忧；他建造义井，提供饮用水，改善村民生活。这些善举体现了强以德的"扶危济困"，也践行了儒家的"明体达用"。强以德选择创办义塾、义冢、义井而非建立义庄，有其深刻的社会背景和现实考虑。元朝时期，江南士人面临着仕途困境和社会环境的变迁，难以实现经世致用的人生理想。此外，元朝的赋役制度沉重，义庄的运营管

---

[1] 王永春：《强以德与无锡地方慈善事业》，《江苏地方志》2024 年第 4 期。

理相当有难度。总体而言，这种"不独亲其亲，不独子其子"的慈善理念，正是无锡地区扶危济困慈善情结的核心所在。

强以德的慈善义举和对社会公益的关注，为后世无锡义庄的发展提供了启示。明清时期，无锡义庄逐渐兴起，并形成了以赡族为旨归的家族慈善制度。然而，无锡义庄并未局限于家族内部，而是积极推动义塾、义学等教育机构的兴办，从培养家族科举仕进人才逐渐向社会教育转变，招收乡里及周边地区的异姓贫寒子弟，为社会发展提供人才支持。无锡义庄还注重开展恤佃、义冢、赈灾等其他慈善事业，为地方社会的发展做出了重要贡献。

无锡最早的义庄之一是华式义庄，为华云所建，主要是置田来周济族人中的贫困者。无锡华氏家族有着明清时期"江南望族之最"的美誉，这与长时间的文化沉淀息息相关。在无锡华氏家族的家乘中，北宋孝子华宝被奉为孝始祖。《南史》记载了他与其父亲华豪的感人事迹，即父亲战死未能实现结发戴冠的诺言，华宝终生扎着童髻不娶妻。这一故事被华氏族人载于祖训，教化后人，还被官方用于劝告世人重视孝义。华氏家族贯穿着深厚的慈善情怀，扶危救困。如华诠在南宋德祐元年任无锡县主簿，由于"华氏尚义，至诠家产益拓，岁得租四十八万石有奇，时称华半州。惟养衰老，植幼孤，培守节，敛停尸。延医治药，以济贫病。设塾以教农稚，置义仓以赈，全邑饥乏，活者无算"①。

义庄创办的宗旨主要是赡族扶贫、助学济困，有鲜明的公益性色彩。这种互相帮扶、相互慰藉，是古代"命运共同体"意识的体现。义庄的赡济范围在后期已不局限于本宗族族人，还包括本乡异姓人员，乃至他乡逃难者。赡济方式也不再仅是根据贫困等级给予相应的经济补偿，而是包括修路造桥、助学育人。这使义庄的属性超越了家族的范畴，具备更广泛的济世色彩。其实，义庄济世不只在于物质层面的救助，更在于精神上的慰藉和道德上的引领，它通过实际行动传递出"扶危济困"的价值理念，将

---

① 许同莘：《无锡华氏谱跋》，《国礼北平图书馆馆刊》1934 年第 8 卷第 4 期。

慈善内化于人心。

近代以后，无锡的慈善活动逐渐从传统的个人救助转变为有组织、有系统的社会事业，标志着扶危济困的慈善情结走向近代的规范化与制度化。

如 20 世纪 20 年代末，河南豫西地区遭遇严重旱蝗灾害，加之军阀混战与土匪肆虐，百姓生活陷入绝境。灾区哀鸿遍野，饿殍无数，陕县、灵宝等地每日死亡数百人。村民以树皮、草根为食，卖儿鬻女，甚至出现人相食的惨状。消息传到千里之外的江苏无锡，当地的工商实业家和慈善家心怀悲悯，他们通过溥仁慈善会、世界红十字会无锡分会、公济社等慈善机构，积极筹集资金和物资，并派出施襄臣、过子怡、华博臣等人员前往灾区调查灾情，制定救援方案。赈灾队伍抵达灾区后，首先在陕县南关设立粥厂，向灾民发放粥食。随后，又在会兴、张茅、菜园、观音堂等地增设粥厂，扩大救济范围。

为了更好地帮助灾民，赈灾队员们不顾自身安危，冒着风霜雨雪，深入灾区，挨家挨户送粥送粮，将温暖和希望送到灾民手中。在赈灾过程中，无锡慈善人士展现了无私奉献的精神。如施襄臣不顾自身病弱，带领团队在灾区奔走数月，最终因劳累过度病逝于洛阳。过智修则因积劳成疾，在赈灾结束后不久病逝，年仅 37 岁。他们的牺牲精神深深感动了灾区人民，也激励着更多人投身慈善事业。①

自现代以来，无锡慈善事业经历了显著的发展，构建以专业慈善机构、基金会、志愿服务组织为核心的多元化慈善体系。这种体系采用互联网及现代科技手段，促进了网络众筹、慈善拍卖等新型慈善模式的兴起，推动慈善事业向现代制度化方向演进。

无锡慈善人士的赈灾行动，并非一时兴起，而是源于他们内心深处的社会责任感。他们超越了传统慈善的"积善积德"理念，将慈善视为一种"公平"和"责任"，认为"天地之大，人犹有憾，惟在善人有以弭之"。他们相信，

① 汤可可：《足踏实地义薄云天——近代锡商陕州赈灾纪事》，《档案与建设》2018 年第 12 期。

通过行善，可以帮助他人，弥补社会不公，还天地间一个公平。在新时代，无锡慈善家的这种精神更是得到了广泛的传承和发扬。现今，越来越多的企业家、社会人士加入慈善行列，他们用自己的行动诠释着什么是"足踏实地、义薄云天"，共同推动着无锡慈善事业持续发展。

三、照耀前路的革命信念

习近平总书记在 2024 年 10 月考察历史文化街区时强调："要加强历史文化保护，坚持创造性转化、创新性发展，在发展社会主义先进文化、弘扬革命文化、传承中华优秀传统文化上协同发力，打牢社会治理的文化根基。"[①]革命信仰汇聚了党和人民在斗争中的英勇壮举，镌刻了中国革命的不朽历程和英雄事迹。它是激发爱国热情、提振民族精神的内生动力，也是历史教育和集体记忆的生动教材。无锡的历史街区、纪念馆、烈士陵园，承载着革命先烈的丰功伟绩，在这里，革命信仰不再是抽象的概念，而是具体可感的实物。无锡人民在革命信仰的感召下，推动社会变革，完成从历史纵深到现实成就的伟大跃迁。这种信仰的力量，深深融入无锡的城市血脉，为无锡的繁荣发展注入了源源不竭的内生动力。

在中国共产党初创之际，五四爱国运动的浪潮激荡无锡，群众的爱国热情被激发，自发成立了众多爱国组织。通过一系列活动，唤醒了青年学生的民族意识。例如，徐梦影在梅园徐巷创办的启民社吸引了众多农民子弟接受文化启迪，中共党员廉文溶组建的青城导社为无锡的建党建团创造了条件。在 20 世纪 20 年代初期，社会主义青年团无锡支部应运而生；1925 年 1 月，中共无锡党支部正式成立，标志着无锡的革命事业迈向了一个新的历史阶段。

土地革命时期，为响应八七会议的号召，江苏省委策划在江南地区发动农民起义，无锡城乡的党组织迅速行动起来，组建了无锡农民革命军，杭国

---

① 《发挥多重国家发展战略叠加优势 奋力谱写中国式现代化安徽篇章》，《人民日报海外版》2024 年 10 月 19 日。

人为总司令，计划在安镇发动一场盛大的秋收起义[1]。这次起义虽未竟全功，但这是党领导无锡人民的首次武装斗争，催发了无锡人民的革命信仰。冯金妹是无锡市革命烈士陵园门口群像中唯一的女性，她成功部署丝厂女工进行五昼夜罢工，领导缫丝工人发起"反工资折扣"运动，被国民党残忍杀害时年仅23岁。冯金妹用自己的青春和生命诠释了共产党员的信仰与忠诚。

抗日战争时期，无锡成立了无锡青年界抗敌后援会，推动了抗日救亡运动达到新高潮。在吴志明的带领下，近百名无锡爱国青年就地组建无锡抗日流亡服务团，为民族独立和解放事业不懈奋斗。1944年，随着国际反法西斯战争形势的转变，苏南地区的抗战工作重心转向扩大游击区、恢复抗日力量和重建民主政权。在这一过程中，无锡发生了"先天道暴动"。虽然先天道是一个具有宗教性质的群众组织，但在党的引导和感召下，其积极分子纷纷投身地方党组织，为打击日伪势力贡献了重要力量。为了彻底清除日伪在农村的残余势力，无锡新四军遵循党中央"不占领大城市，向四周进军"的指示精神，对无锡周边农村地区的日伪残敌发起猛攻，连战连胜，有效肃清了日军势力。1945年8月，无锡人民迎来了抗战胜利的曙光。

自1948年下半年起，全国解放的形势日益明朗，无锡城乡的政权组织不断壮大。在三大战役之后，为深入敌人内部，江南工委发出了策反行动的指令。在农村地区，策反目标是争取地方自卫队的支持；在城区，联合无锡工商界开展了"护工、护商、护城"运动。在党组织的努力推动下，无锡20个社会团体成立了"公私社团联合会"，通电呼吁和平谈判，反对内战，该会成为保护民族工商业的关键力量。随着统战工作的深入，无锡各区积极筹备解放工作，以荣德生、钱孙卿等为首的工商巨头坚定表示将留在无锡，迎接解放。1949年4月29日，解放大军开进无锡城区。

无锡是一片浸透红色记忆的热土、一座用革命信仰铸就精神丰碑的城市，至今仍保留了大量的革命遗迹。如无锡市中心的"无锡第一支部"旧址，它

---

[1] 无锡市新四军历史研究会、无锡市史志办公室编：《陈枕白纪念文集》，中国文学出版社2003年版，第286页。

见证了无锡地区第一个共产党支部的成立，也是中国共产党在江南地区发展壮大的重要标志。许巷惨案纪念馆，是在历史事件发生地建立的，它通过馆外的纪念碑和馆内的照片、实物等史料，生动展现了抗日战争的历史，成为日本侵华罪行的有力见证。[①]中共江阴县第一次党员代表大会会址、朱香南故居、华士镇烈士陵园、周水平纪念馆、西革命烈士事迹展示馆和江阴渡江战役纪念馆6处被命名为"无锡市党史教育基地"。[②]这些红色遗产还原了无锡革命历史的真实面貌，蕴含着深厚的革命信仰。

无锡的革命先烈用生命和信仰镌刻了中国革命的璀璨篇章。他们的革命信仰照亮了那个时代，更是当代无锡一部鲜活的信仰教育范本，是无锡人民砥砺前行的强大动力。在新时代新征程中，赓续无锡先烈的革命信仰，对推动社会主义现代化建设和实现民族复兴具有深远意义。从历史的红色基因到现实的现代化步伐，无锡的革命信仰传统如同一条无形的纽带，连接着过去与未来。它激励着无锡人民坚守初心，矢志不渝，为实现中华民族伟大复兴的中国梦添砖加瓦。

第三节　独特的地域文化

习近平总书记指出："文化是城市的灵魂。城市历史文化遗存是前人智慧的积淀，是城市内涵、品质、特色的重要标志。"[③]地域文化是某地区地理环境、历史风俗以及生产生活等呈现出来的社会文化体系，是一座城市历史底蕴和文化品格的综合表征。中国现代意义上的地域文化研究，滥觞于20世纪30年代，彼时学术界成立的"吴越文化研究会"，标志着中国学术界首次系统性提出并探讨中国地域文化的概念，堪称中国地域文化研究的先驱。

---

① 无锡市史志办公室编：《永不磨灭的记忆 无锡地区革命遗址和纪念设施》，世界知识出版社2007年版，第149页。
② 江阴市史志办公室编：《江阴年鉴2012》，方志出版社201年版，第51页。
③ 习近平：《城市是人民的城市，人民城市为人民》，《人民日报海外版》2019年11月4日。

吴文化、工商文化、运河文化分别从历史生发、经济扩张、生产生活三个维度，构筑了无锡地域文化的宏观格局。而吴文化衍变而来的崇文重教传统、工商文化延续至今的开拓创新精神、运河文化衍生而出的开放通达特质，彰显了无锡在众多地域文化交融下的独特面向。

一、吴文化与崇文重教

吴文化肇始于太湖三山旧石器文化和马家浜文化、崧泽文化、良渚文化等新石器文化，以商末"泰伯奔吴"为契机，实现本土文化和中原文化的首度融合。作为中国历史文化的重要篇章，吴文化以其独特的地域特色和深厚的文化底蕴，在历史长河中留下了不可磨灭的印记。无锡，为吴文化的发祥地，其梅里古都、鸿山阖闾城等众多历史遗迹与文化象征，见证了吴文化的起源。

约公元前11世纪，泰伯奔吴，在无锡梅里（今梅村一带）建立勾吴国，逐渐形成了地域特点鲜明的吴文化。《吴越春秋》载："泰伯城，在无锡县东南三十里梅里乡。泰伯始国于此，谓云勾吴。"吴国从泰伯到夫差共历25位君主，其中23位以梅里为都，承载了吴国600多年的政治文化历史。[①]但是，关于吴文化的具体内涵却众说纷纭。高燮初首先提出了"大吴文化"的概念，认为吴文化是吴地的文化，在时限上是通史范畴。上自吴地旧石器时代下至当代，凡属在吴地人类活动所创造的文化都包括在内。[②]胡火金认为，吴文化是人与自然双向适应的产物，具有多元混成和包容创新的特质。[③]徐耀新则总结了吴文化四方面的特征，即上善若水，兼容并蓄；崇文重教，经世致用；柔中蓄劲，雅不废俗；惟精惟新，人巧天工。[④]

---

① 唐力行编：《江南文化百科全书》，光启书局2021年版，第4页。
② 高燮初：《吴文化与吴文化公园》，《东南文化》1989年增刊吴文化研究专号。
③ 胡火金：《吴文化的特质及其现代价值》，《学术界》2012年第2期。
④ 徐耀新：《吴文化特征探微》，《新世纪图书馆》2017年第6期。

　　吴文化经历过一场颠覆性的巨大转型。吴人初始并非"崇文"，而是"尚武"。"尚武"既是民风，也是国风，古来有之。一方面，源自恶劣自然环境中的求生本能；另一方面，是连年征战的时势所迫。春秋战国时期，吴地所在的长江流域战乱频仍，周边诸侯国为争夺土地、资源及人口而纷争不断，吴人被迫发展军事力量以保卫家园。公元前506年，吴楚之战中孙武以3万吴军击败楚国20万大军获得完胜，就是一个真实写照。此外，"男儿何不带吴钩，收取关山五十州。请君暂上凌烟阁，若个书生万户侯？"唐代大诗人李贺的名作使世人皆知吴地出宝刀，尤其是"百兵之君"的"干将""莫邪"剑令人敬畏。①

　　"武"的本意是止戈，"文"的本意是化人，二者相辅相成，互为转换。正如马克思指出，"世界不是一成不变的事物的集合体，而是过程的集合体"②。六朝至唐宋时期，是吴地文化的转型时期。永嘉之乱、安史之乱、靖康之难所造成的三次北方人口的大规模南迁，为吴地带来了大量的人才和丰富的文化资源，推动了吴文化和中原文化的融合，扭转了吴人"尚武"的传统惯性。加之大运河的开通、科举制度的盛行，以及书院教学的兴旺，吴人渐次化刚为柔，化硬为软，化尚武为崇文。

　　历经岁月沉淀，吴地崇文重教之风蔚然成势。宋代及以后吴地书院纷起，无锡东林书院堪称一时之冠。东林书院乃北宋政和年间杨时在锡讲学时创立，其规约"笃力行以宗教；课实功以穷经；绝议论以乐时；屏俗梦以尽分"，径直揭示时人对教育的重视和对学习的推崇。明末顾宪成、高攀龙重建东林书院，开学术新风，"远近名贤，同声相应，天下学者，咸以东林为归"。钱穆曾评论："晚清以下，群呼教育救国，无锡一县最先起。"③清末民初，无锡相继建立了竢实学堂、三等蒙学堂、廷弼学堂、省立第三师范学校等十几所新式学堂，这些学校大多在科举废止前已摒弃《癸卯学制》所规定的"讲

---

① 徐国保：《吴文化的根基与文脉》，东南大学出版社2018年版，第283~288页。
②《马克思恩格斯全集》第21卷，人民出版社1965年版，第337页。
③ 陈勇：《钱穆传1895-1990》，人民出版社2001年版，第232页。

经读经"课程。据《锡金识小录》卷七记载,无锡"明时有三巨室,曰邹、钱、华,言其丁众富强也。……有四钱、四邵、七华,其盛可知,此当就成、弘以前言之。若正、嘉时则安国桂坡、邹望东湖、华麟祥海月三家矣。(《毗陵漫录》)"。[①]无锡钱氏家族繁荣至今,非偶然所致,实乃崇文重教的家族传承使然。始祖钱镠虽起于行伍,却深谙文治之精髓,遂立下"子孙虽愚,诗书须读"之金玉家训。过去凡钱氏聚居所在,基本上都有义学、义塾和重教兴学的耆宿。

这种深入骨髓的崇文重教,催生了近代无锡的留学热潮。1912 年无锡出国留洋的学生 122 人,1920 年则高达 241 人。对于弹丸小邑而言,无锡县留学人数每年竟高达数百人,实属那个时代的奇迹。[②]在崇文重教理念的滋养下,无锡近代民族工商业者致富不忘家乡,仅荣氏一家,在无锡就创办了六所小学、三所中学(含中专)和一所全日制大学。国学大师、无锡人钱穆曾对 20 世纪上半叶无锡企业家群体给予极高赞扬,"凡属无锡人,在上海设厂,经营获利,必在本乡设立一私立学校,以助地方教育之发展"。

二、工商文化与开拓创新

无锡的工商文化,是自近代以降无锡工商业衍生出的思想形态和制度文明,映射了从农耕文明向近代工业文明、在传统封建社会中资本主义萌芽的跃迁。它既延续了中国传统文化的基因,又呈现出对封建文化束缚的解构与革新。在引入西方商业文明的过程中,本能自主采取文化调适与本土融合,有效避免了文化嫁接导致的全面西化。这种工商文化渗透于文化体系的各个层级,随着社会变迁不断开拓创新,最终形塑了一个内涵深厚、多维立体、视角全面的文化生态。

无锡工商文化的起源可追溯至春秋时期,范蠡以其"计然之策"用于家族

---

① 王培源、任增强编:《汉籍知新》(第 1 辑),山东人民出版社 2021 年版,第 137 页。
② 无锡市委宣传部编:《印记之风情 悦读无锡人文篇》,凤凰出版社 2016 年版,第 65 页。

经营，"居无几何，致产数十万"。^①并提出了"货殖之利，工商是营。废居善积，倚市邪赢"的经营思想，成为无锡工商文化的思想基础。^②范蠡并非吴地人，但因其与吴越的渊源，被无锡人尊为工商鼻祖。汉武帝以后，儒家思想成为执政文化的根基，重农抑商政策日益严苛，至明代程朱理学盛行时期达到顶峰。然而，工商文化以其天然的"不安分"特质，始终寻求崛起的机遇。东林学派"经世致用""义利双行"的"实学"思想，为工商文化的振兴提供了重要的理论支撑。鸦片战争后，薛福成提出"以工商为先""寓强于富"的理念^③，开启了近代工商文化发展的新篇章。康梁变法后，长江中下游城市率先出现"设厂自救"的第一个热潮，晚清"新政"更是推动了无锡工业的蓬勃发展。薛、杨、荣、唐、周等家族积极奉行"实业兴国""实业报国"的理念，大兴民族工业，无锡迅速崛起成为中国工业中心城市。随着工商实业的兴盛，无锡人的价值观念也发生了深刻变化。传统的"耕读"思想逐渐被"实业文化"所取代，望族们摒弃"诗礼传家"的传统，认为"百工百业，皆可有成"。薛福成的儿子薛南溟便是这一转变的典型代表，他弃官不做，在无锡经营地方实业三十年，造就了以永泰丝厂为主干的薛氏资本集团。

哈耶克曾提出，"创新乃是人类成就的本质所在"。^④在他看来，在特定情境下，个体可能出于偶然或特定动机而采纳某一规则，若因此获得竞争优势，那么该规则会在优胜劣汰的法则下得以延续；随后，其他个体为增强自身竞争力进而倾向复制该规则，从而导致该规则的广泛扩散和普及。荣氏兄弟的面粉厂即创新的代表，率先以钢磨代替石磨，以柴油引擎代替蒸汽机，引进最新式美式制粉机，正是出于提高生产效率的特定动机，同时推动创新超越了不稳定的阈值；永泰丝厂率先开办制种场，改良蚕种，在全国各蚕区中率先淘汰土种，其"金双鹿""银双鹿"远销海外并获得美国纽约万国博

---

① 付筑夫：《中国经济史论丛》（下），三联书店 1980 年版，第 499 页。
② 郁有满：《近代锡商的人文精神——以荣家为代表》，《档案与建设》2018 年第 11 期。
③ 丁凤麟著，匡亚明主编：《薛福成评传》，南京大学出版社 1998 年版，第 123 页。
④ （英）弗里德利希·冯·哈耶克著，邓正来译：《自由秩序原理》（下），生活·读书·新知三联书店 1997 年版，第 197 页。

览会金像奖，其创新的影响力在正反馈机制下不断扩大。随着大数定律的持续渗透，这些创新逐渐被固化为一种行业内普遍接受的"规范"，有效推动了无锡创新生态的演进。

这种创新的惯性，潜藏在无锡近代商业伦理的演进轨迹中。面对传统儒家伦理与现代商业理性的裂痕和隔阂，锡商群体通过"创造性转换"和"创新性发展"，进行有效弥合，催发了"尚德务实"的锡商精神。一方面，锡商群体吸收传统的儒家伦理精髓，如"见利思义""取之有义""先义后利""重义轻利"等信条，促使他们超越了狭隘的利润最大化导向，注重道德维度和社会影响的综合考量，不仅实现了经济与社会效益的并行提升，也彰显了锡商群体在商业实践中的道德自觉与社会担当。另一方面，锡商讲求务实为本，"创实业，办实事，求实惠，重实效"，在实业选择上，聚焦粮食加工和纺织行业，对应人类生存的两个基本需求"吃与穿"，是对传统儒家"民本"思想的深刻践行。由此可见，经由"创造性转换"锻造而成的"尚德务实"锡商精神，已成为锡商群体冲破传统枷锁、开拓商业新局面的重要引擎。在这一精神的浸染下，锡商群体敢于颠覆陈规，善于在商业模式和市场领域的探索中促成创新突破，实现传统与现代、道德与理性的和谐共生。

无锡，作为百年工商名城，强劲的经济表现一直是其文化肌理的显著特征。无锡之所以在近代实现快速崛起，与其深厚的工商文化是紧密相关的。在中国，几千年的文化传统中将工商视为不入流的"末技"，这种根深蒂固的意识形态严重妨碍了经济发展和科技进步。然而，无锡民间社会却很少受到这一思想意识的制约，这背后隐匿着创造性转换的理性精神。诚然，无锡工商文化熔铸了各种文化精华，是一种善于审时度势、长于吐故纳新、富于创造活力的新型工商文化，也是一种敢于创业、善于经营、务本求实、灵活变通的文化。它不仅成功地糅合了传统伦理和现代理性，有效调节了社会化大生产背景下的人际关系，而且形塑了一种兼具时代内涵和地域特色的人文精神、思想理念、社会心理。

三、运河文化与开放通达

无锡运河，承载着悠久的历史文化，见证了江南水乡的繁荣与发展。运河之水，犹如一条丝带，蜿蜒穿城而过，为无锡这座江南名城增添了无尽的魅力。无锡运河文化源远流长，始于春秋时期，距今已有 2500 多年历史。运河两岸，古建筑、园林、寺庙等人文景观星罗棋布，展现了江南水乡的独特风貌。漫步在运河畔，能听到历史的回声，感受到浓厚的文化底蕴。近年来，无锡市政府高度重视运河文化的保护和传承，加大对运河两岸历史文化街区的保护和整治力度，使运河文化焕发出新的生机。同时，举办了一系列运河文化主题活动，如运河徒步、运河摄影大赛等，让更多人了解和热爱运河文化。

约 3200 年前，泰伯迁移至梅里地区，挖掘了泰伯渎，泰伯渎成为江南地区最早的运河。公元前 495 年，吴王夫差主持开凿了古吴水道，标志着江南运河的初步形成，该水道起自苏州，延伸至长江，途经无锡，并与泰伯渎相连。西侧的梁溪河，源自惠山，是一条历史悠久的溪流，其河道狭窄。在南朝梁大同年间，梁溪河得到了疏浚，成为运河与太湖之间的水道，并在调节旱涝方面发挥了重要作用。战国时期，黄歇封地江东，治理了芙蓉湖（亦称无锡湖），并在无锡塘建立堤岸。这些古水道均与无锡城区后期的运河发展密切相关。

无锡城中直河的变迁，是深深刻画在江南水乡发展史上的重要篇章。自西汉初年公元前 202 年建城以来，无锡城以其独特的龟形格局横卧在古运河之上，"城中直河，自北水关入，直行出南水关，亦名弦河，以有弓河、箭河而名之，故运道也"[①]。城中直河作为城市的生命线，将东西两个半圆合抱相连，形成了一个宛如太极图的完美结构，展现了古代人民顺应自然、利用运河地形的智慧。

隋朝时期，随着江南河的开挖，城中直河成为南北航行的重要通道，商

---

① 刘士林：《六千里运河 二十一座城》，上海交通大学出版社 2022 年版，第 307 页。

业中心随之兴起。宋代以后，城中直河两岸逐渐形成了繁华的商业街区。然而，到了明嘉靖时期，为了抗击倭寇，城中直河的运输功能逐渐减弱，取而代之的是商业和居住功能的增强，河道也因此逐渐变窄。清代雍正二年（1724年），城中直河成为无锡和金匮两县的分界线，两岸的东、西直街街名沿用至今。民国时期，随着经济的繁荣，城中直河两岸的街道名称变得更加繁复。然而，20世纪中叶，因城市建设的需要，城中直河及其支流逐渐被填没，原址上建成了新的道路和建筑，如中山路，这一变化标志着无锡城市发展的新阶段。城中直河的变迁，反映了无锡城市的物理变化，是无锡人民对自然环境利用与改造的生动写照。从一条繁忙的运河到今日的街道，城中直河的每一段历史都承载着无锡古城的记忆与故事，是无锡历史文化的重要组成部分。

世界上所有运河中，中国大运河是开凿较早、规模最大、线路最长、延续使用时间最久，且目前仍在使用的运河，是人类历史上超大规模水利水运工程的杰作。在数千年的流淌中，大运河以其空间的完整性、历史的延续性以及文化的多元性，逐步凝练出特有的历史品格。运河的南北大贯通推动了运河区域经济的兴盛与繁荣，促进了南北文化、东西文化和中外文化的大交流，使各种地域文化和外来文化相互接触、融会、整合，形成独具特色的运河文化。[①] 从这个意义上说，大运河最本质的功能是联结，运河文化最根本的特征是交融。无锡正是依托运河的联结效应和文化交融，塑造了兼容并蓄、海纳百川的开放通达精神。

首先，从历史演进的内在逻辑出发，无锡作为大运河的重要节点，成为南北交通的枢纽，并由此形成了极具影响力的"四大码头"。得益于大运河便捷的水运网络和"四大码头"的商业集聚效应，各地商贾、工匠、艺人、文士等在无锡云集，带来了多元的经营理念、手工技巧和曲艺文风。在这种多维互动与水乳交融中，悄然孕育了无锡民众的广阔胸襟和包容心态，并逐步演化为一种主动接纳新兴事物和外来文化的社会惯性。

---

① 安作璋主编：《中国运河文化史》（上），山东教育出版社2001年版，（序）第5页。

其次，从经济扩张的动态视角分析，凭借运河所赋予的通江达海之水运禀赋，无锡成功构建起高效、便捷的物流体系。这一体系充分利用了运河的航运潜力，使得无锡商品能够迅速辐射到国内外市场，有力推动了无锡经济的蓬勃发展。然而，更为关键的是，在这一进程中，运河悄然催生了无锡人民的国际视野与开放精神。无锡近代民族工商业敢与洋人争利，创立"兵船"牌面粉、"人钟"牌棉纱，通过运河销往海外。在一战时期，外国向茂新订购"兵船"面粉几十万包，"兵船"亦走向了英、法、澳大利亚和南洋各国，成为中国出口的标准粉。[①]无锡乡镇企业多沿运河设立，旨在降低运输成本、节省水源开支、汇聚人力优势。19世纪60年代，无锡水运业进入鼎盛时期，无锡航运管理局直接管辖苏州、常州、常熟、上海4个轮运营业处。1963年，完成货运量308.3万吨，水运货运量占全市水陆货运量的99.38%。1978年，水运物资达到588.61万吨，占全年水陆货运量的80.38%。[②]1995年，无锡乡镇企业完成出口产品供货额333.69亿元，全市44个乡镇企业拥有自营进出口权的占全省的44%，自营出口的企业数、创汇额均居全省首位。[③]

最后，从文化层面进一步审视，运河贯通南北、联结东西，促进了无锡与外界的物资交流，推动了文化的交汇、碰撞与融合。海派文化的精致、荆楚文化的瑰丽、中原文化的厚重在无锡交汇，但这种交汇并非简单的堆砌。它们在和无锡本土文化的碰撞中不断融合，进而锻造成为无锡独特的文化样态。也正是在这种多元文化的交融互鉴中，运河的包容性精髓与流动性特征得以生动映现。各种文化在无锡都找到了适宜的生存与发展土壤，得到了应有的认同与尊重。概而言之，无锡开放通达的人文底蕴，在运河的流通与连接中诞生、演进、深入骨髓。

吴文化、工商文化、运河文化从各自的向度，揭示了无锡地域文化的特

---

① 苗延波：《华夏商路》，知识产权出版社2014版，第339页。
② 周祥发主编，《无锡市交通志》编纂委员会编：《无锡市交通志》，上海人民出版社1990年版，第61～62页。
③ 无锡市地方志编纂委员会编：《无锡市志1986-2005》（第2册），方志出版社2017年版，第905页。

殊品性，共同熔铸了无锡的历史文化根脉，为无锡文化建设提供了多元共融的基因库和不可或缺的历史参照。吴文化的崇文重教传统，历经千载沧桑而愈发彰显其深邃内涵，滋养了无锡人民博学笃行的内在品性，为新时代教育改革之宏伟蓝图奠定了坚如磐石的根基；起源于春秋时期的无锡工商文化，秉持开拓创新的精神，通过创造性转换弥合了传统儒家伦理与现代商业理性的裂痕，实现传统与现代、道德与理性的和谐共生；运河文化历久弥新，孕育了无锡人民开放通达的精神气韵，为新时代的文化建设注入了源源不断的内生动力，催发了文化的多样性和文化品质的迭代升级。

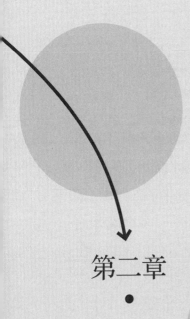

第二章

无锡夯实文化建设的
理论基石

无锡的文化建设，是一项长期而艰巨的任务，需要善作善成，久久为功。文化建设离不开紧密结合实际的伟大实践，也离不开包括文化理论在内的理论的科学指导。实践证明，文化自信的建立、文化建设新局面的拓展，通常都与文化理论上的自觉创新互动并行。新时代无锡的文化建设必须紧跟党和国家的大政方针，把握时代脉搏，学习贯彻习近平文化思想，抓好主流意识形态建设，弘扬社会主义核心价值观，倡导社会主义精神文明建设，营造风清气正的社会环境，为无锡文化建设的长期推进和不断进步打好理论基础。

第一节 塑造新时代无锡精神

在新时代的文化建设征程中，无锡市立足实际，统筹规划，通过不同维度的深入探索，塑造新时代无锡精神。紧紧围绕这一核心任务，无锡全面加强党对文化工作的领导，确保文化发展始终沿着正确方向前进。在此基础上，积极弘扬"四千四万"精神，激发市民的创造力和奋斗精神；致力讲好无锡故事，传承城市文脉，增强文化凝聚力。无锡着力建设具有地方特色的文化标识，提升城市文化品牌的影响力，为推动城市文化繁荣兴盛奠定了坚实的理论基础。

一、加强党对文化工作的领导

党的领导是我们最大的制度优势，基层治理能力是社会长治久安的基石。[①] 无锡文化建设的探索与实践，以坚持党的领导为根本保证，注重"用

---

① 中共无锡市委党校：《无锡高水平全面建成小康社会案例选编》，江苏人民出版社 2021 年版，第 86 页。

党的创新理论武装全党、教育人民这个首要政治任务"[1]。在具体实践上，坚持党引领文化产业发展，党引领文化品牌建设，党引领基层文化建设。

第一，党引领文化产业发展。无锡市委把宣传思想文化工作摆在重要位置，深入学习贯彻习近平新时代中国特色社会主义思想，以习近平文化思想统揽全市宣传思想文化工作，加快推进新时代文化强市建设。出台一系列文化产业发展政策，如《无锡市文化产业高质量发展三年行动计划（2022—2024年）》，明确提出开展文化设施提档升级、公共文化服务水平提升等专项行动，为文化产业发展提供政策支持和方向指引。在党的坚强领导下，无锡通过不断优化文化产业营商环境、提供政策扶持等方式，促进文化产业园区的发展和文化企业的成长。

第二，党引领文化品牌建设。无锡在推动文化品牌建设方面，注重挖掘和传承地方特色文化，如梅村街道通过"党建＋文旅"模式，通过"一区、一核、一带"助推梅里文化小镇建设，收集辖区内红色资源点、江抗精神传承点，打造16个红色旅游点位，践行"将文化底蕴和价值底气直接转换为'第一生产力'"的口号。这些举措在丰富无锡文化内涵的同时，潜移默化提升了无锡的文化软实力。以党建为引领，通过寓教于乐的方式，提升市民的文化素养和道德水平。

第三，党引领基层文化建设。无锡推出了《无锡市"百匠千品"非遗传承创新工程三年行动计划（2023—2025）》，重点培养具有工匠精神的代表性传承人，打造具有地方特色的非遗产品。党对基层文化工作的领导，还体现在通过政策扶持、资金投入等方式，为非物质文化遗产的传承与发展提供有力保障，调动广大民众参与新时代文化建设的积极性。在此基础上，相关部门遍访民间奇才，培养工匠精神的代表性传人，在客观上使得文化传承人能够人尽其才[2]，做到上古治世所称道的"野无遗贤"。无锡各社区以党建

[1]《深入学习贯彻习近平文化思想——论贯彻落实全国宣传思想文化工作会议精神》，《人民日报》2023年10月11日。
[2]《袁彩凤：用实际行动践行"工匠精神"》，《无锡日报》2024年1月4日。

为引领，推动社区文化建设。例如，滨湖区蠡园街道渔港社区以"党建引领社区文化为宗旨"，通过线上线下推广红色经典阅读、打造"党史学习角"、举办主题活动等方式，丰富居民群众的文化生活，提升群众的获得感和幸福感。无锡各乡村积极发挥党建引领作用，推动乡村文化建设。如鸿山旅游度假区（鸿山街道）通过实施"红色振兴"三大行动、构建"鸿心"党建联盟等举措，精准推进"支部+"建设，引领推动各领域、各行业党员积极建功乡村振兴。同时，还打造多个现代农业项目和美丽乡村示范村，实现党的建设和乡村振兴的同频共振。

在文化建设中，党的领导确保文化事业沿着正确方向前进，为经济社会发展提供了强大的精神动力。通过党引领文化产业发展、文化品牌建设和基层文化建设，丰富了人民群众的精神文化生活，提升了文化软实力。实践证明，只有坚持党的领导，才能充分发挥我国文化工作的制度优势，为建设社会主义文化强国、实现中华民族伟大复兴中国梦提供坚实的文化支撑。

二、弘扬"四千四万"精神

无锡人在探索建设中国特色社会主义的道路上筚路蓝缕，风雨兼程，锤炼出"踏尽千山万水、吃尽千辛万苦、说尽千言万语、历尽千难万险"的"四千四万"精神。可以说，无锡改革开放 40 余年来的历史，是一部弘扬与传承"四千四万"精神的历史[①]。"四千四万"精神发轫于改革开放初期，在无锡发展乡镇企业、探索市场经济、摸索"苏南经验"的历程中发挥了重要作用。实践表明，"四千四万"精神并没有随着时间的流逝而失去生命力，这一精神在新的历史阶段得到了进一步的丰富和延伸，为无锡城市发展、人民幸福生活以及社会和谐稳定，提供源源不断的精神动力。

"四千四万"精神是一种勤于实践的精神。改革开放初期，为改善人民

---

① 中共无锡市委党校课题组成大江、贾秀飞等：《新时代"四千四万"精神的审视和实践观照》，《江南论坛》2018 年第 12 期。

贫穷落后的生活面貌，苏南乡村的先行者开始探索兴办社队企业的可能性，并且很快将其付诸实践①。这一创业实践，突破了计划经济的桎梏，解放了农村的生产力，取得了良好的经济社会效果。如今，无锡继续弘扬这种勤于实践、不断探索的宝贵精神。新时代以来，无锡市不同战线不断发起新的弘扬"四千四万"精神活动，继续寻求"四千四万"精神新作用的发挥。如无锡政协民建、总工会十分重视实践精神的培育，在开展的"践行'四千四万'精神 聚力无锡高质量发展"的读书分享会中，诸位政协委员一致认为，要推动无锡在新时代的高质量发展，不能仅仅停留在口头上，要循着先辈的足迹为无锡的繁荣进步做贡献。因此，要有实践意识，在读懂"四千四万"精神的思想内核外，更要积极培养"四千四万"意识，使该精神继续成为推动无锡各领域发展的力量之源。

"四千四万"精神是一种勇于拼搏的精神。勇于拼搏、艰苦奋斗是中华民族的优良品质，"四千四万"精神中的"踏尽""吃尽""说尽""历尽"等字眼，无一不说明了这种可贵的拼搏精神。当年无锡的民营企业家抱定破釜沉舟的拼搏决心，不仅为企业的发展蹚出了一条从无到有的新路，而且对无数的后来者起到了引领和向导作用。这种拼搏的精神，引导无锡人民真干实干苦干，与艰苦环境和不良条件作斗争，不断努力，实现了一个又一个突破。如今，无锡经济发展位居全国前列，更是宜居城市、创新型城市等城市榜单的常客，但无锡并没有躺在功劳簿上停滞不前，在数字化和信息化时代，继续保持拼搏奋斗的风貌，在日新月异的科技发展中处于领先地位。

"四千四万"精神是一种善于创新的精神。习近平总书记强调："惟改革者进，惟创新者强，惟改革创新者胜。"②无锡改革开放发展的历史是一部善于创新的历史。改革开放之初，无锡开风气之先，发挥社队工业企业的独特优势，凭借着本土优势产业集中以及临近上海的地缘优势，率先蹚出了一条新路。社队工人们文化水平虽有限，但他们在时代的关键节点，正确分

---

① 梅亚萍：《"四千四万"精神的核心要义、价值意蕴和实践路径》，《江南论坛》2023年第6期。
②《平"语"近人：习近平总书记用典》，人民出版社2019年版，第219页。

析自身的优势与不足，探索总结出了"四千四万"的创新精神，为无锡后续的高速发展奠定了坚实的基础。2021年，无锡市政府主要领导在与代表团代表审议政府工作报告时，对"四千四万"精神中蕴藏的创新精神进行了阐述，并指出推动无锡在新时代的高质量发展，一要在科技创新上下功夫，二要在区域协同上下功夫，三要在机制创新上下功夫，四要在城市治理上下功夫。①无锡人民在"四千四万"精神熏陶和影响下，敢于创新，善于创新，在分析考量实际情况及自身基础的条件下，不断拓宽视野，推陈出新，以创新思想武装头脑，在新时代新征程中无往而不利。

　　"四千四万"精神是一种敢于挑战的精神。无锡乡镇企业在发展之初，面临诸多困难与挑战。1984年，无锡港下针织厂面临着人才匮乏、发展后劲不足的窘境，但他们并没有被困难吓倒，而是将目光投向上海，不惜以高出当时工人月薪数十倍的重金先后从上海聘请了13位退休老师傅作为"星期天工程师"到厂里做技术指导②，以确保产品质量符合市场要求。此举既保证了产品的质量，又在实践中造就了一大批技术人才，使港下针织厂取得了日新月异的进步，发展成如今的拥有员工近3万人的大型跨国企业——红豆集团。无锡人民挑战困难的精神，注入了敢于挑战行业权威的时代内涵。如面对国外的技术垄断，无锡市滨湖区山水城企业无锡蕾明视康科技有限公司自主研发的"全视程多焦点人工晶状体"，成功打破了美国强生、爱尔康和德国蔡司等国外公司的专利垄断③，突破了他们的技术围堵，为白内障患者带来了福音，加速了视障患者医疗器械的国产化进程。滨湖区各企业有赖于这样的拼搏精神，不断做大做强高端医疗器械、高端康养、特色医疗等产业集群，从无到有自主构建更加完整的健康产业链，突破国外技术垄断，降低相关医疗费用支出，造福人民。

　　"四千四万"精神在新时代继续发挥其应有价值，成为无锡乃至整个中

---

① 《弘扬"四千四万"精神 书写高质量发展新辉煌》，《无锡日报》2021年1月21日。
② 武力：《"四千四万"精神：中国式现代化中的农民贡献》，《江南论坛》2023年第6期。
③ 《眼科"黑科技"突破国外垄断》，《无锡日报》2023年11月6日。

国改革开放的宝贵精神财富。正如无锡市第十四次党代会报告所指出的，"改革创新中孕育的'四千四万'精神，是无锡最珍贵的'传家宝'，让无数不可能变成可能，今天依然是探索新路的'开山斧'、攻坚克难的'鎏金锤'。"①

三、讲好"无锡故事"

在各行各业高速发展的时代，无锡作为经济强市，其文化建设的重要性日益凸显。得天独厚的地理位置使无锡自唐宋以来经济繁荣、文化发达。历史与现代交相辉映，文化与经济并肩前行，留下了许多带有无锡印记的故事。如何在新时代讲好无锡故事，成为这座城市需要思考的重要文化课题。

为向世人展示无锡独特魅力与文化韵味，无锡十分重视故事讲述。从无锡深厚的文化传承入手，在悠长的深厚历史中揭开城市的神秘面纱；展示无锡激荡人心的文艺创作和丰富多彩的文化活动；致力于将无锡的历史文化同现实发展相融合，全方位、立体化地讲好无锡故事。

悠久的历史和深厚的文化底蕴，是无锡文化建设的基础。讲好无锡故事，要对无锡的灿烂文化怀有敬畏之心。无锡不断拓宽"让文物活起来"的路径，用无声的文物讲出有趣的无锡故事：如无锡将文渊坊进行改造，在保留原有风貌的同时，将其打造成为非遗文创中心和紫砂艺术传承基地。文渊坊的小剧场演出受到了人们的热烈欢迎②，旺季时常常一票难求。无锡在钱锺书故居内打造了一间别具一格的"锺书客厅"，吸引了钱锺书先生的众多书迷前来参观，在这一方小天地探寻这位"文化昆仑"的书香人生。

无锡公共文化设施的蓬勃发展，是讲好无锡故事的关键因素之一。无锡美术馆、市文化艺术中心、市交响音乐厅等公共文化设施，是提升无锡

---

① 李建秋、薛柯柯、袁斌：《弘扬"四千四万"精神，推进中国式现代化无锡新实践》，《无锡日报》2023 年 3 月 14 日。
② 《传承创新，"文化无锡"显魅力添活力》，《无锡日报》2023 年 8 月 10 日。

文化软实力的民生实事工程①，也是讲好无锡故事的重要载体。可以说，公共文化设施的蓬勃发展，既是百姓所盼，又是现实所需。无锡美术馆以其独特的艺术展览和文化活动，展现了无锡艺术创作的多样性和深厚底蕴；市文化艺术中心则成为市民文化交流和艺术享受的殿堂，让无锡故事在舞台上下、展览之间得以生动演绎；市交响音乐厅以其优雅的旋律，传递着无锡对古典与现代音乐的兼容并蓄。这些公共文化设施的不断完善，满足了人民群众日益增长的精神文化需求，为讲好无锡故事奠定了坚实的基础。

在这些公共文化设施的支撑下，无锡故事得以以丰富多彩的形式呈现。无论是举办的高水准艺术展览，还是精心策划的文化节庆活动，或是国内外知名乐团的音乐会，都成为无锡故事的生动篇章，使无锡的历史文化在现代社会语境中得到新的诠释，让无锡故事在新时代背景下焕发出光彩。

无锡本土的文艺创作和文化活动，采取人民群众喜闻乐见的文艺创作形式，使讲好无锡故事取得事半功倍的效果。当下，"舞剧热"成为一种演出现象，经典作品常演常新，受到了老中青观众的广泛好评。在 2023 年江苏省文艺大奖第八届舞蹈奖评选中，无锡市歌舞剧院选送的《鹤之缘》《云端》《溯·跃》《广寒》等舞蹈作品从众多节目中脱颖而出，《鹤之缘》更是获得了此次文艺大奖的最高奖。②除了舞蹈艺术，无锡的话剧创作同样成绩斐然。原创话剧《无锡国专》生动展现了无锡国专（无锡国学专修馆）的辉煌发展历程，该剧在加深市民对本地历史了解的同时，也激发了观众对传统文化的兴趣。在江苏省第八届紫金山文学奖的获奖名单中，无锡市作家迟慧的《慢小孩》、阮夕清的《窗外灯》以及徐风的《忘记我》均赫然在列。值得一提的是，徐风的《忘记我》已经被翻译成荷语和法语版本，并在比利时布鲁塞尔举行了新书首发。无锡还举办了多项文化活动，如无锡国际马拉松赛、太

---

① 《我市加快推进重点文化设施建设工作》，《无锡日报》2022 年 4 月 15 日。
② 《用新时代文艺精品讲好无锡故事》，《无锡日报》2023 年 11 月 21 日。

湖文化艺术节、太湖山水文化旅游节等①，这些活动丰富了市民的文化生活，提升了无锡城市形象和文化软实力。

在新时代讲好无锡故事的探索中，无锡以深厚的文化底蕴为基础，通过本土精彩纷呈的文艺创作以及丰富多彩的文化活动，全方位展现无锡的独特魅力和时代风采，加深了市民对本土文化的认同感和自豪感，让外界对无锡有了更加全面和深入的了解。未来，无锡将继续以文化为纽带，联结历史与现实、传统与创新，让无锡故事成为推动城市发展的强大动力，书写出更加辉煌的文化篇章。

四、建设无锡文化标识

建设无锡文化标识，不只是对这座城市深厚历史文化底蕴的深刻挖掘与传承，更是对无锡城市特色和精神风貌的精准提炼与展现。这一宏伟工程从地标建筑的设计到文化产业的创新发展，从教育宣传的深化到传播手段的多元扩展，涵盖了对历史文脉的梳理和对现代文化元素的融合。通过多维度的努力，构建既承载无锡千年文脉又展现现代活力的文化标识，提升城市的文化吸引力和影响力，为新时代的文化繁荣和城市发展注入活力。

建设无锡文化标识，要传承无锡深厚的历史文脉，展现独特内涵的文化符号。譬如，在无锡市委、市政府的高度重视与精心策划下，一项具有里程碑意义的文旅项目——惠山古镇文旅综合开发项目，正在梁溪区、无锡市文旅集团与拈花湾文化投资发展有限公司的共同努力下逐步成形。②该项目是挖掘传承无锡历史文脉、建设无锡文化标识的重要举措，有望成为无锡的城市新地标。项目在总体规划中，对二、三期工程进行了周密布局，对一期工程进行了提质升级。惠山古镇文旅综合开发项目巧妙地将龙光塔、寄畅园、映月堂、泥博馆等历史文化遗产串联起来，形成了一条璀璨的文化项链，精

---

① 《太湖山水文化旅游节开幕》，《无锡日报》2022年5月22日。
② 《擦亮标识，凸显历史文化名城个性》，《无锡日报》2023年7月12日。

心打造的惠山浜沿线成为展示无锡历史文化的"T台"和"秀场"。在这里，历史与现代相交融，无锡故事得以生动展现。

建设无锡文化标识，还要依托无锡的地标建筑，构建具有视觉冲击力的城市文化形象。惠山北坡公园，以十足的江南韵味和无锡特色，招徕四方游客。这座生态公园以亲近自然的独特魅力，迅速成为市民锻炼、休闲的热门去处。梁溪区依托无锡丰富的山体资源，巧妙利用"山城互望"的城市格局，通过更新片区、腾退低效用地、拆除遮山建筑，精心打造惠山北坡显山透绿项目，为无锡的城市文化形象增添了一抹亮色。惠山作为城市的绿色心脏，承担着重要的生态调节功能。在绿水青山就是金山银山的理念下，惠山北坡公园的建设在提升山体水源涵养能力的同时，保留了人们对无锡江南风光的良好印象，体现了新时代无锡在建设生态友好型城市方面所做的探索。

无锡文化建设实践，充分体现了在党的领导下进行文化建设与城市发展的有机结合，其成功经验为其他城市提供了可供借鉴的样本。坚持党的领导是文化建设的根本保证，无锡将文化建设纳入经济社会发展总体规划，充分发挥党在文化建设中的领导核心作用，确保文化建设始终沿着正确的方向前进；弘扬城市精神是文化建设的灵魂，"四千四万"精神是无锡人民在改革开放实践中形成的宝贵精神财富，激励着无锡人民不断进取，推动城市发展；传承城市文脉是文化建设的重要基础，无锡注重挖掘和传承地方特色文化，通过多种形式讲好无锡故事，增强文化凝聚力，为城市发展提供精神动力；增强市民文化认同感是文化建设的最终目标，无锡市加强宣传教育，深化市民对无锡文化标识的认同感和归属感，营造良好的城市文化氛围，推动文化发展成果惠及全体市民。无锡市文化建设的探索与实践，在推动文化繁荣兴盛的同时，也为全国文化强市建设提供了可供借鉴的经验。

第二节　推进无锡文化建设理论研究

文化建设研究是文化主体自觉的呈现，也是对城市文化建设的积极参与。

文化建设研究和文化建设实践是文化建设的一体两面，是一个理论与实践互动、转化和共生的过程。其中理论研究为文化建设实践提供理论指引和学理支撑，文化建设实践为理论研究提供实践场域和研究素材。在推进文化强市的新征程中，无锡立足城市文化建设的实践，视文化研究为文化建设的题中之义，坚持文化建设实践和文化研究同步共进，通过理论研究思考总结城市文化建设工作中的经验教训，不断深化对文化建设的规律性认识，充分发挥文化研究的引领和助推作用，在把文化理论研究优势转化成文化发展动能上蹚出新路，高质量推进新时代文化强市建设。

一、重视文化研究的组织化

一直以来，无锡文化研究坚持"研究问题源于现实，研究成果回到现实"的原则，紧紧围绕吴文化、江南文化、工商文化等无锡优秀传统文化资源挖掘与开发、无锡文化建设战略实施、城市文化品牌打造、无锡文化产业提质增效、道德风尚高地构筑、无锡工商历史名人研究等当代无锡文化建设实践和文化事业产业繁荣发展的重大理论与现实问题开展研究。2011年，无锡市组织专家学者开展无锡文化强市战略研究，分析了无锡文化建设现状及其存在的不足，并就文化强市的建设路径提出了建设对策。这些选题和研究成果在一定程度上对当时文化建设的热点问题在理论上做了积极回应，也对社会各界所关注的一些新兴文化现象做了敏锐分析，出版了百册乡邦文献集成《无锡文库》等一批研究成果，初步归纳总结了推进城市文化建设的"无锡经验"。

但纵观过往研究，对不少文化研究议题的探讨还未能达到理想的深度和高度，不少研究呈现出一些值得反思的新问题。一是文化建设研究议题存在"碎片化、失焦化"隐忧。既往研究对具有鲜明城市文化标识的吴文化、江南文化、工商文化等议题和微观领域着墨较多，越挖越深、越挖越细，而对如何推进城市文化建设、如何强化文化建设政策支持、如何调动城市文化建设主体等更具现实性的宏观问题涉猎不足。特别是伴随当前研究重心逐渐"下移"和"眼光向下"研究风气影响,无锡文化建设研究领域日趋狭窄,研究对象呈现分散化、零碎化和多样化倾向,无锡历史文化研究的内在整体发展逻辑隐没不彰。二是文化建设研究主要集中在高校、党校等科研院所,其研究内容和学术旨趣有时与政府的政策建议导向、与广大人民群众的真实文化生活相脱节,特别是各类社会组织、研究学会参与文化研究不足。不少理论研究未能服务于政府和企事业单位的文化建设现实需要,对无锡人民群众日常文化生活的提升和改善很难产生切实的帮助。

党的十八大以来,无锡着眼全市文化建设大局和文化建设的复杂性,从文化建设规律和无锡文化建设实践出发,不断重视文化研究的组织化。坚持高位谋划、系统推进、项目牵引等,对进一步强化无锡文化建设研究作出部署,不断推动研究工作迈入系统化谋划、组织化推动、机制化运行的新起点。纵观新时代以来的研究,这些文化研究的组织性、系统性更强,以学理性研究来关怀现实、服务现实的目的性更明确,具体表现在以下几个方面。

一是顶层政策设计更加系统。一座历史文脉与现代文明交相辉映的文化名城,会以什么样的文化研究成果与文化建设的"硬实力"相匹配,使两者相得益彰?这是无锡致力于提高文化研究理论水平要破解的大课题。推进无锡文化建设研究,需要特殊的政治智慧、政策策略和操作方法。这种智慧、策略、方法的集中体现就是要有汇聚组织合力的"顶层设计"。

"十四五"以来,无锡突出对文化建设研究的顶层设计,强化"一盘棋"思想,对全面推进文化理论研究进行整体布局,针对不同领域、不同选题、不同节点做好系统规划,不断掀起文化研究热潮。

首先,坚持制度引领文化理论研究。持续放大政策的撬动效应,一系列新规划和发展新举措陆续出台,依托政策制度为文化建设理论研究保驾护航。《无锡市国民经济和社会发展第十四个五年规划和二〇三五年远景目标纲要》指出,"实施无锡文化研究工程,加强吴文化、工商文化等城市特色文化资源的研究阐释和开发运用,推进各类地方古籍、文献及重要档案等整理出版""加强高端学术交流平台建设,实施哲学社会科学创新工程，深化应用性理论研究，建设全省一流、全国知名的高端智库"。同时，继 2011 年出台《无锡市文化振兴行动计划》后，近年相继出台《在社会主义文化强省中多作无锡贡献行动方案》《无锡市文化事业高质量发展三年行动计划（2022-2024 年）》《无锡市文化产业高质量发展三年行动计划（2022-2024 年）》《关于推动无锡市文化高质量发展的若干政策》《关于推动无锡市电影产业高质量发展的若干政策》等系列政策文件，文化理论研究有了顶层"助推器"。

其次，依托会议推动文化理论研究。无锡通过搭建各类全市高层次文化专题会议，夯实大力推进文化理论研究的舆论环境。"十四五"以来，先后召开无锡市文化高质量发展大会、无锡市宣传思想文化工作会议、无锡市文艺院团高质量发展座谈会、无锡文艺界深入学习实践习近平文化思想座谈会等高层次专题工作会议，在全市范围释放市委、市政府高度重视文化事业发展和文化理论研究的明确信号，希冀以文化理论研究深度拓展文化建设的实践广度，从而把无锡文化建设引向深处。

再次，以学术交流为载体推动文化理论研究。无锡持续擦亮城市文化品牌，加强市内外高校、科研机构的交流互动和协同创新，先后搭建各类务实有效的学术交流平台，不断扩大无锡在江南文化研究领域的社会影响力。这些交流平台的建设促进了无锡文化研究实力的整体提升，催生了一批高水平、高质量的科研成果。如江南文脉论坛，自 2018 年首届论坛在无锡召开以来，围绕"文脉传承与精神家园""文脉传承与长三角一体化发展""文脉传承与长江文化"等论坛主题，迄今已连续举办三届，来自海内外的近千名政府领导、专家学者和企业家代表参加对话和交流研讨。江南文脉论坛为打造展示长江文化、运河文化、江南文脉研究的高端平台积累了新经验，也为无锡保护好、传承好、弘扬好江南文化，延续历史文脉作出了新贡献。又如，截止到 2024 年 10 月，无锡已连续举办十四届社科学术大会，每届学术大会都专门设置江南文明等文化研究专场或主题，在深化理论研究和推动学术创新中彰显价值。2024 年，无锡市举办首届社科学术活动月活动，活动期间举办

68 场学术活动，在市内外学术界引起强烈反响。此外，"中华优秀传统文化的当代价值"文化沙龙、"大运河文化带建设专题研讨会"等研究活动不定期召开，来自全市各行业的文化爱好者和专家学者围绕无锡文化新地标建设、老地标焕新等有关文化话题，畅谈历史、交流观点，为无锡城市文化繁荣发展贡献智慧力量。

二是组织激励体系更加健全。一方面，阵地建设稳步推进。无锡不断优化全市文化建设研究的组织体系和组织阵地，通过政府扶持和购买，发动社会力量广泛参与文化建设研究，资助各类文化研究社团开展学术交流、产出研究成果。据不完全统计，全市现有各类群文团队 3000 余支，跟文化相关联的各类研究组织有近百个。[①] 在现有各类文化研究会当中，社会影响力较为突出的有无锡市吴文化研究、无锡太湖文化研究会、新吴区泰伯文化研究会、荣德生企业文化研究会、新四军历史研究会、无锡市祠堂文化研究会、无锡名人文化研究院等，带有鲜明的无锡地域文化研究特色。这些种类多样的文化研究组织，积极参与无锡文化研究，丰富了无锡地方文化生态，更为无锡城市文化建设的方方面面提供智力支撑。仅以无锡名人文化研究院为例，近 30 年先后编著出版了《百年无锡名人谱》《无锡民俗》《无锡望族》等 50 余部作品。近年来，无锡市委宣传部、市社科联、文旅集团等不断转变工作思路，搭起枢纽型社会组织平台，尝试将种类繁多的民间文化研究组织凝聚起来，让其从"各自为战"到"联合作战"，实现资源互通共享，避免和减少重复性研究，成为彰显无锡文化研究品牌、推动无锡文化影响力的一股力量。

无锡各级政府部门与在锡高校开展深度合作共建，积极动员全市联合共建各类文化理论研究基地。如 2007 年 12 月，无锡市文广新局与江南大学联合共建无锡江南文化研究中心，涵盖江南文化史研究、江南文化的现代发展与转化、江南文献与文论研究等方向，2013 年被正式列为市级文化研究基地。

---

① 《"成长的烦恼"怎么解？》，《江南晚报》2020 年 7 月 3 日。

中心成立以来，已建设成为国内外较具影响力的吴文化研究、文化产业研究高地，先后策划大型文化活动数 10 项，完成国家级、省部级各类科研项目 60 余项，出版《吴文化内涵的现代解读》《工商脉动与城市文化》等著作近 30 本，为地方政府文化建设决策提供参考依据。又如 2023 年 2 月，无锡市委宣传部和江南大学联合成立江南文脉研究中心，进一步加强对江南文脉的挖掘梳理，中心每年围绕相关主题发布研究课题等。无独有偶，无锡学院与无锡市国专历史研究会共建"无锡国专研究中心"，如此不一而足。

另一方面，奖评体系更加完备。为充分调动全市广大文化工作者和专家学者的积极性和创造性、努力推出更多文化精品力作，无锡扩大了扶持范围，加大了扶持力度，先后制定出台《无锡市哲学社会科学优秀成果评奖办法》《无锡市精神文明建设"五个一工程"评选办法》《无锡市文化艺术项目扶持奖励办法》《无锡艺术基金使用和管理办法》等，明确研究创作导向，文化理论研究和文艺创作的组织推动力不断增强。其中仅无锡社科优秀研究成果评奖至今已举办十六届，近 2000 项优秀成果受到市人民政府表彰，200 多项优秀成果受到江苏省政府表彰，有力地推动了无锡哲学社会科学和文化理论研究的繁荣发展。同时，对社科和文化研究工作突出的单位进行通报表彰。大力实施文化艺术项目扶持奖励，设立无锡艺术基金，鼓励各类优秀文化文艺成果申报，构筑"前端扶持＋中期跟踪＋后期奖励"的全流程资助体系。

三是研究专题设置更加聚焦。文化建设整体性、协同性推进的实践特点，从根本上决定了文化研究是一项系统性工程，需要以有组织科研的方式加以推进。新时代的无锡文化研究强调以有组织科研的形式，大力助推研究高质量发展；通过打破传统研究中因研究者研究兴趣转移或研究课题飘忽不定等原因造成的"东一榔头，西一斧子"不成研究体系的困局，不断聚集文化研究的主题，提升理论研究的质量。

在具体实施过程中，围绕无锡文化建设现实所需和实际理论难题，无锡市委宣传部、市社科联等与市委组织部、市委统战部、市教育局、团市委等政府部门，以及江南大学、无锡市委党校等高校、科研单位联合开展"大运河文化和长江文化""宣传文化"等专项课题研究。"十四五"以来,无锡年均接受各类研究课题申报 600 余项,年均成功立项 200 多项,扩大了文化社科理论研究工作的影响力和辐射力,有力推动了无锡经济社会文化高质量发展。

2020 年以来无锡各类理论研究课题立项情况

年份	重点课题立项数	精品课题立项数	专项课题申报数	专项课题立项数
2023	11	164	451	138
2022	11	145	384	80
2021	15	135	651	263
2020	15	135	——	23

数据来源:无锡市社科联

在组织研究过程中,突出引导研究者和相关单位聚集文化选题开展深度专题研究,甚至是长期追踪研究。在研究逻辑递进深化上,系统性梳理无锡文化历史现状及其建设现象是一切研究的切入点,它能够归纳出文化建设及其社会现象的基本特征,但是研究仅停留在文化现象研究的层次上是不够的。新时代以来,无锡对文化研究提出新的标准要求和研究逻辑,开始从文化及其建设的表层社会现象研究上升到关联的文化建设内在机理研究,最后递进到关于文化建设规律的深层研究。

在文化研究具体应用上,按照研究成果服务社会对象的不同,无锡当前的文化研究逐步形成了三个不同特点的应用研究。首先,服务无锡市政府机构和企事业单位的政策应用研究。这类政策性文化研究从无锡城市文化建设中的现实问题诊断开始,按照"要解决的文化建设问题是什么——解决文化建设问题面临的约束条件是什么——约束条件下可能的选择方案或应对策略是什么"等逻辑展开,研究成果主要聚集于服务政府机构和企事业单位的现实需要,为其文化建设提供指导和咨询建议。其次,服务于学界的学理阐释研究。这类学理性文化研究大多也从无锡文化建设的现实问题诊断开始,在事先明确需要研究的具体问题是什么、需要运用的研究方法是什么等基础上,按照"概念界定——研究假设——实验验证——形成结论和分析框架"的逻辑思路展开，其旨在提出新的理论分析框架，为研究的应用性转化奠定学理基础。再次，服务于无锡社会大众的科学普及研究。这类科普性研究立足于无锡的文化历史典籍、历史文化资源和文化建设现状，从研究社会公众对无锡特定文化现象的心理和对文化建设项目的关注度、参与度着手，同时对相关文化公共政策进行解释性研究，进而增进社会公众对无锡文化建设发展等公共政策的理解和支持，促进形成有利于文化建设的良好社会氛围。

文化研究选题的专题化、文化研究逻辑的递进化和文化研究成果的应用化是紧密关联的，共同构成了无锡文化研究的组织化设计，有力保证了无锡文化研究在不同范围、不同阶段、不同节点上有效服务于不同主体的现实应用需求，彰显了无锡文化建设研究的价值所在。

二、推进重点文化项目研究

无锡市委、市政府高度重视文化研究工作，在 2021 年政府工作报告中明确提出"实施无锡文化研究工程"，提出利用几年时间打造一批标志性文化成果，实施一系列文化研究工程重点项目，吹响了文化研究的新号角。针对无锡文化研究工程，无锡市委、市政府进行了全局性谋划、战略性布局与有序性推进，旨在通过文化研究计划的实施，分阶段、有步骤地推出一批具有重大学术影响和良好社会效益的学术成果，培育一批高水平无锡文化学术名家、学科骨干和研究团队。

俗话说，纲举目张，执本末从。无锡文化研究工程主要突出大文化、大工程、大研究，集中高校、智库、科研院所等社科资源，聚焦重大文化工程项目、建设重点文化研究基地、打造高层次文化交流平台等，实现人才联动、资源联动、机制联动。其中，代表性的重点文化项目研究如下。

一是《无锡史》的编纂。盛世修志，志载盛世。编纂《无锡史》是无锡市委、市政府站在"两个一百年"奋斗目标的历史交汇点上，以实际行动贯彻落实习近平总书记"以时代精神激活中华优秀传统文化的生命力"①重要指示精神，也是统筹无锡经济社会的发展全局所作出的重大决策。2021 年 1 月 19 日，无锡市第十六届人民代表大会第五次会议《政府工作报告》中正式提出"启动编纂《无锡史》"，在同年 9 月 25 日召开的无锡市第十四次党代会工作报告中，再次明确将编纂《无锡史》作为无锡市未来几年的一项重要历史文化工程。《无锡史》完整覆盖史前、古代、近现代与当代，内容涉及政治、经济、社会、文化、军事等各方面，主要包括《先秦秦汉魏晋南北朝卷》《隋唐五代宋元卷》《明清卷》《民国卷》《中华人民共和国卷》《教育卷》《民族工商卷》《人物卷》等卷本，编纂周期预计 8 年左右，希冀将历史的无锡、变化的无锡、发展的无锡立体呈现出来。

2021 年 9 月 23 日，无锡市委、无锡市人民政府正式举办《无锡史》编纂启动仪式，标志无锡这一历史文化研究工程正式拉开帷幕。《无锡史》由江南大学原党委书记、江南大学江南文化研究院院长朱庆葆担任编纂总编，南京大学历史学院教授、中国明史学会常务副会长范金民，中国城市史研究会会长、上海社会科学院研究员熊月之，苏州大学江南文化研究院院长、中国太平天国史研究会副会长、《苏州通史》总主编王国平三位学者担任编纂学术顾问。2022 年 6 月 24 日，无锡市人民政府与江南大学正式签署《无锡史》编纂协议。

截止到目前，江南大学已正式组建《无锡史》编纂专班，由江南大学朱庆葆教授亲自领衔，江南大学历史文化研究院负责统筹协调，并承担编纂任务。参与《无锡史》编纂的总人数超过 60 人。同时，力邀社会"大家""名家"加盟编纂。江南大学研究团队更是放眼全国，邀请更多各领域的著名专家担任编纂顾问，例如史学领域的茅家琦、张宪文，教育学领域的无锡籍泰斗顾明远等。相信不远的将来，这一部全面反映无锡历史发展轨迹、准确勾勒无锡历史的具有鲜明地域特色的《无锡史》，将成为无锡文化研究史上具有里程碑意义的一座文献宝库。

---

① 《习近平关于社会主义精神文明建设论述摘编》，中央文献出版社 2022 年版，第 118 页。

二是无锡地域文明探源工程。据统计，截至目前，无锡累计拥有市级以上文物保护单位 467 处，其中全国重点文物保护单位 34 处、省级文物保护单位 74 处、市县级文物保护单位 359 处，文物资源总量位于江苏省前三。基于丰富的历史文化资源，无锡市着力推进历史文物和文化遗产保护传承研究。

无锡树立"大考古"理念，不断立足地域文明发展特点和历史文化资源，围绕太湖西部史前文化、无锡早期文明发展历史、吴文化探源等课题，加大考古研究的统筹组织力度，强化多学科跨领域联合攻关，深入开展地域文明探源工程，用无锡地域文明探源工程成果，充分展示和解读江南文脉在多元一体中华文明形成和发展过程中的历史贡献和独特地位，不断增强无锡文化研究、考古研究的学术地位和社会影响力。

迄今，无锡地域文明探源工程取得了一系列初步成果。如继阖闾城遗址和鸿山贵族墓群后，无锡在新吴梅里古镇二期建设项目中，首次发现泰伯奔吴时期的商周遗址，这些研究发现对于无锡地域文明探源课题意义重大。2023 年 6 月，由无锡市文物考古研究所编著的《无锡梅里遗址考古报告》正式出版，公布了梅里古镇二期工地考古重大发现，为未来研究著名历史事件"泰伯奔吴"提供了重要的实物线索。又如，宜兴丁埝遗址首次在濒水湖岸出土了 5000 年前良渚文化中象征权力的虎纹刻符石钺，这为研究太湖西部良渚文化社会复杂化进程提供了宝贵的研究资料。

在无锡马鞍遗址发现了 6000 年前的马家浜文化墓群，无锡和复旦大学利用最新科技对马鞍遗址马家浜文化时期人骨进行检测，首次成功获得了 6000 年前马家浜文化时期的古人类基因组数据，其研究成果为理解长江下游史前考古文化人群的起源和迁徙提供了重要参考。这些考古研究成果的不断问世，将为无锡地域文明探源工程提供重要学术支撑，为继续推动吴文化研究提供了巨大动力。

三、促进文化研究成果转化与应用

无锡在加强文化研究政策引导力的同时，不断强化文化研究的服务意识，激发运用研究成果解决文化建设现实问题的潜能。广大专家学者和民间文化研究组织，重点围绕市委、市政府文化建设的中心工作，做到留存历史与关注现实、服务当代相结合，将文化理论研究工作落脚在服务现实、服务中心大局上，在资政辅治和服务经济社会文化发展等方面谱写新的篇章。

一是强化文化研究的问题意识。问题是无锡文化理论研究的起点，无锡推进文化研究牢牢坚持问题导向，认为只有提出和解决文化研究中的原创性、现实性问题，文化建设实践才能取得跨越发展。基于此，从政府部门到专家学者，紧密围绕无锡文化建设的特色定位和建设路径、优秀传统文化的精神特质和发展形态、工商历史文化资源的挖掘和活化利用、文化产业的结构和形态等问题开展深入研讨，在深化对这些重大问题的研究中提炼概括出具有标识性的文化建设理念，提出应对思路举措，形成新认识、新观点。

二是打造文化研究决策咨询智库。"众人拾柴火焰高。"随着文化建设研究的对象越来越复杂多样，综合性研究课题特别是跨学科研究越来越多，需要不同学科的专家学者协作攻关。基于此，无锡不断加强文化领域研究人才队伍建设，打造文化研究人才梯队和跨学科团队。积极打造智库团队，充分发挥研究基地思想库和智囊团作用，着力构建知名教授领衔和市内高校、科研院所、市级各类文化研究学会为主体，全市重点行业领域专家、领军人才和广大文化工作者积极参与的智库网络。完善"无锡智慧社科"信息化平台，于2023年启动无锡市哲学社会科学专家库建库工作，着力加强研究资源整合和研究力量集中。

三是推进文化研究成果转化运用。大力弘扬理论联系实际的学风，高度重视文化研究成果在服务无锡地方经济、社会和文化发展中的重要作用，坚持好的科研成果一定要"接地气"，要求把研究论文"写在无锡的大地上"。依托各类立项文化课题项目，无锡定期编发《社科研究成果专报》提供决策参考，2023年共编发《社科研究成果专报》15期，其中《关于新时代无锡工商文化遗产保护与开发利用的建设》等10期研究成果获市委主要领导批示，不断强化咨政服务。通过《无锡日报》等媒体刊登文化研究成果、专家观点。

自2020年起，无锡市社科联与市各级政府部门联合设置专项课题研究，充分发挥招标课题平台效用，组织专家学者开展专题理论研究，围绕进一步全面深化文化体制机制改革、大运河文化带建设、文旅深度融合发展等提出更多"金点子"，不断提高决策咨询的质效，服务职能部门工作。又如，市社科联与市委组织部联合开展了"四千四万"精神专题学术征文活动，并组织上海、江苏有关专家撰写高质量论文，编辑出版了《江南论坛》"四千四万"精神专刊，推动理论研究成果的转化运用。

数十年来，无锡坚持以文化研究赋能文化建设实践，以理论上的创新来引领和助推无锡文化建设实践出新出彩，赓续了无锡悠久深厚的历史文化血脉，有力地彰显了无锡的文化自觉，为无锡当代文化建设繁荣发展提供了坚实的理论支撑和智力支持。

第三节　推动无锡新时代文明实践

新时代文明实践是深入贯彻落实习近平总书记对宣传思想文化工作的重要指示精神、担负起新的文化使命的必然要求和实际行动，亦是乡村全面振兴的需要。社会主义核心价值观为社会主义文明新风尚提供了价值引领，新时代文明实践则是实现社会主义核心价值观和文明新风尚的重要平台和载体，三者相互促进，共同推动社会主义现代化建设。

一、践行社会主义核心价值观

党的十八大将社会主义核心价值观概括为"富强、民主、文明、和谐""自由、平等、公正、法治""爱国、敬业、诚信、友善"，要求"积极培育和践行社会主义核心价值观"。① 党的十九大明确提出"把社会主义核心价值观融入社会发展各方面"，② 党的二十大强调"把社会主义核心价值观融入法治建设、融入社会发展、融入日常生活"。无锡遵循党中央的要求，切实落实社会主义核心价值观，先后通过"五位一体"培育体系，融入学校教育、法治建设及社会治理等多元途径，深化社会主义核心价值观实践。

习近平总书记指出："核心价值观是一个民族赖以维系的精神纽带，是一个国家共同的思想道德基础。如果没有共同的核心价值观，一个民族、一个国家就会魂无定所、行无依归"。③ 在党中央集中统一领导下，无锡市委、市政府通过统筹规划、科学推进和激发公众参与热情，构建了学习树人、典型引人、阵地育人、以文化人、实践立人在内的"五位一体"工作格局。④ 这一格局探索了新时代弘扬和实践社会主义核心价值观的路径模式，有效提升了城市崇德向善的正能量，激发了市民昂扬向上的精神追求，凝聚了奋发进取的时代气质。

凝心铸魂，是推进社会主义核心价值观内化的关键环节，对于塑造人格、引领行为具有重要意义。无锡市委、市政府针对不同群体实施精准教育，以实现社会主义核心价值观的内化，"努力培养更多让党放心、爱国奉献、担当民族复兴重任的时代新人"。⑤ 无锡市委、市政府通过完善学习制度，如中心组学习、集中学习等，引导领导干部坚定价值追求，筑牢精神高地，发挥示范引领作用。为突出基层党员的辐射作用，组建基层党校师资库，与高校党校结对，聘请专家作专题报告，引导基层党员将社会主义核心价值观内化为道德认同。为彰显市民群众的主体地位，构建市、县（区）、乡镇（街道）三级宣讲网络，组建宣讲团开展中国特色社会主义和中国梦宣讲，举办"太

---

① 中共中央文献研究室编：《十八大以来重要文献选编》（上），中央文献出版社2014年版，第25页。

② 《习近平著作选读》（第2卷），人民出版社2023年版，第35页。

③ 《论党的宣传思想工作》，中央文献出版社2020年版，第111页。

④ 燕连福：《习近平关于精神生活共同富裕重要论述的生成逻辑、核心要义和实践路径》，《思想战线》2022年第5期。

⑤ 《不断开创新时代思政教育新局面　努力培养更多让党放心爱国奉献担当民族复兴重任的时代新人》，《人民日报》2024年5月12日。

湖读书月""学习创新节"等活动，增进市民对社会主义核心价值观的认同。通过以上分层分类学习策略，无锡市委、市政府有效推动了社会主义核心价值观在不同群体中的内化。

典型引人，直观展示社会主义核心价值观的内涵，指引公众践行的方向，增强认同，进而促进社会风气改善与活力激发。无锡坚持典型引人，分层选树先进典型，形成覆盖不同领域的示范体系。一是选树时代先锋。如围绕解放思想、服务群众等主题，宣传华西村、"蛟龙号"团队等 9 个全国重大典型，姜达敖等 20 多个全省重大典型，以及 200 余个市级先进典型，形成富有时代精神的标杆，激发社会创新创优风尚。二是针对未成年人，定期开展"无锡美德少年""文明风尚好少年"等评选活动，推动中小学生自我教育，深化"做一个有道德的人"主题实践，形成弘扬美德的良好风气。三是全市评选"无锡好人""江苏好人""中国好人"等，坚持群众路线，媒体广泛报道，网友积极参与，确保全社会学习践行社会主义核心价值观有鲜活榜样、具体目标和感人事例，形成政府引导、群众参与的生动局面。

搭建平台、拓展阵地，提供社会主义核心价值观实践的载体和途径，增强社会主义核心价值观的影响力和公众的参与度，形成示范效应和合力。无锡着力搭建平台、拓展阵地，确保宣传教育有载体、有路径、有抓手，营造有利于培育和践行社会主义核心价值观的生活情景和社会氛围。其一，加强理论阵地建设。打造"1+2"学习平台，包括"梁溪大讲堂""东林文化讲坛"和"工商讲坛"，邀请知名专家开展讲座，深化理论阐释。创新运用信息化平台，如党委中心组学习网、公务员网上学堂等，利用新兴学习载体，拓展凝聚社会共识的重要渠道。其二，在道德阵地建设方面，依托多元主体，打造诸多"五个一"道德高地，通过"每日一言""每周一星""每月一讲""每季一汇"和"每年一评"等系列活动，传播尚德箴言，展现道德风采，让好人精神成为社会风向标，深化道德认同。其三，在少儿阵地建设方面，构建立体化、多元化校外教育网络，开办多家"行知大学堂"，建成多个未成年人成长指导中心和活动中心。运用新媒体建设"少儿悦读 e 站"，将社会主义核心价值观融入学生日常，植根于思想深处。

社会主义核心价值观的践行，植根于深厚的文化底蕴，焕发于鲜明的时代精神。"社会主义核心价值观，标示着中华民族文化的内核，为中国共产党领导人民切实肩负新的文化使命提供了精神支撑"。① 无锡通过弘扬传统文化、挖掘本土文化、塑造时代文化，将社会主义核心价值观融入城市文化、精神、气质，实现市民情感共鸣与价值认同。其一，利用传统节日开展"我们的节日"等主题活动，举办地方特色的社区文化节、好人节等，激发市民爱国爱乡情感。其二，深入挖掘吴文化、工商文化等"五个文化品牌"，打造特色节庆活动，彰显城市文化独特魅力。其三，修复历史文化街区、古镇古村落，建设文化博览园，多项非物质文化遗产入选国家、省级名录，荣膺"国家历史文化名城"称号，激发市民崇德向善精神。其四，坚持正确文艺创作导向，推出《阿炳》《红河谷》等思想性、艺术性、观赏性统一的精品力作，荣获多项全国奖项，引导全社会昂扬向上、开拓进取。

社会主义核心价值观的践行，需要在理论认知与实践中落实。无锡秉持知行合一理念，创设实践载体，引导干部群众在参与中实现自我教育、自我管理、自我提高，推动社会主义核心价值观转化为自觉行动。其一，开展"作风建设年"系列活动，领导干部深入一线，化解群众困难，以身作则，发挥示范作用，彰显社会主义核心价值观的实践导向。其二，组织市民讨论修订《市民文明公约》，编印文明礼仪手册，普及文明知识，达成讲礼仪、重道德、守规范的共识，开展"市民文明素质提升年"活动，营造良好社会风尚，深化社会主义核心价值观的社会基础。其三，建立诸多志愿服务团队和活动阵地，设立"学雷锋集中活动日"，推行社区志愿服务"3+3"模式，开展系列志愿服务行动，弘扬志愿者精神，使志愿服务成为践行社会主义核心价值观的生活具现和行动载体。

---

① 黄蓉生：《略析"用社会主义核心价值观铸魂育人"重要论断的三重蕴意》，《社会主义核心价值观研究》2024 年第 3 期。

二、弘扬社会主义文明新风尚

社会主义文明新风尚是在社会主义建设中形成的一种良好道德风尚和文化风尚，是社会主义核心价值观的具体体现。"社会风尚是基于一定价值观的流行性群体行为，价值观则是引发社会风尚变化的内在因素。"[1]弘扬社会主义新风尚，对于实现社会主义现代化建设目标、推进社会主义核心价值观在人民群众中的深入认同和广泛传播具有重要意义。在弘扬社会主义文明新风尚方面，主要从文明新风、家风家训、市民志愿服务等几个方面展开。

一是移风易俗与社会主义文明新风尚的互促共进。移风易俗，古已有之，旨在革除陈规陋习。在现代语境下，被赋予新的时代内涵，成为推动社会文明进步的关键手段。在新时代新征程推进乡村全面振兴过程中，"不仅要关注经济等直接外显性因素，还要关注内隐性文化因素，通过移风易俗，实现对文明乡风、良好家风和淳朴民风的培育，焕发新时代社会主义乡村之文明新气象"[2]。社会主义文明新风尚作为社会主义核心价值观的具体体现，涵盖文明礼貌、助人为乐等多维度，引领社会发展，彰显时代精神。

移风易俗为社会主义文明新风尚的培育提供土壤和条件，社会主义文明新风尚的普及和践行进一步推动移风易俗的深入发展，两者相互传播、相互强化，形成良性循环。移风易俗宣传是弘扬社会主义文明新风尚的关键，通过系统宣传教育，引导公众摒弃封建迷信等陋习，倡导简约、文明的生活方式，如推广文明婚礼等，使现代文明理念深入人心。

将移风易俗内容融入村规民约，借助法律手段规范行为，形成有效约束。"农村移风易俗重在常抓不懈，找准实际推动的具体办法，创新用好村规民约等手段，倡导性和约束性措施并举，绵绵用力，成风化俗，坚持下去，一

---

① 赵文：《新时代社会主义新风尚的培育路径》，《学习与实践》2018 年第 10 期。
② 杨增崇：《乡村振兴战略实施中的移风易俗：现实问题与积极进路山》，《贵州社会科学》2021 年第 9 期。

定能见到好的效果。"①滨湖区和平社区积极开展"门前三包要落实,垃圾分类要提倡"行动,成功打造环境优美、绿色宜居的新家园;嶂青社区则通过动态干预村规民约,逐步确立"婚事新办、丧事简办、其他宴请不办"的文明新风尚;阖闾社区居民自觉遵循村规民约,积极参与"文明家庭""善行阖闾"等评选,营造出友善、和睦、和谐的社区氛围;华庄街道万欣社区新时代文明实践站举办"移风易俗树新风 文明健康我先行"现场推进会,展示文明倡议系列视频,交流各地移风易俗工作经验,分享移风易俗典型案例。江阴市顾山镇举行展现时代新风尚的集体婚礼、宜兴市芳桥街道岷山村兑出清新乡风的文明积分等案例,获评无锡市移风易俗典型案例,这些活动中移风易俗与村规民约的结合,有效推动了社会主义文明新风尚的广泛传播与深入践行,营造出和谐、文明的社区氛围。

二是家风家训推动社会主义文明新风尚。家风家训作为中华优秀传统文化的精髓,内蕴家族精神内核与价值取向。在新时代,与社会主义文明新风尚深度融合,有助于中华优秀传统文化的传承,为社会主义精神文明建设注入蓬勃活力。

家风家训通过家庭教育潜移默化地培养家庭成员的道德品质,为社会主义文明新风尚提供道德支撑。家风家训强调孝道、诚信、勤俭、和睦等,通过家庭教育,潜移默化地将道德规范内化为家庭成员的自觉行动。②良好的家风家训能够引领社会风尚,推动社会形成崇德向善、文明礼貌的良好风气,对社会主义文明新风尚的普及和推广发挥积极作用。在学校教育、社会教育等正式教育体系之外,家风家训作为非正式教育的重要组成部分,补充和完善了道德教育体系,为社会主义文明新风尚的培育提供了全方位的支持。通过塑造家庭文明新风、涵养党风政风、培育民风社风,推动树立新时代文明新风。③

---

① 习近平:《加快建设农业强国　推进农业农村现代化》,《求是》2023年第6期。
② 安丽梅:《传统家训的立德树人意蕴》,《社会主义核心价值观研究》2024年第3期。
③ 林伯海:《传中华家训家教家风　树新时代文明新风》,《红旗文稿》2022年第12期。

由中共无锡市委宣传部、市文明办、市妇联等多家单位联合主办"好家风进万户"主题活动，包括童声合唱、家风故事分享、书法作品巡展等活动，表彰优秀家庭代表，并启动"寻找好家风"故事征集活动。通过这些活动，无锡在广大家庭中传播爱国爱家、相亲相爱、向上向善的文明新风尚，营造和谐、文明、向上的社会氛围。滨湖区在蠡园街道、河埒街道等地，通过社区新时代文明实践站、文明楼道等阵地开展主题宣讲，传播村史和家风故事。雪浪街道的金婚故事传递、胡埭镇的族谱探秘之旅等，将家规家训融入群众文化和非遗作品展示。这些活动激活了居民内心的"基因密码"，推动文明家风在千家万户中深入传播。

无锡在家风家训与社会主义文明新风尚的融合共进方面，展现社区实践层面的显著成效。如栖云社区以"栖彩锦云"平台为支点，依托"青云"志愿服务队，开展"文明家风，塑造美好家庭"主题宣讲活动，实现服务群众"零距离"，形成以德治家、以学兴家、文明立家的社区风尚；西村社区依托道德讲堂，举办"品端午粽香 话家风家训"等系列活动，大力倡导传统美德，有效培育积极向上的良好家风。各社区因地制宜，整合资源，积极传承中华民族传统文化，引导居民树立家庭美德观念，营造出良好的文明家风氛围。

三是志愿服务与社会主义文明新风尚相互促进。志愿服务，作为社会文明进步的显著标志，扮演着社会"前行者、引领者"的角色。志愿者通过实际行动，为社会树立典范，引导社会文明风尚，其精神和行动逐渐融入公众情感认同和行为习惯，推动了社会主义文明新风尚的形成与发展。

志愿服务高度契合社会主义核心价值观，秉承"奉献、友爱、互助、进步"的精神，志愿者无私奉献、服务社会，展现高尚道德情操，引领社会风气向善向上。志愿服务强调社会责任感和公民意识，鼓励公众积极参与社会事务，共同推动社会进步，彰显了社会主义文明新风尚中的责任担当。

社会主义文明新风尚倡导互助友爱、团结协作的社会氛围，为志愿服务提供了良好的文化土壤和社会环境。随着社会主义文明建设的推进，相关政策和法规不断完善，为志愿服务提供了有力的制度保障和政策支持。社会主义文明新风尚推动社会各界更加重视和支持志愿服务，促进社会资源向志愿服务领域汇聚和整合，为志愿服务注入强大动力。

志愿服务通过实际行动传播文明理念，巩固和拓展社会主义文明新风尚的成果。作为培养时代新人的重要途径，志愿服务锻炼个人能力、提升素质，塑造符合新风尚要求的时代新人。通过广泛开展志愿服务，有助于增进社会团结，减少社会矛盾，促进社会和谐稳定。无锡积极打造志愿服务特色品牌，连续 10 年开展崇德乐善"一月一主题"公益活动，连续 10 年牵头发起两省四市环太湖生态文明志愿服务大行动及无锡学雷锋志愿服务广场活动，连续 20 余年举办学雷锋志愿服务月活动，受益群众超 100 万人。无锡还创建了爱心车队、市民巡访团，20 年来持续编织文明"无锡景"。如惠山区堰桥街道社区组建的"夕阳红"志愿服务队，以退休老党员、老干部、老教师为骨干，下设 360 文明寻访、道德文明宣讲、夕阳红戏剧团等三个志愿小分队，实施"三诊法"，将移风易俗宣传融入日常，进一步彰显了志愿服务在推动社会文明进步中的重要作用。

三、形成新时代文明实践"无锡模式"

新时代文明实践作为传播和践行社会主义核心价值观、推动精神文明建设、培育新风尚的重要载体与平台，通过创新实践方式，将抽象的价值理念转化为具体的社会行动，实现社会主义核心价值观的落地生根。2018 年 7 月，中共中央办公厅印发《关于建设新时代文明实践中心试点工作的指导意见》，明确全国 12 个省的 50 个县作为试点，无锡宜兴市位列其中。基于宜兴的先行经验，无锡市进一步深化探索，在新时代文明实践中心建设方面形成了独具特色的"无锡模式"。

首先，宜兴率先成为典型示范样本。宜兴作为全国新时代文明实践中心建设试点之一，基于城乡二元结构解构、一体化发展深化及城市化加速的基本市情，实施城乡同步、全域推进的试点策略。市内构建"三级五建五平台"

架构，以示范创建为引领，以志愿服务为支撑，通过高位统筹、全域构建及品牌塑造等手段，致力于打造文明实践典范，深化新时代文明中心建设。①

在工作体系构建方面，宜兴市构建"三级五建五平台"工作体系，旨在实现文明实践中心建设的全域覆盖与一体化推进。"三级"即市级、18镇（街道）及312行政村（社区）分别设立中心、所、站，整合资源，避免重复；"五建"包括打造示范基地、示范点、志愿团队、示范户及可复制项目，以示范带动实践深化。②"五平台"涵盖理论宣讲、教育、文化、科技与科普、文明健康五大服务领域，实施政策领悟、价值引领、知识普及、文化丰润及风尚弘扬五大行动，全面提升文明实践水平。

在理论宣传与文明实践品牌建设领域，宜兴市实施优质化战略推进品牌创建。一是依托陶瓷博物馆、红色文化和名人旧居等文化阵地，挖掘地域人文特色，打造如"陶都好声音"理论宣讲品牌、"杜鹃花开"精神文明品牌，构建"晓Li的家""德荣微讲堂"等多个新时代文明实践宣讲团。二是推出"点出你的需求、亮出我的服务"志愿服务行动，构建群众"点单"、中心"派单"、志愿者"买单"、群众"评单"的闭环工作模式，打造全覆盖、分众化、菜单式的文明实践活动服务网络，形成"爱沐陶都"志愿服务工作品牌。三是通过"固定＋流动""线上＋线下"，拓展走访式、讲堂式、座谈式、展演式、指尖式五种宣讲模式，深入解读新理念、新思想、新战略。四是干部专家讲政策理论，道德模范讲先进事迹，百姓名嘴讲生活变化，强化主流价值引导，选立标杆典型，开展学习时代楷模等系列活动，弘扬爱岗敬业、孝老爱亲、崇德向善的社会风尚。同时，培育"吃杠茶""和事佬议事厅""乡贤议事会"等基层自治模式，探索中国特色基层自治模式。

在系统推进新时代文明实践工作方面，宜兴市成功构建了全方位、多层次、立体化的新时代文明实践体系。一是实现政策宣讲、教育培训、

---

① 刘焕明：《新时代文明实践的宜兴样本》，《群众》2020年第12期。
② 中共无锡市委党校编著：《无锡高水平全面建成小康社会案例选编》，江苏人民出版社2021年版，第177页。

文化活动、体育健身、科普服务五大领域的全面覆盖，确保文明实践活动渗透至全市所有社区和村庄。二是依托红色文化和名人旧居等资源，建设100个新时代文明实践示范基地，提供精准化服务。三是设立500个新时代文明实践示范点，将文明实践网络延伸至自然村组、企业等多元主体。组建超过1000支新时代文明实践志愿服务示范团队，构建市级总队、部门支队、基层服务队的三级架构，实现资源高效配置。[①]评选出10000个新时代文明实践示范户，以爱国卫生、移风易俗等标准引领社会风尚。四是鼓励基层创新，培育"凉亭讲习社"等50余个可复制推广的实践案例，为新时代文明实践提供坚实支撑。[②]

其次，实现文明实践场所的全域覆盖。无锡市下辖宜兴、江阴2个县级市及梁溪、锡山、惠山、滨湖、新吴5个区，另含1个经济开发区。构建市、镇、村三级文明实践网络，市级中心负责统筹规划、资源整合与指导协调；镇级站负责具体落实、活动开展与服务供给；村级点则深入各村庄、社区，确保文明实践无死角覆盖。新时代文明实践指导中心遵循"统筹规划、分级管理、注重实效"的原则，构建了"中心—所—站—点"四级服务管理体系，实现了扁平架构与多层结构的有机融合。中心负责区域教育资源的统筹整合，所负责镇（街）级资源整合，站负责村、社区级资源整合，点则作为服务居民的终端，按照"五个一"标准（一支团队、一套课程、一套信息系统、一套管理模式、一套保障机制）运作。

一方面，宣讲理论全覆盖。构建了一支由专家学者、党员干部和基层宣讲员组成的多元化理论宣讲队伍，深入社区、村庄、企业、学校等基层单位，开展精准化理论宣讲活动，有效推动习近平新时代中国特色社会主义思想深入人心。特邀一批在马克思主义理论和中国特色社会主义研究等领域造诣深厚的专家学者，提升宣讲的权威性和深度。党员干部则结合工作实际与群众

---

① 中共无锡市委党校编著：《无锡高水平全面建成小康社会案例选编》，江苏人民出版社2021年版，第177页。

② 中央文明办一局编：《建设新时代文明实践中心 怎么干》（下），学习出版社2021年版，第75页。

需求，以通俗易懂的语言阐释党的理论政策，增强宣讲的吸引力和感染力。注重培养和选拔政治素质高、宣讲能力强的基层宣讲员，通过讲述身边故事、分享亲身经历等生动方式，将抽象理论具象化，提升群众的理解度和接受度。

另一方面，文明实践服务延伸、拓展与深化。推行线上线下融合服务模式，构建新时代文明实践云平台，提供活动预约、志愿服务、政策咨询及在线学习等多元化线上服务，突破时空限制。建立完善的志愿服务体系，鼓励群众积极参与志愿服务活动，如助老扶幼、环保清洁、文明交通等，使志愿服务成为群众日常生活的一部分，培养文明习惯。组织开展各类文明实践活动，如文明祭祀、文明旅游、文明用餐等，引导群众在实践活动中体验文明、践行文明。

最后，文明实践活动制度化与常态化。无锡在新时代文明实践中心建设过程中，深度融合制度建设，搭建新时代文明实践大舞台，确保文明实践活动规范化、常态化和长效化。建立了由市委书记任组长的试点工作领导小组，负责顶层设计、统筹协调和督促落实，成立了22个市级部门组成的联席会议制度，定期召开会议，协调解决重大问题，推动资源共享和协同工作。将新时代文明实践中心建设融入社会治理体系，通过文明社区、和谐社区创建等活动，提升社会治理水平，实现文明实践与社区治理、乡村全面振兴、文明城市建设等工作的有机结合，发挥其在社会治理中的积极作用。

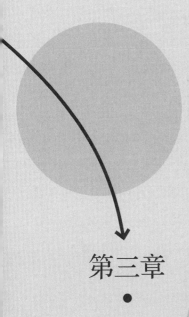

第三章

无锡推进文化建设的
实践根基

近年来，无锡锚定"强富美高"建设目标，在中国式现代化道路上笃定前行，成绩斐然。经济实力稳步攀升，人民生活水平蒸蒸日上，生态环境不断改善，社会文明程度显著提高，文化建设百花齐放。无锡在推进社会主义文化建设中，谱写了中国式现代化无锡实践的壮美华章。

第一节　奠定高质量发展的经济基础

我国经济长期发展取得了显著成就，带动了生产力提升、市场扩张、社会分工深化、城乡差距缩小、科技进步和消费观念更新，显著提高了人民生活水平，促进了社会和谐与可持续发展，我国在文化建设等方面也取得了突破。党的二十大将高质量发展定位为全面建设社会主义现代化国家的首要任务。[①]经济增长为社会主义文化建设提供物质基础，而文化建设又推动经济高质量发展。无锡在改革开放后的物质文化成就，为新时代经济文化融合创新发展打下了坚实基础。

一、解放和发展生产力

以党的十一届三中全会为标志，中国共产党以推动农村体制改革为切入点，将贫困治理工作推向了以体制改革推动的综合性治理新阶段。邓小平同志提出，改革开放就是要发展社会主义生产力，"使占人类四分之一的人口摆脱饥饿和贫困，达到小康状态"[②]。党的工作重心开始转移到以经济建设为中心的社会主义现代化建设上来。经过国民经济体制改革，农业现代化快速推进，极大改善了国民经济状况。广大农民获得了自主权，生产积极性普

---

① 《高质量发展：全面建设社会主义现代化国家的首要任务》，《解放日报》2022 年 10 月 31 日。
② 《邓小平年谱（1975–1997）》（下），中央文献出版社 2004 年版，第 870 页。

遍高涨。加上集体经济对农业的不断投入，逐步建立以村级为基础的农业社会化服务网络，农户经营的积极性和集体经营的优越性相结合，促进农业生产的稳步发展。

随着经济发展，社会对专业技能的需求不断变化，整体教育水平和文化素养亟待提高，实现文化教育与产业需求的对接。1984年国务院政府工作报告中指出"适应经济建设的需要，各级政府应当把教育体制和科研体制的改革，列入重要议事日程，作为一项战略任务来抓"。在国家优先发展战略的作用下，东部地区借助资源的优势，加上优惠政策的支持，借天时地利人和的时机，吸引大量人、财、物的涌入。无锡顺应经济发展的良好势头，立足本地实际情况，积极推进各领域体制改革。

农村改革释放的巨大效应，为乡镇企业的发展提供了诸多有利条件，无锡不断完善政策，大力扶持乡镇工业。乡镇企业有效调节市场，优化配置农村要素资源，同时解决了农民就业增收、非农化转移等根本问题，创造了举世瞩目的"苏南模式"，其成为苏南地区农村经济和国民经济增长的重要推力，找到了一条促进农业、农村、农民走工业化和现代化的道路。邓小平同志曾盛赞苏南乡镇企业的"异军突起"，是一个"完全没有预料到的最大的收获"，"乡镇企业的发展，主要是工业，还包括其他行业，解决了占农村剩余劳动力百分之五十的人的出路问题"[①]。1992年以后，无锡市开始了乡镇企业的产权制度改革，推行股份合作，吸引外资，逐步将无锡打造成为先进的制造业基地，红豆集团、海澜集团等一批知名企业蓬勃兴起。

经济模式的转变促使农民的生活方式、价值观念和文化习惯发生变化，推进了农村文化的现代化。"四千四万"精神在无锡的乡镇企业中流传，扩散到整个社会，成为推动经济社会发展的重要精神支撑。乡镇企业的兴起也促使企业开始重视自身文化的建设，通过塑造企业文化来提高企业的凝聚力和竞争力。1989年11月，无锡市企业文化研究会成立，研究会坚持立足企业、

---

①《邓小平文选》第三卷，人民出版社1993年版，第238页。

面向企业、服务企业的宗旨，编印出版了企业文化专著和论文集，为 80%
以上的企业提炼了企业精神，塑造了企业形象，为促进无锡市的企业文化建
设做了大量工作。[①]

无锡经济的发展，为文化建设奠定了坚实的基础。中共中央、国务院在
《关于加快发展第三产业的决定》中把文化事业作为加快发展第三产业的重
点之一。无锡因地制宜发展第三产业，形成了文化特色。譬如，堰桥镇根据
历史遗迹、民间传说和地形地貌，在西高山下建造吴文化公园，首开我国文
化园林建设的先河，吴文化公园以其独特的自然与人文风光而闻名，蚕桑巷、
无锡名人馆等相继对外开放，盛誉传遍国内外，吸引了来自中央媒体及中国
港台、马来西亚、美国等地逾 50 家新闻机构的关注与报道，自 1990 年起，
每年接待中外游客 10 万多人次。[②]堰桥镇的小城镇建设也别具匠心，不落俗
套，如水电安装公司，采用了西班牙式的建筑风格，引人注目，无论是匆匆
而过的行人，还是就餐住宿的宾客，有口皆碑。

21 世纪以来，党中央高度重视人民的物质生活，提高人民的生活质量
和福祉，丰富人民的文化需求，促进社会包容，减少社会不平等，推动经济
的增长和社会和谐。经济建设高潮带动了文化建设热潮，公共文化服务的展
开为广大市民提供了多样化的文化生活选择，也为无锡市的经济发展营造了
一个积极向上的文化环境。

二、实现全面建成小康社会目标

以党的十六大为标志，全国各族人民在党的领导下踏上了全面建成小康
社会的新阶段。中共十五届五中全会制定了《中共中央关于制定国民经济和

---

① 陆嘉玉、姚秉彦主编：《企业文化在中国　中国企业文化研究会十周年》，光明日报出版社
1998 年版，第 480 ~ 481 页。
② 郁谦、袁明发、王建军：《大胆实行"三放"领先发展"三产"——关于无锡县堰桥镇的调查》，
《江南论坛》1993 年 Z1 期。

社会发展第十个五年计划的建议》，其中就明确提出："从新世纪开始，我国将进入全面建设小康社会，加快推进社会主义现代化的新的发展阶段"①。全面小康不仅仅是经济上，也包括了文化生活、社会保障等因素，而摆脱物质贫困则是提高生活质量、实现个人发展的前提条件。

伴随国际国内形势的转变，无锡面临传统产业加速向现代产业升级的机遇和挑战。在经济建设上，重点放在增强产业竞争力，发展起支撑全市经济社会发展的支柱产业，形成国际竞争力强、国内领先、具有专业特色的优势产业，为无锡基本实现现代化提供支撑。在文化建设上，文化作为商品和服务进入市场时，面临着如何在追求经济效益的同时保持其文化价值的问题，需要改革和完善文化经济政策。

在优先发展产业的选择上，按照比较优势和突出重点的原则，无锡以集约化、特色化、高新化和增强市场竞争力为核心，实施"优先发展优势产业"的产业发展战略，大力发展新兴制造业和新兴服务业，如环保、新能源、生物医药产业。通过积极引导和扶持，使传统优势产业保持比较优势，新兴产业快速成长，并形成了一定规模的产业集群，如集成电路、液晶、计算机和电子元器件、新型家电、精密机械、电线电缆、汽车产业等。

无锡坚持外向带动战略，多层次发动，多领域开发，全方位拓展，促进了开放型经济的快速发展。以无锡国家高新技术产业开发区和无锡新加坡工业园为核心，以"高、大、优、新"为准则，建成对外开放的示范区、高新技术密集区。宜兴环保科技工业园瞄准世界环保新技术，转化国内外高科技成果，成为全国性的科技工业基地和辐射源。2003年，无锡市生产总产值达1901.22亿元，地方财政收入149.71亿元，城市综合竞争力位居全国第14位。②其中高新技术"集群效应"最为显著的是新区的电子信息制造产业集群，成为江苏省内七个主要的电子信息产业中心之一，在全国范围内也占据了举足

---

① 中共中央文献研究室：《十五大以来重要文献选编》（中），中央文献出版社2001年版，第1369页。
② 陈修颖、章旭健：《演化与重组 长江三角洲经济空间结构研究》，东南大学出版社2007年版，第147页。

轻重的地位。[①]2005 年 4 月 23 日，太湖新城内首个以高科技研发、软件开发、工业产品造型设计等为核心的高新技术产业集聚地——太湖创意产业中心揭牌，日本 OBC 软件公司、上海晟峰软件公司、杭州恒生电子集团等成为第一批入驻企业。[②]无锡的创意产业发展进入了加速阶段，较高的经济发展水平、迫切的产业升级需要和环境立市的发展理念，初步构筑了创意产业诞生的平台，发展创意产业的优势正日益凸显。

经过全市上下的共同努力，2005 年，无锡在全省率先全面建成小康社会。[③]经济综合实力明显增强。"十五"期末，实现地区生产总值 2800 亿元，同比增长 15% 以上，人均地区生产总值达到 6.2 万元。民营经济整体素质明显提高，销售超亿元企业达到 550 家，22 家企业跻身全国民营企业五百强。经济实力的全面增强，为市民享有小康成果奠定了扎实的基础。

党的十八大开启了全面建设小康社会的决定性阶段。2014 年 12 月，习近平总书记在视察江苏时作出"努力建设经济强、百姓富、环境美、社会文明程度高的新江苏"的重要指示，为新时代江苏的发展指明了道路，为未来的美好愿景绘制了宏伟蓝图。无锡把建设"强富美高"的现代化新无锡作为做好各项工作的指导纲领，加强系统谋划，通过强化系统规划和稳步实施，取得了显著的阶段性成就。自 2015 年起，无锡明确了以创新为核心的战略以及以产业为主导的发展策略，出台一系列与科技创新、人才培养等相关联的政策措施，构建起全面且多元化的政策支持，为新一代信息技术、智能制造、现代服务业、文化创意等产业营造了良好的经营环境。

随着国家"十三五"规划实施和党的十九大召开，党中央强调全面建成小康社会进入决胜期，无锡开启了高水平全面建成小康社会新征程，坚定实施创新驱动核心战略和产业强市主导战略，多项重大项目顺利完工与投产。2018 年，无锡市集成电路产值超 1100 亿元，产业规模进一步扩大，物联网、

---

① 邵继勇主编：《中小企业集群与经济发展》，科学出版社 2007 年版，第 136~137 页。
② 王立人主编：《无锡市经济社会报告书》，中央文献出版社 2006 年版，第 200 页。
③ 王安岭主编：《富裕无锡》，凤凰出版社 2008 年版，第 6 页。

高端装备、生物医药等战略性新兴产业集群产业规模增长迅速。

无锡通过深化改革、扩大开放、优化政务服务和综合执法等措施，全面提升营商环境，积极参与"一带一路"倡议下的节点城市建设，从而为经济社会的持续健康发展提供了强劲的动力支持。[①]

中国特色社会主义进入新时代，以习近平同志为核心的党中央面对我国经济发展进入新常态等一系列深刻变化、面对世界百年未有之大变局，深入贯彻以人民为中心的发展思想和新发展理念，统筹推进"五位一体"社会主义建设总布局，协调推进"四个全面"战略布局，取得新的历史性成就。2020年12月，《中国城市全面建成小康社会监测报告2020》在京发布，无锡全面小康指数145.92，位列全国第四。该《报告》同期发布了"2020中国县级市全面小康指数前100名"，无锡位列全国地级市（含副省级城市）第4名，江阴市、宜兴市分别位于全国县级市第4名和第14名。百姓生活水平和社会基础设施的改善充分体现了无锡市在经济发展、人民生活、文化建设、生态环境以及城市治理等方面的优势。

三、经济与文化高质量发展

高质量发展是全面建设社会主义现代化国家的首要任务。在党的引领下，我国取得了举世瞩目的成就，经济迅猛增长，社会长治久安，并成为世界制造业第一大国、货物贸易第一大国、商品消费第二大国、服务贸易第二大国、使用外资第二大国、对外投资第一大国。[②]无锡作为拥有百年历史的工商名城，始终勇立时代潮头。拥有若干千亿级产业集群、数万家工业企业、超百万家市场主体，连续4年域内中国500强企业江苏省最多，连续9年科技进步贡

---

① 黄钦：《一张蓝图绘到底 同心开启新征程 续写"强富美高"新无锡建设精彩篇章》，《无锡日报》2020年1月8日。
② 国家发展和改革委员会政策研究室：《为建成社会主义现代化强国不懈奋斗：中国共产党领导经济建设的成就和经验》，《人民日报》2021年7月22日。

献率江苏省第一,跨入万亿级城市俱乐部,人均GDP位列全国大中城市第一,在推进中国式现代化的新实践中,积累了丰厚的经验。①

在产业发展上,产业结构不断优化,科技创新成果丰硕,产业发展内驱动力强劲。物联网产业集群的发展和技术应用示范,为无锡制造业数字化、智能化转型进一步赋能。2021年,无锡物联网产业入选国家首批先进制造业集群。在2024年世界制造业大会上,无锡成功入选首批市级地方政府制造业数字化转型典型案例,系全省唯一。无锡凭借物联网先发优势,勇做车联网"领航者",成为国家级车联网先导区,为江苏省乃至全国的车联网发展担当探路先锋。数智经济的高质量发展,为科技文化的发展提供了广阔的空间。

产业发展模式逐步向绿色低碳过渡。2022年11月17日,江苏首个集风光储充于一体的零碳智慧能源示范项目在宜兴环科园正式启动运营,为推动产业的"智能化、绿色化、服务化、高端化"发挥了关键作用,贡献了"无锡方案"。当前,无锡正致力于构建一个以实体经济为核心的高质量经济发展模式,重点推进"465"现代产业体系的建立和完善,力争在全国范围内的新型工业化进程中发挥引领作用,也体现了经济发展中的人文关怀。

在对外发展格局上,无锡的对外开放持续扩大,不断深度融入世界经济。无锡紧抓"一带一路"交汇点建设、长江经济带发展、长三角一体化发展等战略机遇,深度融入服务上海大都市圈,加强与粤港澳大湾区对接合作,推进苏锡常一体化发展,服务世界级扬子江城市群建设,打造一流营商环境。至2022年12月,无锡物流已开行中欧班列15趟次,覆盖南京、苏州、徐州、连云港等地,接续发往德国、波兰、俄罗斯、哈萨克斯坦等国家与地区,将中国制造、无锡出品输送往全世界,为沿线城市带去了崭新商机。无锡与时俱进,推动高水平的对外开放,不断打造成全球版图中的无锡。

在推进乡村全面振兴上,无锡把推动率先基本实现农业农村现代化,加快建设农业强、农村美、农民富的新时代鱼米之乡作为加快建设农业强市的

①《无锡:争当中国式现代化建设的城市范例》,《新华日报》2022年12月26日。

目标。聚焦现代种业、生物农业、数字农业等重点领域，大力开展重大关键技术的研发推广，加快构建智慧农业新生态，促进乡村产业振兴。近年来，无锡市惠山区阳山镇桃源村以水蜜桃这一特色产品为核心，积极推动乡村旅游业的繁荣发展，成功实现了村民与村集体经济的共同增长。

过去 10 余年，无锡取得了收入水平翻番、城乡收入差距苏南地区最小的成绩，从获评全国健康城市建设样板市，到荣膺平安中国建设示范市、蝉联"长安杯"，成就了一个高水平的小康社会，得到了人民的广泛认可。新征程上，无锡致力于实现物质和精神的双重富裕，努力打造一个更加公平、幸福、繁荣的城市。2022 年 12 月 10 日，中国共产党无锡市第十四届委员会第四次全体会议，对全面推进中国式现代化无锡新实践作出部署，要"在新征程上更好地'扛起新使命、谱写新篇章'，争当中国式现代化建设的城市范例，全面推进中国式现代化无锡新实践，努力交出不负省委信任、不负无锡人民期待的时代答卷"。

无锡在实现高质量发展过程中奠定的坚实经济基础解放和发展了文化生产力，成功实现了全面小康，显著提升了居民的生活水平，助力经济发展成果能够公平地惠及全体市民，为无锡的社会主义文化建设提供了稳固而坚实的经济支撑。

第二节　打造高品质生活的精神家园

民族复兴需要强大物质力量，也需要强大精神力量。中国式现代化是实现物质与精神协调发展的现代化，在强化现代社会经济基础、提升民众生活品质的同时，也要推动社会主义先进文化的繁荣，深化理想信念、弘扬中华优秀传统文化，以实现社会物质财富和个体潜能的充分发展。在新时代伟大实践中，社会主义先进文化的蓬勃发展，已成为推进中华民族伟大复兴事业不可或缺的精神支柱和强大的前进动力。

一、推进文明城市创建

为给市民创造更好的生活环境，丰富其精神生活，党的十六大以来，无锡市委、市政府高度重视创建全国文明城市工作，推进经济国际化、新型工业化和智慧城市化进程，实现城乡统筹发展，争创全省"两个率先"先导区示范区，始终保持强劲的发展态势。1999 年，市委提出了争创全国文明城市的响亮口号，成立了无锡市创建文明城市领导小组及其工作机构，开展了"创文明城市，当文明市民"宣传教育活动，通过加强社会公德、家庭美德和职业道德教育，深化环境卫生综合整治。2004 年，市委、市政府召开全市创建全国文明城市动员大会，健全创建工作机构和人员配备，形成了上下贯通、全面覆盖的文明创建工作组织网络，建立了工作例会、检查考核、信息交流等制度。

在创建文明城市的进程中，"五进社区""三下乡""文明工业园区、文明商贸街区、文明新村小区、文明文化标志区域"和普及"家庭学习中心户"的农村"四区一普及"活动 [1]，推进了无锡现代农民教育培训工程和现代化示范镇村争创工作，深化了文明村镇创建，提升了市民的思想道德水平，带来了良好的社会风气。2005 年 10 月 26 日，在中央文明委召开的全国精神文明建设工作表彰大会上，无锡市继 1999 年和 2002 年两次荣获"全国创建文明城市工作先进城市"称号后，再度荣获这一荣誉称号。[2] 2008 年，在调整充实市创建全国文明城市领导小组、健全完善组织体制和运行机制的基础上，市委、市政府召开创建全国文明城市动员大会，下发创建目标任务书，多措并举，促进了城市整体文明程度和市民整体文明素质的有效提升。2017 年 11 月，无锡蝉联全国文明城市的荣誉，江阴、宜兴均创成全国文明城市，无锡市一举创成全国文明城市群，创建工作再攀高峰。[3]

---

[1]《文明无锡：形成良好的社会风尚》，《无锡日报》2006 年 8 月 24 日。
[2] 王立人主编：《文明无锡》，凤凰出版社 2008 年版，第 12 页。
[3]《谱写全国文明城市群新华章》，《无锡日报》2018 年 12 月 11 日。

近年来，无锡的文明城市建设工作机制日趋完善，社会风尚持续向好，环境秩序不断优化，文明城市建设工作朝着常态长效迈进。2019年11月14日，无锡市召开了文明城市建设工作推进会，总结梳理近阶段工作，突出问题导向，重点进行市容环境整治、公共秩序管理、基础设施修缮和公益广告落地等。①2020年，市委、市政府开展了实地调研文明城市建设工作，深入基层，推动了文明新风在镇村基层的展开，并作出"镇（街道）、村（社区）要围绕文明城市建设，强化网格化管理，加强巡回检查、跟踪督查，确保责任全覆盖、管理无漏洞；'窗口'单位要在便民、利民中优化服务，注重展示文明规范良好形象，使为百姓办事更有'温度'"②的要求，聚焦农村区域重点，完善常态长效管理，保障建设造福民众、利于民生，提高社会文明的总体风貌。为让广大群众切身感受到新变化新气象，对农贸市场、沿街商铺等在改善硬件设施、规范停车秩序、提高保洁水平、强化便民服务等方面提出了明确要求，督促各地各相关部门落实落细文明城市建设整改提升工作，持续改善市容环境，提升城市文明形象。③

全国文明城市是城市综合性评比的最高荣誉之一，也是最具有价值的城市品牌之一。2020年，无锡发布了《无锡市民文明手册》，倡导市民自觉投身建设文明城市的行列，这也是国内地级市城市首次发布文明教育手册。2022年，无锡文明城市创建再立新标杆，《无锡市争创全国文明典范城市行动计划》出台，8大工程、24个具体项目精准指向"全国文明典范城市"，努力打造"向世界展示中国式现代化、人类文明新形态的标志性窗口"。无锡全力争创全国文明典范城市，把文明镌刻在城市精神最深处、浸润于美好生活底色中，把"太湖明珠"打造为文明城市"桂冠上的明珠"。④把文明素养培育、居民小区管理、文明交通提升、环境卫生提标、社会诚信建设、

---

① 《常态长效推进文明城市建设》，《无锡日报》2019年11月15日。
② 《夯实镇村基层基础 共建美好文明城市》，《无锡日报》2020年11月30日。
③ 《加强农贸市场管理 提升文明城市形象》，《无锡日报》2020年12月10日。
④ 《江苏无锡：打造文明城市"桂冠上的明珠" 让城市经得起俯瞰耐得住细看》，《新华日报》2022年3月16日。

餐饮住宿业管理、公共文化服务、农村环境整治等作为重点攻坚项目，由分管市领导带队攻坚，重点领域全面提升，努力建设全国文明典范城市。

在制度建设上，不断完善管常态、利长远的制度机制，为城市全体市民参与以及范围全域覆盖的文明创建提供保障。随着"智慧城管"的建设发展，"无锡12345暨文明城市创建直通车"已实现全方位随时响应市民需求，构建起高效的城市智能化监督与协作处理系统。无锡以"典范城市"为目标，提升城市的整体竞争力、文化吸引力以及发展动力，争创全国文明典范城市的排头兵。2023年11月24日，"文明中国·看无锡"研讨会在江苏省无锡市举行，以"从无锡实践看共同富裕和城乡精神文明创建"为主题，探讨交流共同富裕与城乡精神文明建设的实践经验和发展规律，进一步提升社会现代文明程度。无锡的文明城市建设，始终把增进民生福祉作为出发点和落脚点，以更足的信心、更强的担当、更实的举措抓好各项工作，营造良好的人文环境，切实把文明城市创建"创"到群众心坎里。

二、加强思想道德建设

树立正确的价值观、人生观和世界观，构建和谐的人际关系和社会秩序，是精神文明建设的重要组成部分。习近平总书记将道德建设作为实现"两个一百年"奋斗目标的思想保证和精神动力，指出："道德是社会关系的基石，是人际和谐的基础，要始终把弘扬中华民族传统美德、加强社会主义思想道德建设作为极为重要的战略任务来抓，为实现中华民族伟大复兴的中国梦提供强大精神力量和有力道德支撑。"[1]改革开放40余年来，无锡始终秉持双管齐下的发展策略，在推进深化精神文明建设工作中勇于创新，步伐稳健。

无锡市委、市政府始终坚持把公民道德建设作为精神文明建设的强基工程、提升市民素质的动力工程，层层发动，深入推进。2001年《公民道德建

---

[1]《深入开展学习宣传道德模范活动　为实现中国梦凝聚有力道德支撑》，《光明日报》2013年9月27日。

设实施纲要》颁布后，无锡市以道德教育和道德实践为重点，抓好市民道德法治教育，广泛开展志愿服务和道德实践活动，全面实施"市民文明交通工程"和"爱我无锡、美化家园"环境卫生综合整治工作，组织开展科教、文体、卫生、法律、道德规范"五进社区"活动，深入采取滚动式行风评议和优质服务竞赛等举措，有力提升社会道德水平。

弘扬和实践城市精神是道德建设的重要一环。2004 年，在无锡市委、市政府号召下，百万市民踊跃参与讨论，将无锡城市精神归纳为"尚德务实、和谐奋进"。[①] 无锡的城市精神反映了悠久的历史文化传统和民风，既体现了地域特点、市民风气，也丰富了吴地传统精神内涵，继承了中华民族的传统美德，符合社会主义的思想道德，展现了城市精神"植根历史、体现现实、引领未来"[②] 的理念，对无锡构建新的城市品格、弘扬高尚的公德世风、推动未来社会发展有着重要作用，为无锡未来的改革开放和现代化建设提供强大的精神动力和智力支持。2018 年，"做文明有礼无锡人"主题活动在全市城乡展开，同时，发布了《无锡市民文明手册》和《文明城市我的家 十不规范记心间》动画，让社会主义核心价值观深入基层，夯实了文明创建的百姓基础，文明单位示范行动、文明村镇美丽行动、文明家庭温润行动等一系列工程顺利展开。[③] 无锡市大力实施乡村文明"个十百千万"工程，确立"美丽无锡·文明乡村"主题，全面创成十大"江苏最美乡村"，评选推出百个"十星级文明户"，充分发挥千名"草根乡贤"、万名骨干志愿者引领带动作用，全面涵育城乡文明新风尚。

在青少年的德育上，无锡充分发挥学校教育优势，逐步完善了"三位一体"德育体系。2015 年 2 月，无锡获得全国未成年人思想道德建设工作先进城市荣誉。为加快推进教育现代化建设，无锡市教育局印发《2018 年无锡市中小学德育工作要点》，强调以培养德才兼备的人才为核心使命，通过社会

---

① 王立人主编：《文明无锡》，凤凰出版社 2008 年版，第 61 页。
② 耿蕾：《意蕴厚重 表述简明》，《宜兴日报》2011 年 9 月 14 日。
③ 朱冬娅：《谱写全国文明城市群新华章》，《无锡日报》2018 年 12 月 11 日。

主义核心价值观的实践，塑造学生优秀的道德品质、核心技能，促进其全面的人格发展。进一步加强全市中小学德育队伍专业化建设，培育一批德育名师，不断提升德育工作水平。为学习贯彻习近平法治思想、进一步加强青少年法治教育，2024 年 5 月，无锡市开展以"法治护航，健康成长"为主题的第六届无锡市青少年法治宣传教育周暨青少年法治教育专题实践活动。对青少年公民道德的培养，确保了无锡青少年健康成长、适应社会发展，不断为无锡和全社会培养出更多具备良好道德品质、强烈社会责任感，以及全面发展的新一代人才。

在文明家庭创建中，无锡注重发挥家庭、家教、家风的基础作用，开展家风家训故事征集展览、家规读本编写吟诵、文明家庭评选等活动，以孝亲敬老为主题，积极引导广大市民"正心、修身、齐家"。在做好传承家风家训的同时，重视发挥社区教育的延伸作用，整合社区资源，加大公益广告设计制作和传播力度，在全市范围内广泛开展宣传，在国联广场、太湖广场、解放环路等地建设道德模范、"无锡好人"宣传阵地，播放社会主义核心价值观、无锡城市精神、"文明健康 有你有我"等相关公益广告画面及视频内容，营造积极向上的社会宣传氛围。

无锡的道德模范用他们平凡却闪光的事迹带给人们充满道德力量的震撼和感动，为无锡争创典范城市、再攀文明高峰作出了好的表率。截至 2022 年底，我市共有 1 人当选全国道德模范，6 人（组）荣获全国道德模范提名奖，19 人当选江苏省道德模范，10 人荣获江苏省道德模范提名奖。好人模范用善行义举感染身边人，用平凡心做不凡事，用小爱凝聚人间大爱，发挥榜样示范作用，带动更多市民向上向善。①

外塑城市品位之形，内铸市民精神之魂。无锡通过培育市民道德素养，悄然改变人们的精气神，持续增强城市的文明"磁场"。城市的文明最终体现于市民的行为，"道德重如山，道德贵似金，人生道路上，有德才能行……"

---

① 《好人聚首激扬道德力量》，《无锡日报》2023 年 1 月 16 日。

近年来，歌颂"爱、敬、诚、善"、倡导文明新风的《公民道德歌》在锡城广为传唱，市文明办还特别邀请道德模范、无锡好人、环卫工人、教师、警察、商户、新市民、学生、家长、出租车司机、快递小哥、农民等代表，以联唱形式展现各行各业在创建全国文明典范城市过程中的闪光点。

新时代新征程，无锡在提升文明培育、丰富文明实践、深化文明创建上，不断满足人民群众多样化、多层次、多方面的精神文化需求，努力打造更具品质、更有温度、更富活力、更显魅力的新时代文明无锡。

三、繁荣精神文化生活

推进中国特色社会主义文化建设，必须坚守马克思主义的根本立场，坚定人民至上的信念，为全体人民的精神生活贡献力量。党的二十大报告中提到要繁荣发展文化事业和文化产业，这是文化建设的核心内容，对于实现中华民族伟大复兴具有战略意义。

多年来，无锡始终把社会主义文化建设贯彻到文艺创作的全面发展中。党的十七大报告中把"创作更多反映人民主体地位和现实生活、群众喜闻乐见的优秀精神文化产品"[①]作为推进文化创新、增强文化发展活力的一项重要内容，这对文艺精品创作提出了更高的要求。无锡的文艺工作者在生活中感知人民的冷暖、人民的情怀、人民的创造力和智慧。全市宣传文化战线加强组织领导，坚持改革创新，不断探索新形势下组织实施文艺精品创作的有效途径，先后建立了"五个一工程"联席会议制度、重点作品立项资助制度、精品剧目扶持制度、群众文化活动以奖代拨制度等，涌现了一批融思想性、艺术性、观赏性于一体的优秀作品，文艺创作生产水平处于全国同类城市领先地位。无锡市歌舞剧院的原创舞剧《10909》，是江苏重大题材文艺创作项目，以我国自主研发的"奋斗者"号载人深潜器在马里亚纳海沟首次探底10909

---

① 胡锦涛：《高举中国特色社会主义伟大旗帜，为夺取全面建设小康社会新胜利而奋斗》，《胡锦涛文选》（第二卷），人民出版社2016年版，第641页。

米为题材，用舞蹈艺术化的表现形式生动展现这一具有世界影响的"无锡故事"，打破了重大题材与观众间的"屏障"。[①]

越来越多的文艺工作组深入基层一线、生产一线，反映无锡自然之美、人文之美、发展之美。文艺作品将强烈的现实主义精神、人文关怀和历史使命感，汇聚为一股股强大的精神力量，加快绘就中国式现代化精彩无锡画卷。2023 年，《无锡市文联关于贯彻"三年行动计划"的实施方案（八项工程）》正式出台，包括重大现实题材创作工程、艺术滋养城市工程、数字艺术推进工程、生活美学培育工程、创优评优工程、深入生活主题实践工程、艺术融合工程、名家大师培育工程。在这"八项工程"的深入推进下，无锡力筑新时代文艺高峰。

无锡各地区和各相关部门努力为广大人民群众提供更好的文化条件，为建设和谐宜人新无锡营造良好的文化环境。"基层化"的公共文化服务延伸至社区，让广大群众能够轻松享有，切实实现文化权益的普及、平等和便捷。据 2018 年统计数据，无锡在 2016 和 2017 年度分别建成行政村（社区）综合性文化服务中心 223、328 个，总体完成率达 51%。随着行政村综合性文化服务中心的建设推进，覆盖城乡的公共文化服务网络逐步形成，为社区群众提供了更加便利和优质的文化服务。2019 年，无锡市文广旅游部门始终坚持以习近平新时代中国特色社会主义思想为指导，以"不忘初心、牢记使命"主题教育为动力，助推文旅融合，共建成村（社区）文化服务中心 64 座，实现全市综合文化服务中心全覆盖。全年总投资达 2.7 亿元，全域旅游智慧监管服务平台建成运营，全域智能导览程序已在全市 30 个 4A 级以上景区和 20 个重点文化机构上线使用。[②] 现代公共文化服务体系不断完善，文化产品和文化服务供给空前丰富，人们的生活因此更有质感和温度。优化空间载体，公共文化设施正从全覆盖向高效能转变。为呼应美好生活，文化惠民工程不断供给新模式新场景。

---

① 《用新时代文艺精品讲好"无锡故事"》，《无锡日报》2023 年 11 月 21 日。
② 《江苏文化和旅游年鉴 2020》，广陵书社 2021 年版，第 295 页。

党的二十大报告指出，推进文化自信自强，铸就社会主义文化新辉煌，对繁荣发展文化事业和文化产业做了详细表述，提出健全现代公共文化服务体系，创新实施文化惠民工程。无锡以高质量发展为主题，以构建现代公共文化服务体系为主线，完善城乡公共文化设施，增加文化惠民活动供给，提高公共文化服务效能，深化文旅公共服务融合，全面推进我市文化建设迈上新台阶。

第三节　构建规范有序的社会秩序

党的十八大以来，社会治理已经成为新时代中国特色社会主义文化建设和全面深化改革的重要内容。近年来，无锡市各级党政组织紧紧围绕实现社会的和谐稳定和持续发展的目标，通过加强社会治理、完善社会管理制度，提升公众的生活质量，增强社会的凝聚力和向心力，为文化建设提供良好的社会基础。在党的领导下，通过改革创新，已取得显著成果，并不断向更深层次拓展。

一、提升社会公共治理水平

就文化建设而言，社会治理与市民文化素质的提升是不可或缺的一部分。基层社会治理是中国式现代化治理体系的重要环节，基层社会治理也是国家治理体系和治理能力现代化的基础工程。党的二十大指出，"完善社会治理体系，健全共建共治共享的社会治理制度""建设人人有责、人人尽责、人人享有的社会治理共同体"。[1] 新时代，人民对美好生活的向往日益深入，我国面临发展不平衡不充分的问题，民生保障存在不足，社会治理存在薄弱环节。伴随我国社会结构的深刻变化，人们的交往方式因互联网的发展，在

---

[1] 习近平：《高举中国特色社会主义伟大旗帜　为全面建设社会主义现代化国家而团结奋斗——在中国共产党第二十次全国代表大会上的报告》，人民出版社 2022 年版。

社会观念、心理、行为上发生深刻转变，社会建设面临着各种挑战。基于当前历史方位和现实国情，以习近平同志为核心的党中央提出，要全面落实以人民为中心的发展思想，提升民众的生活质量，增强社会治理的整体效能。

无锡的创新基层社会治理以资源下沉基层，提供精准化、精细化的服务作为根本遵循。自 2008 年起，无锡市着重于社区管理机制的创新工作，以实现社会建设和公共服务的全面覆盖为目标，逐步形成了一种符合无锡发展特点且高效实用的社区"扁平化管理"服务新模式，[①] 形成了多元共治、多方共享的基层社会建设治理新格局。2011 年 12 月，无锡被民政部评选为"全国社区管理和服务创新实验区"。在基层社会治理实践中，不断发展多层次、多样化社区服务，完善社区服务设施网络，强化社区服务人才队伍建设，并紧密联系外来人口，倾听各方的声音，联合其他社会组织、企事业单位以及社工协会助推社会治理。2017 年 9 月，无锡获批江苏省创新网格化社会治理机制第一批试点地区。[②] 社区等基层组织积极参与各项社会治理，共同参与的治理格局形成。

无锡的社会治理机制持续优化。街道层面的党政部门明确了职责范围，设立综合办公室、社区事务工作办公室的核心部门，基层事业单位进行分类改革，各种形式的服务机构和新型合作组织发展起来。在社区公共管理和服务上，建立专门的业务机构，逐步实现社区自我治理。党的十九大以来，全省各地坚持以习近平新时代中国特色社会主义思想为指导，坚持以智治支撑赋能市域社会治理现代化，着力构建汇聚融通的数据共享体系、精准高效的风险防控体系和持续优化的服务供给体系。

2018 年，无锡通过专项信息共享机制的建设，以网格化管理为基础，整合优化现有资源，建立和健全社会治理机制，将网格建设成为基层治理的首要防线和屏障。9 月，无锡被确定为全省创新网格化社会治理机制第一批试点，

---

① 无锡市民政局课题组：《基层社会治理的创新探索和机制研究——以无锡为例》，《江南论坛》2013 年第 7 期。
② 中共无锡市委党校课题组：《无锡创新基层社会治理研究》，《江南论坛》2019 年第 12 期。

构建"一盘棋布局、一体化运作、一站式服务、一揽子解决、一平台支撑"^①的创新网格化社会治理机制，以提升社会治理的社会参与度、法治化程度、智能化水平和专业化能力，走出一条符合时代要求、无锡特点的社会治理新路，在全省高质量发展中成为标杆、做出示范。

无锡在拓展和健全社区功能中积极探索，强化平台治理建设，通过各类治理平台的开发运用，促进传统监管向现代良好治理、积极服务转变。在社区事务的治理中，智能综合管理服务平台的架构逐步完善，社区事务通过"一张网"在"一平台"上解决。2020年，江阴申港街道申西村推出"智慧申西"村级平台，在解决社区服务难题的同时，大大提升了安全防控"技防"水平，村民办事也享受到服务云端化的便利。^②梁溪区金和社区宅创业基地作为全市首家小微创业孵化基地样板，开发"宅创业"方式，提供"不断线"的就业创业服务，在激励越来越多的居民创新创业的同时，使更多居民的不同意见和想法聚拢到社区平台，给社区治理带来了新的动力。^③

2020年以来，无锡市委、市政府积极探索"善治无锡"新路径，以市域社会治理现代化服务保障高质量发展走在前列，并于9月获评全国市域社会治理现代化试点合格城市。2022年4月22日，无锡召开"推进市域社会治理现代化建设"专题民主协商意见建议办理落实推进会，与相关民主党派、市工商联和无党派人士沟通协商、交换意见，不断推动办理工作走深走实；根据职责定位，进一步深化、细化有关专项工作方案，全力推动市域社会治理现代化建设。^④无锡努力在全省市域社会治理现代化建设进程中展现无锡担当、提供无锡智慧、贡献无锡力量，为无锡的文化建设提供稳定的政治、经济环境。

---

①《全市创新网格化社会治理机制工作会议召开》，《无锡日报》2018年6月15日。
②《社区治理 智解难题》，《无锡日报》2020年12月1日。
③《宅创空间 打开社区治理新视角》，《无锡日报》2024年5月6日。
④《加快推进市域社会治理现代化建设》，《无锡日报》2022年4月23日。

二、完善社会保障服务体系

现代社会保障有利于促进社会公平正义，形成和谐的社会氛围。"社会保障是保障和改善民生、维护社会公平、增进人民福祉的基本制度保障，是促进经济社会发展、实现广大人民群众共享改革发展成果的重要制度安排，发挥着民生保障安全网、收入分配调节器、经济运行减震器的作用，是治国安邦的大问题。"[①] 党的二十大报告提出，到 2035 年我国发展的总体目标包括"人民生活更加美好，人的全面发展、全体人民共同富裕取得更为明显的实质性进展"[②]。

无锡逐步改革完善社会保障体系。2004 年，无锡市社会保障一卡通主体工程正式实施，整个工程共投入资金 6000 万，建设项目达二十几个，可归纳为分流平台建设、劳动保障业务应用开发、社会保障卡管理与发行、劳动保障 12333 电话咨询服务、环境场地建设和社会保障卡在金融系统的应用等，基本涵盖了金保工程的所有内容。[③] 智能化的劳动保障系统可以极大提升工作效率，促进和谐劳动关系的建立，提高和改善市民生活质量，营造良好的社会文化环境。

针对社会保障的覆盖面和保障层次问题，从 1995 年 4 月起，无锡在全省率先建立了城市居民低保制度。2007 年起，建立了低保标准与人均可支配指标挂钩的增长机制，企业职工基本养老保险扩面覆盖工作不断推进，重点吸纳城镇非公经济从业人员和灵活就业人员参保，以及农村范围内各类企业及其非农化产业工人，建立企业年金制度，积极推行新型农民基本养老保险制度，将从事农林牧渔业生产的农民和已超过劳动年龄且无其他生活保障的老年农民纳入覆盖范围，2010 年覆盖率达到 95% 以上。在社会保障领域，

---

① 习近平：《促进我国社会保障事业高质量发展、可持续发展》，《求是》2022 年第 8 期。
②《中华人民共和国国民经济和社会发展第十四个五年规划和 2035 年远景目标要》，《光明日报》2021 年 3 月 13 日。
③ 袁泽春：《打造金保工程"金钥匙"——江苏省无锡市社会保障一卡通主体工程通过专家验收》，《中国劳动保障》2007 年第 6 期。

无锡在 2008 年基本实现了全社会减贫，贫困人口已经不足常住人口的 1%，五大保险参保人数均超过 100 万，企业离退休人员养老金社会化发放率达 100%。[①] 从 2017 年下半年开始，无锡市制定了针对中低收入居民疾病医疗自费支出的救助方案，填补了当前基本医疗保险、大病保险和社会救助政策中的空白点，并在农村地区推出"第二医保"村级医疗互助制度，让农民群众患病不再心慌。社会保障制度的完善让市民群众感受到国家的关怀和社会的支持。

无锡通过提升社会公共治理和服务能力、规范社会管理流程、完善社会保障体系，构建了一个安全稳定、服务高效的社会环境，为无锡的社会主义文化建设创造了良好的社会氛围。

第四节　形成和谐共生的社会生态

文化是人与自然互动的产物，人与自然和谐共生是关乎中华民族永续发展的根本大计，生态文明建设为文化建设提供了物质基础、价值导向、创新动力。实现经济增长与生态和谐并重，不仅需要有效的措施，更依赖于长远的战略规划与前瞻性的战略思维。党的十八大将生态文明建设与经济建设、政治建设、文化建设、社会建设提升到同等重要的高度，这不仅是理论层面的创新，更是现实的任务。"人与自然和谐共生"是中国现代化进程的特点与核心要义，继承了中国文化精髓的"天人合一""道法自然"思想。"生态繁荣则文明兴盛""坚持人与自然和谐共生""绿水青山就是金山银山"等关于历史、自然、发展的理念在习近平总书记具有标志性和创新性的重要思想和观点中得到了体现，蕴含了历史文化的深刻智慧，与自然生态、文化建设交相辉映。无锡始终坚持"创新、协调、绿色、开放、共享"的新发展理念，构建绿色低碳产业体系和能源体系，着力在节能管理和循环经济发展、

---

① 吴敬琏、黄少卿等：《无锡经验——中国经济发展转型的个案研究》，上海远东出版社 2010 年版，第 12 页。

低碳发展试点示范、低碳社会建设等方面推进经济社会的全面转型和高质量发展，形成了具有无锡特色的先行探索和生动实践。

一、加强城市生态环境建设

无锡市拥有太湖 595 平方公里的水域面积、5635 条河道，是名副其实的江南水乡，肩负着生态保护的使命。改革开放以来，无锡粗放的经济发展方式给太湖带来了污染。1996 年在无锡召开了太湖流域环保执法现场会，国务院环委会将太湖列为国家重点治理对象，无锡在环境保护上迈出了一大步。1997 年 1 月，无锡成立了环境保护委员会成立，发布了《无锡水域水污染防治"九五"计划和 2010 年远景规划》。1998 年 6 月，无锡首次公布了环境质量公报，在 1998 年底国家环保总局开展的"聚焦太湖零点达标行动"中，300 多家榜上有名的重点排污单位基本实现了达标排放，展示了环保工作的成效。2001 年初，市党代会将建设可持续发展生态城市作为奋斗目标，同年制定了《无锡市城市建设和环境综合整治三年目标的实施意见》《爱我无锡、美化家园、创建国家环保模范城市三年行动纲要》和《无锡市创建国家环保模范城市工作方案》，规划在三年内打造国家环保模范城市，狠抓碧水恢复、蓝天重现、工业污染源减排和舒适人居环境建设四大块，实施了五里湖专项整治、贡湖水源保护、工业污染防治、机动车专项整治、工业结构调整，以及增绿工程、洁净工程等十六个环保专项工程。2004 年 4 月，无锡成功被国家环境保护总局评为"国家环境保护模范城市"；同年 5 月 8 日，国务院在无锡召开现场会，总结推广治理太湖的经验。2006 年 8 月，无锡出台《无锡市生态市规划纲要》，提出到 2010 年建成国家生态城市群的总体目标。

无锡在生态环境的改造过程中，也遇到过危机。2007 年 5 月，太湖蓝藻污染事件发生，造成全城自来水污染。面对这次社会性事件，无锡立即出台了《关于举全市之力开展治理太湖保护水体"6699"行动的决定》①《关于全社会动员全民动手开展环保优先"八大"行动的决定》②等一系列文件。这次水危机促使无锡人从一个新的角度去重新认识人与水、人与生态的关系，环保意识从"觉醒"走向"自觉"。③在太湖流域，无锡全面推行了一系列彻底改善太湖环境的举措，涵盖了从产业结构调整、污染源头控制与拦截、生态系统恢复，到水利部门负责的生态疏浚、水资源调配、蓝藻清除以及河流系统优化等多方面的综合治理工作，显著提升了太湖的水质水平。

无锡通过实施结构调整、控源截污、清淤调水、生态修复、蓝藻打捞、安全供水等 6 大类 7108 项重点工程治理太湖，至 2023 年"累计投入 1125 亿元用于太湖治理，其中 87% 由地方投入"④。无锡在治理排污上，大幅削减 520 万吨钢铁产能和 30 万吨水泥产能，关停重污染企业 1.25 万家、化工生产企业 887 家。在沿太湖生态的修复与保护上，太湖周边 500 米的区域内，全面开展农业用地到生态保护区的转变，退耕还林，退渔还湖。2018 年起，又在梅梁湖水下进行大规模水草种植，培育了"水下森林"，其成为无锡科学治湖的一个重要成果。

2023 年全国两会期间，习近平总书记在参加江苏代表团审议时问起太湖治理情况："我一直要求，在生态上一定要把握住。歌里唱'太湖美'，多美啊！但一想起蓝藻，就起腻了。工业和生活排放一度对太湖污染很大，治理花了很大力气。"强调了太湖治理和生态保护的意义。2023 年 1 月至 9 月，太湖湖心区水质达到Ⅲ类水平，无锡水域总氮浓度同比下降 5.74%，13 条主要入湖河流水质均达Ⅲ类及以上，生态综合指标自 2007 年以来逐年提高。2023 年 8 月底，为进一步巩固提升太湖治理成效，无锡出台《推动太湖无锡

①《关于举全市之力开展治理太湖保护水源"6699"行动的决定》，《无锡日报》2007 年 6 月 11 日。
②《关于全社会动员全民动手开展环保优先"八大"行动的决定》，《无锡日报》2007 年 6 月 12 日。
③ 王鸿涌：《无锡太湖蓝藻治理的创新与实践》，《中国水利》2010 年第 23 期。
④《续写"太湖美" 打造"幸福湖"——江苏无锡坚持生态优先绿色发展之路》，《光明日报》2023 年 10 月 31 日。

水域水质根本性好转三年行动方案（2023—2025 年）》，为新时代背景下的太湖生态治理制定了明确的时间表和详细的实施计划。

无锡的城市生态建设聚焦治理太湖、保护水源，坚持绿色发展理念，不断创新与发展环保又经济高效的生态治理模式，制定了循环经济的发展蓝图，切实执行节能减排的政策，积极促进清洁生产的普及。同时为对太湖保护区进行了高标准建设，全面推行"河长制""片长制"管理，强化综合整治，确保水体的有效管理。在生态治理上，无锡率先探索实施排污权有偿使用和交易、环境资源污染区域补偿、环境污染责任保险、环境保护激励等制度，以市场机制推动发展转型，积极探索促进生态产品价值不断实现。强化生态环境修复，促进生态产品价值提升。2017 年无锡出台《关于调整完善生态补偿政策的意见》，2018 年启动生态补偿的立法工作，截至 2021 年累计拨付生态补偿资金超过 10 亿元，覆盖补偿面积达 41 万亩。江阴市创建成为首批国家生态城市，宜兴市获评国家生态文明建设示范区，全市已建成生态示范区群体。全面完成长江引水工程和太湖南泉取水口延伸工程，形成太湖、长江"双水源"安全供水格局。[①]

随着生态建设步伐的加速，无锡的自然环境得到了显著的改善，坚定不移地践行着节约资源与环境保护的基本国策，"绿水青山就是金山银山"的理念已深入人心，民众自觉投身生态文明建设。

二、构建低碳转型的产业发展新格局

太湖作为长江流域的关键湖泊生态系统，也是长三角城市群的核心生态区。在新发展格局加速形成的过程中，环太湖地区在促进经济增长的同时妥善处理生态环境问题，寻求可持续发展的道路，具有特别重要的意义。无锡市大力推进绿色发展、低碳转型、内涵提升，持续提升产业发展格局。

---

① 《承启三十年 迈向现代化》，《无锡日报》2008 年 12 月 26 日。

无锡的产业结构，经历了经济建设的瞩目成就，逐步向低碳经济过渡。在"十一五"规划后，无锡市在科技创新方面取得重大进步，致力于打造创新经济的领军城市和低碳城市，自主创新能力显著提升。10 余年来，无锡坚持绿色发展，推动了产业的聚变、技术的质变和应用的创新，培育了物联网、电子信息、生物医药等 10 个千亿级产业集群。高新技术产业产值占规上工业总产值比重达 50.4%。

在产业结构调整转变的同时，无锡致力于将传统产业升级，实现能源的清洁、有效利用，发展循环经济，走可持续发展道路，将高能耗、高污染的传统工业升级为绿色清洁能源产业，以保护陆地环境、水资源、生态环境。近几年，无锡紧握"双碳"战略发展，在宜兴地区，环保产业得到了迅猛的发展，并逐渐成长为支撑地方经济发展的新动力。坐落在宜兴的城市污水资源概念厂贯彻可持续设计，实现了理念上的开创性和引领性、技术上的先进性，成功打造了一座生态友好、资源循环、公众开放的现代概念工厂，绿色产业正悄然兴起。宜兴环保科技工业园是全国唯一以环保为主题的国家级高新区，培育了 1800 多家环保企业、3000 多家环保配套企业，形成了产业链完善的环保产业集群。

无锡不仅追求经济的繁荣与社会的和谐，还致力于成为一个环保友好的城市，积极迈向低碳发展的道路。2022 年，无锡地区规上工业总产值达 2.4 万亿元，获得增长的同时，单位 GDP 能耗下降超过 2%。无锡的"绿色转型"不但带动了经济的发展，更创造了良好的环境氛围，催生了新兴产业的发展动力。

三、形成绿色惠民的美好生活新动能

无锡在生态文明建设方面所取得的成效正变得越来越显著。一系列系统性的环保措施，改善了生态环境质量，促进了经济的绿色转型。大规模绿化造林和湿地恢复工程，增加了城市绿地面积，提升了生态系统的服务功能，推广了绿色生活方式，提高了居民的生活质量，切实将生态环保成果转化为民生福祉。

在城市形象的改造中，蠡湖新城强调其作为休闲娱乐区的角色，通过完成对沿湖38公里的海岸线和十八湾地区的整体环境改善工程，成功打造了江苏省内规模最大的开放型旅游景区，塑造了山水城市形象。环城古运河风貌带整治完成，锡惠公园入口、金匮公园建成开放。2010年，无锡造林绿化4367公顷，全市森林覆盖率达24.5%，新增城市公园绿地271万平方米，建成国家级环境优美乡镇45个，市级以上生态村386个、市级以上绿色社区344个。无锡突破了原来封闭式管理、设置公园外围围墙的做法，实现市民休闲和城市绿化的结合，通过实施湿地公园的"拆墙透绿"工程，增设便民通道、改造慢行系统、布局游览空间，将绿水青山真正融入了市民生活。长广溪国家湿地公园成为连接蠡湖和太湖的生态廊道。江阴实施滨江亲水工程，形成串联一体、层级有序的滨江公园体系，通过发展生态旅游等方式促进价值外溢，通过修复生态环境、配建公园促进拆迁地块土地价值提升。近年来，无锡已经建立了40多个湿地保护区，实现了湿地保护与修复工作的全市覆盖。这些绿地将美景融入日常生活，为市民的幸福感增色添彩。

加快建造生态宜人、内涵品质跃升的美丽城乡新家园。2019年，无锡全面开展农村人居环境"一推三治五化"专项行动，持续推进农村住房和美丽乡村建设，全面治理农村垃圾、污水、河塘，加快实现厕所净化、道路优化、路灯亮化、村庄绿化、管理长效化，让所有村庄基本达到干净整洁有序标准，建成一批特色鲜明、省内领先的美丽乡村示范村和特色田园乡村，农村人居环境整治工作成效走在全省全国前列。[①]城市环境的持续改善促进了市民的身心健康，提升了社区的整体氛围，增添了无锡市民的幸福感。

节能减排给市民带来了更好的生活环境。在空气污染的防治中，无锡引入高科技手段进行执法，精准减排、降尘、控车，打响蓝天保卫战。无锡大

---

① 《全市农村人居环境整治集中行动正式启动》，《无锡日报》2019年3月8日。

气污染防治行动"大气 22 条"措施严格，并利用大气污染防治激光雷达走航车实时监测 PM2.5 浓度，守护无锡空气质量。2022 年，全市 75 个乡镇（街道）全面建设空气质量监测点，并新建 10 个大气光化学和颗粒物评估监测站、2 个大气传输通道监测站、2 个机动车尾气遥感监测站和 300 个加密微型网格站。无锡坚持以生态环境保护为首要任务，通过绿色发展的创新实践，印证了"绿水青山就是金山银山"，持续居内地宜居城市前列。

无锡在推进社会主义文化建设中，立足于高质量发展的经济、高品质的精神文化生活、规范有序的社会秩序以及和谐共生的生态环境，谱写了中国式现代化无锡实践的壮美华章，为挖掘无锡独特的文化价值和社会发展模式、进一步提升国家的软实力和文化影响力提供了宝贵的实践经验。无锡的实践表明，只有将文化建设与经济社会发展紧密结合起来，才能真正实现文化的繁荣兴盛，满足人民群众日益增长的美好生活需求。

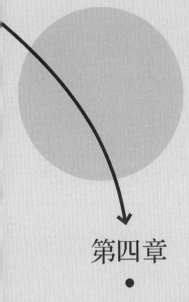

第四章

无锡打造文化建设的
载体空间

　　文化建设载体空间是指为文化建设提供承载、展示、传播和发展的各类空间场所。无锡的文化建设有具体的载体，主要体现在文化遗产、遗址等有形载体，也包括非物质文化遗产等无形载体。而大运河无锡段的建设，更是文化建设的重要载体，通过文旅融合、资源管护等，整合优化资源，打造魅力文化名片。通过文化载体空间，无锡不断筑牢文化根基，在新时代彰显独特魅力，续写文化华章。

第一节　文化遗产保护与利用

　　无锡具有丰厚的历史遗存和文化积淀，文物史迹众多，省级文保单位数居全省第三。近年来，无锡深化国家历史文化名城内涵建设，不断理清思路，充分发挥历史文化遗产在提高全市综合竞争力中独特的作用，彰显山水名城文化底蕴，塑造人文无锡城市形象，在城市建设中加强文化资源的挖掘和利用。

一、历史遗址挖掘与保护

　　历史遗址是地方文化的重要载体，对传承历史记忆、延续文化基因至关重要。无锡在历史遗址挖掘与保护方面成果颇丰。

　　阖闾城遗址位于常州市武进区雪堰镇城里村和无锡市滨湖区胡埭镇湖山村之间，原为春秋五霸之一吴王阖闾的都城，始建于公元前514年的阖闾元年，距今逾2500年。阖闾城遗址大城呈长方形，东西长约2100米，南北宽约1400米，面积约2.94平方千米。城外有长方形环壕，城内以城垣分为东、西两小城。西小城北半部有一道东西向土垣，将西城分为南北区。南区发现四处春秋时期大型高台建筑群，其中一座长约70米、宽约35米。北区有一处西北—东南向的大型建筑及水井等遗迹。城内出土新石器时代夹砂陶、西周至春秋时期几何印纹硬陶及青铜剑、青铜矛、原始青瓷器等。阖闾城遗址作为长江下游春秋晚期的代表性古城遗址，在吴国历史和中国都城发展史中具有重要地位，早在1956年就被江苏省政府列为省级文物保护单位。2008年，被正式认定为春秋吴王阖闾的都城，并被评为"2008年中国10大考古新发现"之一。2011年入选"江苏大遗址"，2013年3月成为第七批"全国重点文物保护单位"，并入选国家"十二五"期间150处重点大遗址保护名录，同年12月被公布为国家考古遗址公园。

鸿山遗址位于新吴区鸿山街道，是春秋战国时期吴越地区的重要综合性遗址。1992年春，南京博物院考古研究所等单位在后宅镇一带发现土墩墓群。2000年，后宅镇修筑公路时，在老虎墩挖出大量战国时期的青瓷和陶瓷碎片。经过无锡与南京博物院的多次联合考古调查，发掘了大量战国时期遗迹。2003年起，考古工作聚焦于老虎墩及周边地区，2005年完成了战国越国贵族墓葬的发掘。目前已发掘的遗址总面积约7平方公里，出土文物2300余件，包括玉器、青瓷、硬陶、琉璃器等。鸿山墓葬群被发现后，国家文物部门和无锡市投入了大量资金进行保护。遗址保护工程二期投入6800万元，对遗址公园内46座春秋战国时期的古墓进行保护性修复。2010年，鸿山遗址被评为国家考古遗址公园，对研究春秋战国时期的社会、文化及工艺史具有重要意义。

吴家浜遗址位于鸿山国家考古遗址公园内，地处吴家浜村旧址与桥头巷村旧址之间，三面环河，自然环境得天独厚。2019年底，无锡农民在开挖沟渠时意外发现大量陶片，后无锡市文物考古研究所介入，确认发现城墙遗存。2021年在遗址上发掘出大量生活用陶器和原始瓷器。截至目前，已发掘30余处遗迹，包括灰坑、灰沟、水井和建筑基址，出土器物300余件，主要为印纹硬陶和原始青瓷片。遗址占地约80万平方米，分内城、外城和郭城，内城西南筑有城墙，东北以河为屏障。根据出土文物特征与碳14测定，吴家浜遗址为春秋晚期至战国早期的城池。这为吴越文化研究提供了丰富的实物资料，对江南地区两周时期的城市规划、建筑技术及水系布局等亦有重要学术价值。

天墩遗址位于江苏省无锡市惠山区钱桥街道苏庙社区，于2022年考古前置工作中被新发现。该遗址为典型台墩状，其中最重要的发现是崧泽文化时期的大型高台，残留长度近90米，底部宽达45米，有专家认为是目前发现的崧泽文化时期最大的单体遗迹。2023年5月起对该遗址进行了全面发掘，目前已发现601处遗迹，出土遗物914件，包括石器、陶器、瓷器、铜器、琉璃器、漆器、玉器等。墓葬306座，其中崧泽墓葬13座、良渚墓葬27座。天墩遗址的大型高台展现了长江下游地区等级制度的初步形成，遗址周围的墓葬和祭祀遗迹出土了玉琮、玉璧、玉镯等玉器，表明当时社会分层明显。天墩遗址为研究太湖流域文明进程、社会发展及等级制度提供了重要证据，对古代建筑起源与发展亦有深远意义。

工业遗产是无锡的宝贵财富。近代无锡因民族工商业崛起，因之留存诸多工业遗产，见证城市往昔辉煌。这些工业遗产记录了无锡从农业社会向工业社会的转变，体现社会经济状况与生活方式，彰显独特工商文化，是无锡乃至中国近代工业发展的见证与缩影。然而，时代变迁令许多工业遗产面临被遗忘与破坏的困境。盘活这些遗产，对无锡来说是强化优势文化、塑造新时代工商名城形象之举。近年来，无锡积极行动保护工业遗产，涵盖厂房、车间、仓库、矿山、码头、运输线路等工业设施，以及相关的工业景观、工业产品和工艺等方面，筑牢了工商文化的物质根脉。

具体做法层面，无锡市政府全面普查全市工业遗产，构建数据库，经调研认定并挂牌保护了茂新面粉厂旧址、申新三厂旧址、永泰丝厂旧址等一批重要工业遗产。在全盘摸清家底情况下，无锡又因时制宜、因地制宜，制定多项工业遗产保护的法律法规，如《无锡市工业遗产保护条例》《无锡市历史文化名城名镇名村保护条例》《无锡市工业遗产普查及认定办法（试行）》《无锡市大运河遗产保护办法》《无锡市历史街区保护办法》《无锡市历史文化名城保护办法》《无锡市历史文化遗产保护条例》《无锡市文物保护修复专项资金使用管理办法》等，将工业遗产保护纳入城市规划与文化遗产保护体系，明确保护范围、原则、措施及法律责任，规范工业遗产保护工作，为工业遗产保护提供法律依据，确保其在城市更新改造中得到妥善保护。2006年，中国首届工业遗产保护论坛于无锡北仓门生活艺术中心举行，并颁布了中国工业遗产保护利用具有里程碑意义的宪章性文件——《无锡建议》。这是我国首个倡导工业遗产保护的纲领性文件，标志着工业遗产保护利用成为全社会的共识，也为无锡乃至中国工业遗产保护利用指明了方向与范畴。

法律政策的落地还需要资金支持，对此，无锡市显著加大资金投入。一方面，政府专门设立保护资金，专项用于工业遗产的修缮维护及日常管理事务；另一方面，积极引导社会资金融入，成功构建起政府、企业与社会多方共同参与的良好格局。如在茂新面粉厂旧址的保护利用中，政府投入大量资金实施修缮改造，使其得到切实有效的保护，并实现了价值的再挖掘与利用。

无锡对待现存工业遗产修缮问题，严格遵循"有机更新"与"修旧如旧"并重原则，不同场景有着不同的侧重。在运河码头附近修缮时，因强调历史遗迹的实用性与活化使用，更多采取"有机更新"原则，与中国古代"重道轻器观"对应，尽管历史上往来的汽船与往来取水、乘坐的人们已经不再复现，但码头的主体功用及运河精神却延续至今。在工业遗址区域，由于许多遗产已经退出了历史舞台，更多是被静态参观，由之对观众阐释更多的历史细节与信息，从而强调保持遗产的真实性，用作旧材料对相关遗存进行修复，保留了历史原貌与风韵。

同时，注重工业遗产的利用，积极探寻多功能再开发，把闲置工业厂房改造成创意产业园、博物馆和艺术中心等，为其注入新活力。在学术界看来，遗产并不完全等同于历史，遗产更多强调面向未来积极建构。这一理念被无锡充分利用，像中国民族工商业博物馆，以荣氏家族的茂新面粉厂旧址为基础建设而成，既保留了原始建筑风貌，又借助现代展示手段，生动展现无锡及中国近现代工商业发展历程，成为爱国主义教育基地与热门旅游景点，实现了工业遗产的保护与价值升华。

工业遗产并不单是历史的见证，也不只是专家、学者通过技术与规则制造的产物，它更多的是"过程性遗产"，即去专家中心化，提倡社区或民众对遗产的参与与共情，社区/民众处于遗产利用过程中的中心位置。换言之，尽管按照现在国际遗产保护惯例，遗产由政府与专家等知识群体所选择，但是遗产要有长久的生命力，必须有不同群体尤其是大众群体的参与。加之无锡本来是一座因轻工业、商业而兴起的城市，工业是属于整个无锡市民的记忆，由之，只有通过工业遗产这一载体，激发相关群体的热情，才能使得工业遗产一直焕发生机。对此，无锡市政府为提升公众对工业遗产价值的认知与尊重，积极采取诸多举措。一是举办各类文化活动、展览和讲座，面向市民普及工业遗产保护的历史渊源及内涵特点；二是联合学校、社区，把工业遗产保护融入教育体系，着重培养青少年的创新意识与实践能力，像无锡市教育局与文化部门合作推出"走进工业遗产"系列课程，让学生亲身领略工业遗产的魅力。还开展丰富多样的展览、讲座、工作坊等活动，切实增强公众的工业遗产保护意识，营造出全社会关注、参与工业遗产保护的良好氛围，从而将工业记忆融入每个鲜活个体的日常生活中。

二、革命遗址现状与利用

无锡既是中国近代工商业的重要发源地，也蕴藏着丰富的红色文化资源，留下了诸多革命历史遗址。因此，需要对其进行保护与利用。

无锡革命旧址数量众多，分布广泛，包括早期的中共党组织活动地点、革命根据地遗址、战斗遗址等，如新四军六师师部旧址，江南抗日义勇军、江南抗日救国军司令部旧址，无锡城中公园多寿楼，无锡县农民抗日救国军成立大会旧址等。无锡为铭记重大历史事件与杰出革命人物，设立了如无锡市革命烈士陵园、新四军江抗东进纪念馆等多处纪念场所，涵盖陵园、纪念馆、纪念碑等形式，借展示革命历程与先烈事迹，发挥爱国主义教育作用。其中，张闻天故居、秦邦宪故居、王昆仑故居陈列馆、孙冶方故居纪念馆、薛暮桥故居、陆定一祖居、孙冶方纪念馆等革命名人住所及活动地，留存着革命先辈生活印记，是研究革命史与传承红色文化的重要资源。

无锡市政府对革命遗址利用极为重视，并实施多项举措。

一是发挥教育功能。无锡深刻认识到学校教育对培育学生爱国情怀与民族精神的关键意义，积极将革命遗址融入教育体系。通过开展形式多样、内容丰富的革命遗址主题教育活动，如在革命遗址中举行讲座活动、革命故事分享会、红色诗歌朗诵比赛等，积极将革命遗址融入教育体系。在革命历史讲座中，专业的历史学者或教育工作者深入讲解革命遗址形成的红色历史，从早期的革命斗争到抗日战争、解放战争时期的英勇事迹；革命故事分享会、红色诗歌朗诵比赛则通过引导学生主动参与，激发学生对祖国的热爱和对革命先辈的敬仰之情。如南京中医药大学"锡行赤旅"实践团开展"走进红色遗址，铭记历史传承"活动，参观张闻天旧居、秦邦宪故居等多处红色遗址，深入了解无锡的革命历史和杰出人物事迹。

在社会教育层面，无锡的红色文化场馆和教育基地发挥资源优势，积极开展社会教育活动，为市民和游客搭建深入了解无锡红色历史与革命精神的平台。红色寻访活动因直观、体验性强的特点成为社会教育的有效途径，引领参与者实地走访红色遗址、纪念馆、烈士故居等，让其亲身感受先辈战斗生活环境，且寻访中专业讲解员会提供关于历史背景、革命故事以及重要意义等方面的详尽介绍，助参与者更全面深入了解无锡红色历史文化。

二是开展革命遗迹旅游学习活动。红色旅游作为传承红色文化、弘扬爱国主义精神的重要方式，在无锡被广泛推广实践。如今，遗产活动逐步倡导"去中心化"，以往许多革命遗迹可谓知识生产地，而今这种知识生产地有变为公共论坛之趋势，能够激发出参与者的热情与主观能动性。目前无锡正积极开展红色研学旅行，让学生在红色地标实地学习，接受爱国教育，提升文化素养；还鼓励旅行社开发结合自然风光、民俗文化的特色红色旅游产品与线路。如游客可在中共无锡第一支部诞生地了解无锡早期党组织发展，感受先驱信念精神；通过参观新四军六师师部旧址纪念馆，知晓当地军民情谊、抗战艰辛。无锡市还重视提升线路配套服务，使交通、住宿便利，让游客拥有舒适便捷的游览体验。

无锡通过打造红色旅游精品线路、举办红色文化活动、加强红色文化宣传等措施，成功转化红色资源为旅游资源，吸引了众多游客参观体验。在2024年6月的"乐游无锡 薪火传承"红色旅游体验月中，无锡发布了"重温烽火岁月，感悟百年风华""传承红色文化，赓续革命薪火"等6条红色旅游精品线路，串起中共无锡第一支部诞生地、新四军六师师部旧址纪念馆、新四军江抗东进纪念馆等地标，构建起红色旅游网络，使游客于游览中深切体悟无锡革命历史与红色文化。[①]研学活动以其系统性和研究性，成为红色教育的重要组成部分。

为提升无锡革命遗迹的知名度与影响力，无锡采取多种宣传手段。如借助媒体宣传与网络传播，以广播、报纸等传统媒体与微博、微信、抖音等新媒体平台相结合等方式，积极宣传红色旅游资源，拓宽受众范围。同时，该市重视与其他地区合作交流，联动宣传推广红色旅游资源，有效吸引更多游客前来参观体验，进一步推动红色文化传播与发展。

三是创新文旅产品。在传承弘扬革命遗迹时，无锡市注重创新与发展，采取开发文创产品、打造沉浸式场景等新举措，为红色文化注入新生机与活力。

无锡市鼓励革命遗迹遗产单位开发文创，融合红色文化与传统文化元素以塑造有时代感的产品，这些产品兼具纪念价值，能使游客在游览时深入了解当地红色文化。通过挖掘革命历史遗址和纪念馆的红色元素与故事，融入设计，像推出以革命英雄人物为原型的雕塑、绘画、文具等文创，让游客从中感受革命精神力量。

借助互联网、大数据和虚拟现实等新技术，是打造沉浸式演艺、夜游及展览展示场景的重要路径，通过把红色文化遗产转化为数字化资源，提升其吸引力与体验度。如部分单位推出的虚拟现实展览与互动体验项目，

---

① 《6条红色旅游精品线路发布》，《江南晚报》2024年6月2日。

让游客身临其境地体会革命的艰辛与精神伟力，为游客营造更真实、生动的参观体验。

总之，无锡革命遗址的保护和利用注重创新发展，为红色文化提供现实载体，使红色文化展现新活力。在新时代，革命遗址及其蕴含的红色文化将继续引领无锡建设、改革进程，助推无锡在中国式现代化道路上不断奋进。

三、名人名址名迹探源与呈现

一位名人就是一座城市的流量入口，一座宅院就是一个城市的文化 IP。无锡民众始终将自身与时代紧密相连，传承着事事关心且务实奋进的担当特质。无锡自古名人辈出，名人故居资源十分丰富。

无锡古城内的东林书院始建于北宋，明代重建，其"风声雨声读书声，声声入耳，家事国事天下事，事事关心"广为人知，"黜浮靡，崇实学"的学风影响久远。明代徐霞客从家乡启程，耗费三十年考察大半个中国，纠正"岷山导江"之说，证实金沙江为长江源，完美践行"读万卷书，行万里路"理念。九一八事变前后，钱伟长考入清华，在国文历史满分而物理仅 5 分的情况下，毅然弃文从理，后成近代力学之父；经济改革先驱孙冶方年少立志，为中国经济发展擘画蓝图；王莘在天安门广场前为祖国欣欣向荣的情景打动，一曲《歌唱祖国》传唱至今；胡福明大胆开创思想先河，著文《实践是检验真理的唯一标准》。这些地标与名人交织成的精神脉络，描绘出无锡的发展轨迹，彰显其知晓过往、明确方向的人文特质。

无锡高度重视本城历史名人资源，积极探究名人的成才立业路径，并开展宣传教育，强化年轻一代文化自信、自觉与自强意识，促其报效祖国、服务社会。对于当代名人资源，无锡注重构建联络机制，以亲情乡情为纽带，搭建公共服务平台，助力其回馈家乡与跨地区合作。无锡的众多历史名人为城市文化建设留下"富矿"，令名城有"名"。

为实现这一图景，2008 年 6 月，无锡市人大常委会通过《关于加强历史文化街区（名镇）保护的决定》，并出台了《关于加强历史文化街区（名镇）保护和利用的实施意见》，确立市区联动、以区为主的工作机制，组建五大街区（名镇）保护工程领导小组，用 3 年完成清名桥、惠山、荣巷、小娄巷及荡口古镇的保护修复工程。历经多年，这五大街区（名镇）风貌大为改善，由其串联的无锡文脉愈发清晰地展露于世，众多名人故居恰似明珠散落其中，呈现出一幅精彩纷呈的人文画卷。

无锡市"百宅百院"活化利用工程让老宅院从"闭门保文物"迈向"开门用文物"，是实现挖掘与开发历史名人资源的另一路径，是以全新方式讲述无锡名人故事、塑造城市文化 IP 的载体。如阿炳故居以多媒体讲述阿炳的音乐人生，引入文艺演出，打造民乐文化窗口；钱锺书故居围绕"书香"开展新书首发、讲座等多样文化活动；薛福成故居变身艺术季舞台，园林实景演出、文化创意市集、艺术展览展演层出不穷，故居人气大增。无锡还将创新开发形式，优化故居功能，融合文化活动与遗产空间，助力城市高质量发展。

在此过程中，名人文化的时代价值被深度挖掘。锡山区以阿炳为文化招牌，创立"阿炳少儿艺术学校"，实施"阿炳小舞台"惠民工程，其阿炳文化艺术节已成为知名群众文化品牌。江阴市借助"徐霞客"超级 IP 拓展全域文旅格局，从徐霞客故居内的无锡首场园林沉浸式表演，到全新发布融入霞客剪影的徐霞客镇形象标识，再到全力筹备重启《徐霞客报》，霞客人全力活化该 IP，引发"徐霞客热"。此类多元呈现形式，提高了无锡名人名迹的社会热度，加深了公众对无锡名人文化的认知。

无锡借助历史名人遗迹保护、展示手段创新与文化活动推广，留存了丰厚的名人文化遗产，又以现代化途径将其传播给更多受众，增强了无锡市民的历史认同感和精神力量，推动名人名迹在新时代焕发生机、蓬勃发展。无锡市对名人名迹的探源及呈现，成为地方历史文化传承的关键一环。

四、博物馆与纪念馆的兴建与运营

博物馆是文物收藏与保护、学术研究和文化传承的关键场所，纪念馆则通过展示历史事件和人物的生平事迹，弘扬爱国主义精神和民族精神。两者共同推动社会文化建设和历史传承。无锡持续推进两者建设，促进文化遗产的保护和利用。

（一）博物馆兴建运营

博物馆方面，无锡以博物馆构建美好生活与推动教育研究为目标，持续推进区域博物馆协同发展，全力达成"馆城融合"，旨在促进社会和谐，推动中华优秀传统文化的创造性转化与创新性发展，进而持续满足人民群众不断增长的精神文化需求。

阖闾城遗址博物馆于 2010 年 5 月 18 日奠基，2014 年 2 月 24 日正式对外开放。其处于中国吴文化博览园·阖闾都城核心展示区，是吴文化发源地的标志性建筑，造型圆润似破壳凤凰，寓意"凤凰涅槃"，象征古城 2500 年后重生，再放光彩。其中，阖闾雄风厅以阖闾传奇人生为主线，突出其执政时的诸多史实与精神以及相关人物和事件，展现其对吴文化之重要贡献。吴风古韵厅聚焦吴地风俗民情与文化特色。展览区借助历史介绍、文物展示、3D 影片、多媒体互动体验等，展示古吴国历史沿革、阖闾城遗址考古及保护情况，重点呈现阖闾的优秀精神，再现春秋吴国的精彩历史。

无锡在博物馆建设方面与时俱进，充分运用现代信息技术，打造线上虚拟博物馆与文化展示平台。如"无锡工商业数字博物馆"项目借助三维建模技术重现重要工业遗址场景，提供在线导览，方便用户通过电脑或手机随时浏览信息。"无锡工商业之旅"手机应用软件，集地图导航、语音解说等功能于一体，提升用户参观体验。

文物活化形式愈发多样。伴随"博物馆热"，无锡各文博场馆推出兼具美观性与实用性的文创产品，推动馆藏文物资源创造性转化，使观众能"把博物馆带回家"。东林书院推出涵盖"东林小书生""状元咖啡"等 10 个品类、

100多个小类的文创产品，年销售额超80万元。无锡博物院积极探索文创"走出去"的途径，开发出以"灵鲤系列""吴山花鸟"为主题的12款文创产品。

截至目前，无锡全市备案博物馆总数达64座，居全省第二，涵盖1家国家一级博物馆（无锡博物院）及4家国家二级博物馆（江阴市博物馆、宜兴市博物馆、宜兴市陶瓷博物馆、鸿山遗址博物馆）。

（二）纪念馆兴建运营

无锡市同样重视纪念馆的建设运营。纪念馆作为文化与历史的载体，其兴建与运营承载着对特定历史事件或人物的纪念与反思，旨在通过物质和精神双重形式，使历史得以永续传承，培养公众的历史意识和文化认同感。

荣毅仁纪念馆处于荣巷历史文化街区核心地带，承载着无锡城市工商业文脉，详尽展现荣毅仁的经历与贡献。经过不断改造升级，依据原有建筑空间，在展陈内容、形式与空间上全面优化和更新。凭借珍贵档案、文献、文物及口述资料，完整呈现荣先生的辉煌成就与传奇人生，塑造出荣氏文化品牌形象。其中，多样的场景复原、艺术装置、沉浸式展品陈列及高科技展览手段，增强了纪念馆的阐释、互动与体验功能，使游客仿若能突破时空界限，与过去的荣毅仁展开心灵交流。作为无锡市"百宅百院"活化利用工程成果的顾宪成纪念馆，于2024年11月底全新开馆，给市民和游客带来全新的视觉与文化体验，为无锡的文化传承与发展增添新的活力。顾宪成纪念馆开馆当日，东林书院——顾宪成纪念馆文化合作共建同盟亦同时成立。未来，两个场馆将共享资源优势、传承优秀文化，在文化产业、学术交流等方面加强联动。

第二节　非遗保护与文化标识

无锡非遗保护与文化标识构建举措扎实、成效显著。根据2003年联合国教科文组织颁布的《保护非物质文化遗产公约》第三条，"保护"指确保非物质文化遗产生命力的各种措施，包括这种遗产各个方面的确认、立档、研究、保存、保护、宣传、弘扬、传承（特别是通过正规和非正规教育）和振兴。截至目前，无锡的非遗保护已经取得了较好的成绩，包括但不限于非遗项目抢救性记录、名录申报与升级以及生态振兴与弘扬等方面，如运用多种方式全面记录非遗项目的技艺细节与文化背景、构建从国家级到市级的完整非遗项目及传承人梯队、探索数字化保护路径等。这些举措有力推动了无锡非遗焕发生机走向世界，显著增强了城市文化软实力与竞争力。

一、非遗项目抢救性记录

无锡市非遗项目抢救性记录工作是具有历史意义的文化保护工程，旨在全面收集整理、研究和保护面临失传风险，且具有深厚历史文化背景、艺术价值与社会功能的传统文化形式，涵盖传统手工艺、民间艺术、节庆活动、戏曲表演、地方美食等多领域，内容多样，技艺与文化形式珍贵。

目前非遗资源中传统艺术与民俗文化丰富，这些资源是传统的表征，在历史时期，这些艺术与民俗根植于日常生活，是与乡土社会紧密关联的元素。但因城市化与生活方式改变，众多民间艺术与民俗因此失去了文化土壤，非遗项目发展衰退，开展抢救性记录工作至关重要。鉴于此，无锡借时代与科技进步契机，探索数字化保护路径。2023年2月16日，无锡市政府召开会议，强调全市要深入推进"数实融合"进程，通过数字技术与传统文化结合，激发传统文化活力，实现人文优势与数字经济双向融合。无锡依托江南文脉特色优势抢占赛道，围绕影视、数字动漫、文旅、创意设计、现代演艺、文艺制造、前沿业态等领域推进文脉传承保护，力求破除传统文化与时代脱节、不受年轻人喜爱的困境，让传统文化在新时代重焕生机。

无锡市蓝印花布、泥人、刺绣等传统手工艺有着百年底蕴与地方特色。蓝印花布印染技艺闻名中外，但受现代机械化影响渐趋式微，传承困难。无锡借录像等手段全面记录蓝印花布印染工艺步骤，关注艺术风格、文化符号的创新表达，留存技艺为复兴积累资料，守护瑰宝，延续文化脉络，助其未来重焕生机。

宜兴紫砂艺术以其独特的美学价值和技术传承，首批列入国家级非物质文化遗产名录。在数字化浪潮下，宜兴紫砂壶重焕生机迫在眉睫。2022 年 12 月 29 日，在第十八届中国（深圳）国际文化产业博览交易会上，宜兴紫砂借"数字科技＋非遗"理念，突破传统呈现形式，既彰显其传统魅力，又凭现代技术赋予古老艺术新活力，开启了非遗传承与发展的新路径探索。

惠山泥人作为第一批国家级非遗，是无锡非遗保护传承项目的突出代表，展现出多样举措。

一是推动文教结合。惠山古镇景区力推惠山泥人研学体验，全市共有 43 所学校投身其中，参与人数突破 3.9 万。无锡市锡山区东亭街道探索中小学铸牢中华民族共同体意识教育新途径，将惠山泥人的泥塑文化融入大中小学美术课程，结合泥塑特色课程，打造锡山区民族团结进步教育基地示范点，成立全市首个"国家非遗——无锡泥塑铸校园民族团结魂"项目，培养青少年传承中华优秀传统文化的责任与担当。

二是采取整体性保护措施。惠山古镇修复保护项目覆盖约 103 公顷，其中惠山寺至宝善桥 25 公顷为核心保护区，以古运河惠山浜水街和五里香塍祠堂街为轴，向惠山寺及"天下第二泉"区域延展。规划将横街直街整合，打造惠山泥人文化体验综合区，既留存古镇传统格局风格，又用新材料新色彩更新服务设施与重塑空间，如重建古戏台与农耕特色街、上演相关戏剧等。同时，打造中国泥人博物馆、耍货公所及制作工坊等城市文化空间，使其成为焕发惠山泥人活力、展示其文化魅力的重要窗口。

三是实施财政补贴政策。在惠山泥人艺术人才培育方面，传统师徒制成本高、短期培训效果差，学徒补贴计划不理想，致使一些艺术大师因精力、时间和经济压力转行，从业者艺术基础差、热情低。对此，无锡举办高规格且有实质价值的泥塑竞赛，确保公平公正，设丰厚奖励，激励有天赋和创造力的泥塑工匠凭构思创作崭露头角，以此选拔具有潜力和才华的艺术新秀，展示泥塑艺术精品。同时重视项目化支持策略，发挥其示范引领作用，以此推动艺术人才的成长与发展，为泥塑艺术传承创新注入活力。

除了手工艺，戏曲和表演艺术也是无锡市非遗项目抢救性记录的重要领域。2017 年 11 月 5 日，无锡市对"玉祁龙舞"开展全方位数字化保护拍摄。此次拍摄共动用了 2 架无人机、5 台摄像机，全方位、多角度进行。礼社龙灯队则动用了 140 余人，参与了黄龙、青龙、205 米长龙的舞龙表演。拍摄保护项目为"玉祁龙舞"这一省级非遗技艺留下了珍贵的"数字档案"，有利于其文化内涵和表演技艺的长期保存与传承。又如，无锡评弹历史悠久、艺术积淀深厚，极具地方特色，但在现代娱乐方式冲击下已日渐衰退，陷入传承困境。无锡利用影像、文字、音频等手段全面记录评弹的唱腔、技巧、旋律及表演形式等细节，对传承保护无锡评弹意义重大。

无锡排骨、油面筋等传统美食是无锡地方文化的重要组成部分，这些传统食品的制作工艺、食材搭配、烹饪技巧等，均有着悠久历史和深厚文化背景。可随着现代食品工业发展，许多无锡传统食品的制作方式逐渐被商业化生产方式取代，传统手工艺技巧面临失传。无锡通过抢救性记录，将传统美食的制作流程、口味特征、历史背景等进行详细记录，为这些美食的复兴提供样本，这也是宣传无锡饮食文化的重要途径。例如，无锡皮虫糖形似橡树皮虫，主要原料为麦芽糖，制作过程复杂，需将蒸熟的大米与大麦芽经过发酵、翻炒等 12 道工序，最终转化为糖果。发酵环节尤为耗时，每次需等待 12 小时，这份细致与耐心赋予了皮虫糖独特风味。与机器生产的麦芽糖相比，古法制作的糖果外形粗糙，切面有气孔，口感软硬适中，微甜回味；而机器糖则偏硬黏牙，味道单一。该制作技艺也被影像、研学活动等现代方式予以记录保存和弘扬。经此努力，其制作技艺于 2012 年入选无锡市非物质文化遗产项目，2023 年入选第五批江苏省非物质文化遗产名录。

总而言之，抢救性记录非物质文化遗产，既是一项文化保护工作，更是一份文化传承责任。无锡通过非物质文化遗产项目的规划立项、数字化技术应用及非遗文化融入校园或社区等举措，有效实现了对本地非物质文化遗产的抢救性记录，保障了传统文化在新时代持续健康发展。

二、非遗名录申报与升级

无锡市非遗名录申报与升级工作近年稳步发展，管理体系日益完善，经政府和社会各界的共同努力，保护传承成果显著。但非遗保护也存在一定困境，尤其是在现代化、市场化和全球化大背景下，如何保持非遗项目的生命力与活力，成为一个亟待解决的问题。

随着世界范围内的文化遗产运动兴起，各级名录的评选、管理制度出台，申报工作步入规范化、制度化轨道。每年，无锡市文化局都会依据最新政策发布申报通知，组织专家团队对申报项目审核评估，借此保障非遗项目质量和代表性。由此机制，无锡市非遗名录项目不断扩充，市级、县级、乡镇级等各层次的非遗项目均得到重视，推动了无锡非遗在当代创新发展。

无锡市非遗保护工作坚持"依法保护、科学保护、有效保护"原则，健全机制、强化措施，尤其重视修订代表性保护名录。无锡已开展了五批市级非物质文化遗产代表性项目、非物质文化遗产项目代表性传承人和一批市级非物质文化遗产传承示范基地、生产性保护示范基地申报评审工作。2022 年无锡市政府发布的第五批市级非遗代表性项目清单，涵盖 35 个项目（含 10 个增补项目），体现了无锡地区传统文化的杰出贡献和独特地域风貌。此外，还公布了 119 位第五批市级非遗项目代表性传承人、第二批 30 处传承点和 6 处生产性保护示范点。目前无锡已初步开展第六批市级非遗代表性项目推荐工作，2024 年 8 月 30 日公示的推荐名单涵盖音乐、舞蹈、文学、民俗等多领域，如梁祝传说、宜兴丝弦、无锡滑稽戏、宜兴紫砂陶制作等。

基于对非遗文化的积极保护，无锡市非遗项目逐年增多，文化影响力和地位亦不断提升，众多项目成功入选省级非遗名录。2023 年江苏省文旅厅发布的第五批省级非遗推荐名录中，无锡共有宜兴西乡狮子舞、江阴麦秆画、梅里羊肉烹制技艺、惠泉黄酒酿造技艺等共 18 个项目入选。[①]2024 年 11 月，

---

① 　陈钰洁：《无锡 18 个项目入选省级非遗》，《江南晚报》2023 年 9 月 13 日。

该推荐名录被江苏省人民政府通过并公布。至此，无锡省级非遗项目增至 60 余项。[1] 新入选的 18 个项目涵盖传统舞蹈、美术、技艺和医药四大类，其中多数为传统技艺，尤其集中在"舌尖上的美味"，如无锡老式面制作技艺、江阴蟹黄包制作技艺、皮虫糖制作技艺、徐舍小酥糖制作技艺、阿四百叶制作技艺，还有钱氏古法酿酒技艺、无锡毫茶制作技艺和宜兴阳羡茶制作技艺等，品类丰富。列入省级非遗，这些地方美食项目迎来更广阔的发展空间。

保护传承非遗项目的同时，无锡还大力推动非遗名录的升级工作。例如，无锡泰伯庙会是江南地区新年开春的首个庙会，起源于吴地先民的祭祀信仰，逐渐发展为融合祭祀、民俗巡游、非遗展演、农贸集市和文化娱乐等多功能的民间活动，民间流传"正月初九拜泰伯，稻谷多收一二百"的谚语。2014 年，泰伯庙会被列入国家级非物质文化遗产名录，成为无锡最具历史和影响力的庙会之一。经过无锡市的保护和推广，泰伯庙会已成为纪念吴文化始祖泰伯、展示吴文化的重要平台。经过多年传承保护与积极申报，2024 年 12 月 4 日，泰伯庙会作为"春节——中国人庆祝传统新年的社会实践"项目的一部分，被联合国教科文组织正式列入《人类非物质文化遗产代表作名录》。从国家级非遗迈向世界非遗，新身份无疑将极大提升泰伯庙会的影响力和传播力。

截至 2024 年 6 月，无锡市共有国家级非遗项目 11 项（梁祝传说、吴歌、无锡道教音乐、锡剧、无锡留青竹刻、惠山泥人、无锡精微绣、宜兴紫砂陶制作技艺、致和堂膏滋药制作技艺、宜兴均陶制作技艺、泰伯庙会）、省级非遗项目 69 项、市级非遗项目 150 项，非物质文化遗产代表性项目 379 项，基本形成了国家、省、市、县（区）四级保护体系；国家级非遗生产性保护示范基地 1 个、省级非遗生产性保护示范基地 3 个，市级非遗传承示范基地 46 个，有王南仙、赵红育、乔锦洪等国家级、省级非遗项目代表性传承人 63 人，非遗项目代表性传承人 588 人，形成了非物质文化遗产保护传承的基本梯队，

---

[1]　江苏省文化和旅游厅：《关于公布第五批省级非物质文化遗产代表性项目保护单位名单的通知》，江苏省文化和旅游厅网站，2024 年 11 月 27 日，http://wlt.jiangsu.gov.cn/art/2024/11/27/art_699_11429809.html。

为推动非遗活态传承提供了有效支撑。①

三、非遗生态振兴与弘扬

非物质文化遗产脱胎于地域文化，深植于特定的地理与社会环境中，映射当地社群生活模式、信仰架构与习俗惯例。随着时代发展，无锡丰富的民间艺术、技艺工艺、传统节庆、民俗活动、医药等非物质文化遗产已突破原生环境，融入都市与现代文明。对此，无锡积极促进传统非遗文化与都市文化融合，构建有助于非遗传承的生态环境。

数字赋能已成为非物质文化遗产（非遗）传承与创新的关键途径之一。无锡市通过数字化手段创新非遗，采用契合年轻一代审美偏好和认知习惯的语汇及表现方式，成功推出了包括《留青竹刻》《惠山泥人——两小无猜》《吴歌》在内的 12 个系列，共计 120 件非遗数字藏品，一经上市即告售罄。无锡市政府还积极组织和参与中国非物质文化遗产博览会、大运河文化旅游博览会、迎接中共二十大江苏非遗主题展、市侨联"侨联五洲·云上端午"、江苏省委统战部"香港同乡文化展"等多项非遗展览与交流活动，进一步提升非遗数字化成果的影响力。

最近两年，无锡市加快非遗与旅游、文创、电商等产业深度融合，推动非遗市场化、产业化。譬如，为推动非物质文化遗产保护与传承，擦亮"最无锡"文化名片，无锡出台《无锡市"百匠千品"非物质文化遗产传承创新工程三年行动计划（2023-2025）》，通过创新市场供给、融合发展和人才培养，选树 100 名代表性传承人，开发 1000 项非遗产品，建设集展销、研学与实景演艺功能于一体的"锡作范"。又如，探索建立"政府引导、多方协作、品牌授权、连锁经营"多方协作的非遗推广平台。再如，无锡连续举办西水市集，将城市人文与市集深度融合，传承非遗文化。市集汇聚惠山泥人、精微绣、

① 《文旅深融，"非遗大戏"添彩美好生活》，无锡市人民政府网站，2024 年 6 月 9 日，https://www.wuxi.gov.cn/doc/2024/06/09/4326605.shtml。

留青竹刻、紫砂、均陶、剪纸、等非遗技艺展示，糖画、脚踏糕、玉祁黄酒、惠山油酥、梨膏糖等非遗美食，为非遗传承人提供展示平台，促进技艺传承与发展，成为无锡非遗文化新名片，提升了无锡非遗文化的知名度与影响力。

经过不懈努力，无锡诸多非遗项目成为新经济增长点：2023 年，宜兴紫砂整体销售超 200 亿元，精微绣年销售增 50% 至 129 万元，江阴市中医类非遗及衍生产业规模近 45 亿元。2023 年全市非遗及周边产业销售达 250 亿元。各大景区如拈花湾、三国水浒城融入非遗常态化体验，推出 8 条"乐游无锡"非遗旅游线路，连接 120 个传习点和 168 个项目，打造文化旅游新亮点。无锡市支持非遗工坊发展，2023 年认定 29 个非遗工坊，带动就业 16.5 万人，销售额近 3 亿元。

非遗进校园、进机关、进社区活动在无锡如火如荼地开展。市文化广电旅游局发起"千名小记者探非遗"计划，邀请无锡锡师附小教育集团、金桥教育集团、尚贤教育集团等教育机构的小记者深入非遗传承现场，亲身体验非遗文化，增强文化传承意识。江阴市开展"二胡、锡剧融入校园"等活动，将多项非遗及传统工艺纳入劳动教育课程；锡山区吴歌传承人定期入校授课培养新人，锡北镇编写教材推广渔篮花鼓；惠山区组织非遗项目在学校传承；滨湖区举办非遗校园展览及吴歌、锡剧等项目的培训；新吴区安排楹联、灯谜、二胡艺术、锡剧、剪纸、竹刻等非遗传承人进校，开展体验式教学。

无锡市政府还与无锡职业技术学院、无锡开放大学、无锡狄邦文理学校等学校合作，举办各类非遗公开课，融合学校特色，创新美育模式。以美育人，以文化人，创新学校、社会相融合的美育模式，为新时代的非遗保护传承构建更多元的社会生态。当然，文化弘扬如同技术研究一般，不能闭门造车，对此无锡市政府提出加强国际交流，推动锡剧艺术走向全球，吸引外籍留学生参与，增强跨文化理解，建立非遗文化的国际化传播环境。

第三节　工商文化的传承与创新

无锡作为中国近代工商业的重要发源地，工商文化源远流长、内涵丰富。早期，凭借便利交通和繁荣商业，形成了手工作坊和商铺的经营模式，奠定了工商文化雏形。近代以来，无锡民族工商业崛起，涌现出一大批充满民族精神的爱国企业家，构成了独具特色的民族工商文化。时至当下，无锡融合传统工商智慧与现代经济理念，依托优势产业发展集群，推动经济稳定增长。在工商文化的传承创新之下，无锡开创出独具特色的工商业发展道路，成为城市建设和社会治理的重要文化力量。

一、工商文化的传承保护

无锡一直不遗余力推动工商文化的传承保护，从挖掘历史档案资料、勘查测绘工商遗迹，到搭建交流平台、培养专业人才、动员社会力量，再到扶持技艺传承创新、运用现代科技展示传播，极大提升了无锡工商文化在现代社会的影响力，为其活化利用和繁荣发展奠定了坚实基础。

工商文化的传承需要一定的载体，工业遗产是重要的物质载体，凝聚了技术、工艺与管理智慧，承载着历史记忆与产业精神，在文化传承、教育科普与城市更新中具有重要意义。无锡积极保护工商文化工业遗产，2004 年启动"化茧为蝶"北仓门蚕丝仓库改造项目，充分尊重历史建筑原貌，借鉴美国、法国、德国等工业区转型模式，将蚕丝仓库改造为北仓门文化创意产业园；对荣巷历史文化街区进行修缮与提升，保留老建筑风貌，激活大公图书馆、荣毅仁纪念馆等工商文化遗产，转盘楼、承德堂等 18 处单体建筑被列为省级文物保护单位；茂新面粉厂旧址作为中国近代民族工业的典型代表得到完好保存，麦仓、制粉车间、粉库及办公楼等均为 20 世纪 40 年代的建筑，内部厂房设备完整展示面粉生产流程。在此旧址上建立了中国民族工商业博物馆，展厅醒目处可见薛福成名言："工商之业不振，则中国终不可以富、不可以强。"①工商业博物馆还通过沉浸式戏剧等创新形式，令观众体验无锡工商文化。该博物馆先后获得"江苏省博物馆优秀陈列展览评选（2006—2007）陈列展览精品奖""江苏最美运河地标""江苏省社科普及基地""2021年度江苏省最美公共文化空间打造对象"等荣誉。通过这些举措，无锡工业遗产多以新形态融入现实生活。

无锡在重视物质遗产保护的同时，还重视工商文化遗产的保护传承。无锡市政府积极出台政策，支持市级以上非遗传承人培养，强化普通传承人的培养，构建金字塔式人才队伍，同时加强非遗知识产权保护，筑牢传承制度根基。例如，无锡着力聚焦工商文化业态的聚集与传承，如清名桥历史文化街区以"传承"为主线，汇聚各级非物质文化遗产及"老字号"文化业态，包括锦泰高端餐饮片区、南下塘老字号特色街等，将工商文化传承保护与当下日常生活相结合。无锡以师徒传承、培训班等形式，培养传统工商技艺（如传统手工艺、老字号商业技艺）传承人，保障非物质文化遗产传承发展。荣巷历史文化街区焕新后，变身家风家训研学基地与民国服饰体验馆，融入换装、非遗手作等项目，增强游客沉浸式体验。

研学、文旅、宣传活动等方式也是无锡传承保护工商文化的重要途径。例如，无锡各中小学校积极开展研学行动，借编撰锡商故事、寻访锡商足迹、宣传锡商精神等活动引导学生传承锡商文化精髓。江南大学等在锡高校也积极组织实践团，赴无锡博物院、中国民族工商业博物馆、无锡第一党支部等，于实践中体悟无锡工商文化。文旅领域，无锡秉持"文化先行、商业支撑、旅游带动"理念，探寻历史文化街区活化利用与现代生活的"融合共生"模式。清名桥历史文化街区借大运河文化带建设契机，打好文商旅融合牌，统计数据显示年接待游客近3000万人次。无锡还以无锡工商文化为主题，开发具有特色的文创产品，如工艺品、纪念品、文具等，将工商文化元素融入产品，传播无锡工商文化。

---

① 刘亢、陈刚、蒋芳：《新时代人文经济学的无锡实践》，《瞭望》2024年第28期。

智慧数字平台的运用是目前保护传统文化的前沿手段，因之无锡尤其重视整合工商文化遗产保护与数字技术，以技术手段保存呈现文物遗迹，提升"工商文化遗产＋科技"服务能力。如利用先进的数字化技术，3D扫描、虚拟现实（VR）、增强现实（AR）等，对无锡的工商文化遗迹、技艺等进行高精度的数字化采集和建模，为其建立详细精准的数字档案。至2024年12月，国家文化大数据无锡专业中心正式授牌，无锡文化服务一点通（文化智慧大脑）项目建设同步推进。此项目依循"优政、兴业、惠民"向度，着眼推进含工商文化的文化基因解码工程，进而凭借影视、紫砂产业优势，创新数字内容出海、版权交易等模式，以数字化战略传承保护无锡工商文化。

人才是工商文化传承保护不可或缺的重要主体，无锡重视打造工商文化保护传承专业人才队伍，依工商文物保护管理工作要求，积极招揽优秀人才。无锡定期举办工商文化学术研讨活动，为人才搭建交流平台，促进跨领域、跨地区人才的思想和经验交流。具体而言，无锡本地江南大学、无锡城市职业技术学院等高校，设立文化遗产管理、工商历史研究等方向，设置《无锡工商文化史》《文化遗产保护技术》等课程体系，为专业人才培养提供理论支撑。无锡市政府出台相关政策，对工商文化管理保护人才职称评定、项目申报优先支持。同时，设立专项资金资助培养项目、培训活动、科研课题等，保障人才培养。

公众共同参与工商文化传承保护是极具无锡特色的做法。政府、学者及专业人员着力构建公众参与平台，积极举办展览、讲座，普及无锡工商文化知识，激发公众参与工商文化传承保护热情。值得注意的是，社区成为公众参与的重要阵地。通过举办紫砂壶制作、泥人制作展示等小型文化展览，让居民切身感受无锡工商文化魅力。无锡还充分发挥行业协会和组织的作用，如荣德生企业文化研究会，以会员活动、行业调研强化联系合作，助推工商文化管理保护事业发展。无锡利用互联网平台，开展"云上文博会""线上工商文化讲座"等线上活动，吸引民众了解和参与工商文化传承保护。为促进公众持续参与工商文化传承保护，无锡还建立了一系列激励机制，对表现突出的个人和团体予以表彰奖励，如颁发荣誉证书与物质奖励，且文化活动策划重视公众意见，增强参与者积极性。

二、工商文化的活化利用

无锡工商文化熔铸多种文化精华，具备审时度势、吐故纳新、创新活力和经世致用的特性。正如梁思成曾阐释过的历来国人对传统文化的态度："既安于新陈代谢之理，以自然生灭为定律；视建筑且如被服舆马，时得而更换之；未尝患原物之久暂，无使其永残破之野心。"[①] 步入现代社会，或许许多关于无锡工商的历史因未被记载，相关遗址、遗迹、遗存如今已荡然无存，但其中蕴含的精神却流传至今。它成功将诚信经营、勤劳节俭、团结协作等传统工商伦理融入现代文化脉络，潜移默化塑造出积极向上、勇于担当、开放包容的社会大众心理，激发民众创新创业热情，奋进追求卓越。亦能有效调和人际关系，增强工商业凝聚力向心力，形成众志成城、团结一致的优良风气与价值取向，成为推动无锡发展的独特文化力量。

（一）弘扬工商精神

无锡工商文化的核心价值，在于其对中国文化的深刻理解和创新性发展。近年来，无锡工商文化突破传统，在经济社会演进中孕育新价值观念。无锡工商文化与新质生产力、新型生产关系相协调，促进工商经济崛起及文化底蕴形成，有效将工商文化转化为契合当代经济社会发展需求的精神指引。

无锡工商精神具有鲜明的地域特色和时代特征，体现了无锡人民的创新、务实、协作和开放精神。其当代发展既承继传统文化精髓，又批判性扬弃改造，在吸纳近现代工业文明成果的过程中，熔铸出与传统文化迥异的新型工商文化形态。[②] 这种工商文化形态扎根无锡，深刻影响民众生活方式、价值观念、行为规范，塑造了无锡人民勤劳、创新、包容的性格特质，为无锡经济社会

---

① 梁思成：《中国建筑史》，生活·读书·新知三联书店 2011 年版，第 9 页。
② 王立人主编：《无锡市经济社会报告书》，中央文献出版社 2006 年版，第 173 页。

发展注入强劲精神动力。受该文化形态熏陶，无锡人追求物质财富时更重精神文化，这成为无锡工商业持续健康发展的关键支撑，使之在市场竞争中充满活力。无锡工商文化孕育的独特智慧，构成了无锡发展珍贵资产与潜在动力，预示文化经济新趋势，由此深刻塑造无锡的发展路径，成为推动其持续发展的关键动力。

对此，无锡多渠道加强工商精神宣传教育，利用报纸、电视、网络等媒体传播其内涵价值。《无锡日报》特别开设"企业家风采"专栏，定期报道优秀企业家事迹；无锡电视台制作多部反映企业发展的纪录片；通过出版书籍、学术论文，组织学校研讨会等，深入挖掘无锡工商文化内蕴的哲学思想、经营理念和社会影响。

在学校、企业、社区开展工商精神主题教育活动，培育人们的创新意识、务实作风、诚信观念和合作精神。无锡在中小学开展工商文化进校园活动，通过举办讲座、参观博物馆等形式，帮助学生了解无锡工商文化的历史和精神内涵；在企业开展工商精神主题培训活动，提高员工的创新能力和团队合作精神；在社区开展工商文化宣传活动，令居民了解无锡工商文化的发展历程和成就，增强自豪感和认同感。

榜样能够激励个人，凝聚群体，改善社会。无锡重视树立工商精神榜样，坚持评选表彰在创新、务实、诚信、合作等方面表现突出的优秀企业家和企业，借榜样之力激励众人弘扬工商精神，助推经济发展与社会进步。例如，评选"无锡市十大杰出企业家""无锡市优秀民营企业"等，表彰其在工商领域的突出贡献，宣传其先进事迹，激励更多企业家和企业学习，为无锡经济发展做出更大贡献。

无锡还积极开展多样化的文化活动，以文艺作品、艺术作品等弘扬工商精神，营造工商文化氛围。例如，通过举办工商文化节、企业家论坛、创业大赛等活动，为企业家搭建交流平台，展现无锡工商成就与风采。拍摄电视剧《荣归》《望族》等，展现无锡工商家族的传奇故事和奋斗精神。组织工商精神主题文艺会演，创作以无锡企业家为蓝本的歌曲、舞蹈、小品等节目，举办"无锡工商文化书画展""无锡工商文化摄影展"等文艺活动，在社区、学校、企业等地巡回演出，以生动活泼的艺术形式传播工商精神。

（二）打造文化地标

文化地标是指具有代表性和象征意义的城市建筑或景观，它们能够反映城市的文化特色和历史文化底蕴。无锡在打造文化地标方面，注重将工商文化融入其中，为文化地标注入文化传承、教育引导和社会凝聚等功能。借此展示无锡的工商文化特色和历史文化底蕴，提升无锡的城市形象和知名度。

无锡着力将传统工商业建筑改造为文化地标，精心修缮并合理利用，打造为工商文化特色街区与产业园区，重现历史风貌的同时赋予时代功能。如无锡天元麻纺厂系荣氏家族所办，对其改造秉持保留旧址风貌理念，融入现代设计元素与新型材料，如今已成多元商业街区，成为人们争相"打卡"的人文地标。南禅寺、崇安寺步行街等传统商业街区，引入无锡特色手工艺品、小吃和民俗表演等文化元素，彰显无锡工商文化和商业氛围。开源机器厂等6家单位，引入文化创意、设计、艺术等产业，改造为文化创意产业园。无锡机床厂旧址在保留原有工业建筑风格和历史记忆基础上，被打造成集商业、休闲、文化、娱乐为一体的综合性街区——西水东商业街，汇聚众多品牌商家、创意店铺和文化场所，是无锡工商文化与现代商业融合发展的代表区域。

在城市中心等重要区域，设置具有无锡工商业特色的标志性建筑和雕塑作品。如位于太湖广场中国民族工商业博物馆前的雕塑群，生动再现了荣氏兄弟等无锡企业家坚毅、果敢的神情姿态，彰显了他们艰苦创业、开拓进取的工商精神。无锡县商会旧址位于前、后太平巷和汉昌路的三角地带，外观呈现典型的民国早年建筑风格，是无锡近代民族工商业发展的重要见证。

博物馆承载城市历史文脉，是市民学习的重要场域。无锡建设了以工商业历史为主题的公园和博物馆群，如无锡工商业历史博览园内设有多个展区，详细讲述了无锡不同时期的工商业成就和发展特点，集中展示了无锡从古至今的工商业发展历程，成为游客了解无锡历史文化的重要窗口。无锡博物院作为文化地标，工商业展品十分丰富，生动展现了无锡工商业的发展历程与辉煌成就。

　　无锡作为中国近代民族工商业的发祥地，早期的民族企业以棉纺织、面粉和缫丝业为主，多沿运河布局。如今，随着工业遗产的活化利用，运河两岸经济结构发生变化。茂新面粉厂等4家单位转型为工业博物馆，开源机器厂等6家改造为文化创意产业园，还有部分转型为景点、研学基地或办公空间。例如，大运河上的茂新面粉厂重塑为中国民族工商业博物馆，永泰丝厂遗址焕新为中国丝业博物馆，以及古窑群遗址转型为无锡窑群遗址博物馆，都是无锡市打造文化地标、活化利用工商文化的重要举措。其中，中国民族工商业博物馆占地约12123万平方米，常设展厅着重展出无锡工商业文物资料，众多国内外游客参观学习，已然成为无锡展示工商文化的亮眼名片。[①]

第四节　持续推进大运河无锡段建设

　　无锡因水而兴，大运河干流穿城而过，使无锡成为商贸要地，对城市格局、经济民生影响深远。今天的无锡大运河仍是货物流通要道与文化交流桥梁，融合江南文化底蕴、工商文化繁荣与运河景致，成为无锡的重要地标。无锡聚焦大运河文旅融合、资源保护治理及综合利用展示，挖掘大运河时代价值，推动运河文化与经济社会协同发展，续写大运河与无锡共生共荣新篇章。

一、大运河文旅融合

　　早在20世纪80年代，无锡市旅游局便决定将大运河列为重点旅游开发项目。该项目开展最初受一美国旅行社经理启发，他多次往返无锡，为古运河尤其是清名桥一带风光所倾倒，流连忘返。据传闻，他对清名桥的河岸风光颇为钟情，常驻足于河边欣赏运河流水、船只与两岸风光，对乘船游览穿

---

①《无锡中国民族工商业博物馆》，引自陈建强、马旭明、任宝龙：《无锡文物考释》，古吴轩出版社2017年版，第111~113页。

城运河充满渴望，后向无锡旅游部门多次提出保护与开发清明桥的建议。此间，日本歌手尾形大作演唱歌曲《无锡旅情》与《清名桥》在日本风靡，引发日本游客来锡热潮。无锡旅游部门敏锐捕捉这一市场需求信号，经深入调研策划，率先于全国推出"古运河旅游"专项产品。

无锡市投入718万元用于大运河游览项目，涵盖游船购置与维护、码头建设、沿线景点打造、服务设施完善等方面。此后该文旅项目收益逐年稳步上升，1981年达96.6万元，1982年升至136.2万元，1983年为139.5万元，1984年达164万元，此时项目已初具品牌影响力，吸引众多外地游客。大运河游览项目社会效益同样突出。通过整治沿线环境、清理垃圾、修缮建筑、美化绿化提升了环境质量，同时加强安保、规范秩序与引导文明游览，为游客营造良好环境。不少居民认识到运河文旅对本地经济文化的重要性，主动投身旅游服务，维护环境形象，营造出全民支持旅游发展的良好氛围，推动无锡综合发展与文化传承，助力项目持续发展与城市形象提升。

无锡市旅游局开辟大运河游览项目时邀请国内外多批旅游规划、市场营销、文化研究等领域专家及有经验的客商，经实地考察沿线资源、体验产品雏形、分析市场供需后，对项目全面深入评估，以期提升项目成功概率。无锡市旅游局汇总各方建议后，即组织专业团队优化旅游路线，经反复研究论证，敲定一条较理想的游览线路。此线路全程45分钟至1小时，游客乘游船可经九座风格迥异的拱桥，是欣赏运河风光和感受历史文化底蕴的重要节点。

游览线路贯穿三个不同功能区域。首先是绿化区，绿树成荫、花草繁茂，空气清新宜人，为游客提供了亲近自然、放松身心的空间；其次是商业区，有各种特色商店、餐厅和小吃摊，游客可在此购买无锡特色纪念品，品尝当地美食，领略商业风貌与风土人情；最后是生活区，河岸民居错落，生活百态尽显，其间，花草点缀，衣物晾晒，居民闲叙，皆呈民俗风情，令旅途满溢烟火气、更具丰富内涵。

游客搭乘运河游船，可赏两岸自然人文景致。船民生活百态亦映入眼帘，生火炊煮，整理搬货，忙碌身影为运河增添独特韵致。两岸儿童嬉戏游玩，温馨画面印刻在游客心间。大运河游览项目巧妙融自然与生活于一体，赋予古老运河蓬勃活力，使游客沉醉景中，切身感受生活气息与文化芬芳。

旅游业工作人员在大运河项目运营时，积极通过多种途径收集市场对产品的意见。如在游览途中主动与游客交流，在码头和船内设置意见簿，定期发放调查表，对游客的基本信息、旅游偏好、对游览项目的满意度等方面进行详细调查，为项目改进提供依据。如在游览时间方面，就依据大量反馈意见多次调整。日本游客提出加快船速、缩短游览时间后，工作人员高度重视此意见，重新评估和优化线路，在不影响体验的前提下，调整船速与停靠点，既满足日本游客需求，又提升了整体游客的满意度。

经无锡市精心运营，大运河游览项目在日、美等主要客源国广受欢迎。无锡至苏州段游船游客量增长迅速，1983年底超1万人，加上市内及苏州—无锡—扬州段游客，总数达23000多人，被西欧和美国旅游者誉为"活的化石"和"神奇的旅游"，这充分证明了无锡运河文旅项目在国际市场的吸引力与竞争力，有力推动了无锡旅游业发展，也为后续拓展运河文旅市场、优化产品积累了经验，奠定了基础。[①]

为推动无锡段古运河资源的全方位发展，实现文化、商业、旅游与生态保护的四位一体，无锡市在大运河文旅项目初步建成的基础上，进一步构建了"江南古运河度假区"。该度假区在周密规划下，于2017年12月正式揭幕，覆盖面积达12.8平方公里。"江南古运河度假区"巧妙地环抱城区，以古运河为核心轴线，沿岸众多历史建筑与文化遗产星罗棋布，形成了一幅旅游资源丰富的历史长卷。自北向南，度假区的各个部分各具特色，散发出不同的吸引力。惠山古镇承载着厚重的历史文化底蕴，环城古运河区域展现了现代都市旅游的魅力，清名桥历史街区则成为夜间休闲娱乐的热门地点。游客可根据个人喜好，在此尽享多元化的休闲活动。度假区汇聚了沿河两岸的历史建筑群、古代遗址、名人故居等文化资产和生态绿地，涵盖了两个世界文化

---

① 冯若梅、黄文波编著：《旅游业营销》，企业管理出版社1999年版，第218~220页。

遗产区段、六个国家 AAAA 级旅游风景区、一条中国历史文化名街，以及众多国家级和地方级的文物保护单位和工业遗存。①

清名桥历史文化街区是无锡大运河文化遗产的重要组成部分，是无锡古运河的核心精华地段，被誉为"江南水弄堂，运河绝版地"。近年来，该街区紧抓大运河文化带建设机遇，开发运河"世遗价值"，活化历史遗存，将名人故居、商业街区、文创园区等节点"串珠成链"，精心组织"今夜梁宵"夜经济生活节系列活动，塑造运河品牌，促进文商体旅深度融合，借运河资源导入新业态打造产业集群，向文化旅游休闲度假区发展，复兴运河盛景。2024 年 8 月，无锡清名桥历史文化街区保护提升项目获国家发改委 1 亿元投资补助，是近年无锡市社会领域申获的单笔最大中央预算内投资。街区充分利用资金开展运河景观、文旅夜间视觉、建筑翻新、桥梁修复及文化景观节点等项目，重点活化老建筑，延续运河历史文脉。

为吸引外国游客，推广运河文化，无锡积极举办大运河文旅海外推广活动。2024 年 4 月，无锡在清名桥举办运河推广季，主题为"走读千年运河　探寻文明印记"，以"运河之颜""运河之韵""运河之盛"三个篇章展现无锡运河城市文化的多元化和丰富性，"活化"人文遗迹，串联旅游景区、名人故居、商业街区、文创园区等运河场景。业内人士赞扬运河推广季活动是推介无锡运河文化旅游资源、讲好中国故事、促进国际合作交流与文明互鉴的重要举措："运河是具有国际性的符号。在国际交流中，许多沿岸城市通过运河彰显城市的个性和魅力，更容易实现文化输出。"

二、大运河资源保护与治理

作为京杭大运河重要段落的一部分，无锡大运河起于洛社西栅浜口，讫于新安月城河口，全长 42.28 公里，河口宽度介于 60 至 140 米之间，河床高

① 无锡市档案史志馆：《无锡年鉴 2023》，方志出版社 2023 年版，第 361~362 页。

程大约为 –3.0 米，承担着泄洪、排涝、航运及景观等多项职能。在城市转型升级中，无锡积极实施运河资源保护治理工作，涵盖生态、文化、景观等方面：生态上治污增绿，构建生态廊道；文化上挖掘修缮，传承弘扬文化；景观上规划设计，打造滨水景观，提升城市品质，助力转型升级。

鉴于古运河保护和经济发展间的矛盾，1958 年，国务院核准无锡大运河改道方案，规划路线为：1958 年，京杭大运河无锡市区段确定改道方案，始于双河尖，经吴桥、黄埠转折，绕过锡山、穿越梁溪河，抵达下甸桥。经多年建设，至 1979 年该段运河修成四级航道，初步具备通航能力，并于 1983 年 12 月正式通航，开始服务于区域交通运输与经济交流。1990 年，无锡大运河"四改三"工程启动，经拓宽河道、加深河床及加固河岸等举措，可通 500 吨级船队，货运能力显著提升。至 2005 年，年货物通过量已达 1.5 亿吨，有力支撑无锡及周边经济发展。

改道带来了诸多便利与效益，穿城而过的老运河可充分发挥历史文化宣传、城市形象塑造、市民生活品质提升等多方面价值。至 21 世纪初，无锡全面启动整修工程，主要包括修岸、补绿、添景、布道等关键方面。例如，修岸采用先进技术与稳固材料，有效防止坍塌，确保河道安全；河岸两侧栽种适宜花草树木，提升绿化面积，美化环境，发挥保持水土、净化空气等生态效益；河道沿线合理布局具有无锡特色文化内涵的景观小品、雕塑、亭台楼阁，增添运河景观层次，强化观赏性与文化底蕴；沿河岸修筑市民步行与休闲通道，方便市民赏景，拓展户外休闲健身空间。如此，老运河成功转型为景观河道，成为市民锻炼赏景之处，提升城市宜居魅力。

1995 年，江苏省人民政府鉴于大运河沿线的吴桥、黄埠至清名桥段历史文化底蕴深厚、风貌独特，将其划定为省级历史文化保护区，制定法规措施，加强对区域内历史建筑、文化遗迹和传统风貌的保护管理，传承延续其历史文化价值，留存珍贵历史文化财富。2012 年 11 月，无锡市规划部门发布三年城市建设规划，确定"一城一岛一带"重点方向，"一带"即古运河风光带。拟对大运河进行综合开发整治，将沿线建成集文化、旅游、生态等多功能于一体的城市名片，提升其文化品位与形象，推动其可持续发展，为市民打造优质生活休闲空间，带动产业发展，激发城市经济新活力。

2014年对京杭大运河具有里程碑意义。国务院基于大运河历史、文化、艺术、科学等多方面的重要价值，将其列为国家重点文物保护单位，助力申遗，使大运河保护工作上升到新高度。同年6月22日，中国大运河部分河段与节点入选世界遗产名录，无锡市的1处2个节点位列其中。这不仅是无锡市的骄傲，更是对无锡市长期以来在运河保护和文化传承方面工作的肯定，将进一步促进无锡挖掘和弘扬运河文化，提升城市的国际知名度和影响力。[①]

在运河文化遗产保护上，大运河（无锡段）世界文化遗产监测中心已竣工，鸿山国家考古遗址公园与阖闾城遗址公园建设稳步推进。鸿山三期建设方案已定，正在修订总体规划；阖闾城遗址公园积极申报国家第四批考古遗址公园资格。吴家浜遗址考古持续进行，已完成57个勘查项目，覆盖面积约596万平方米，挖掘面积达11100平方米，出土文物1086件。在"百宅百院"活化利用方面，首批45个项目已启动，并通过短视频平台推广了"东林书院焕新记"等案例。

在创新构建数字化运河资产保护技术体系上，无锡也取得了突出成效，通过搭建古运河"泛资产管理平台"，精准把控古运河片区"保护、传承、利用"工作。平台功能实用且全面，既满足不动产管理基础业务需求，又推动古运河集团资产业务迈向精细化。如"动态资产台账"像"资产雷达"，实时监测资产配置与使用，为资源调配提供依据；"资产使用状态看板"似"资产管家"，监控资产状况，助力提升利用率；"报修预警"如"费用卫士"，避免不必要的维修支出。经营性资产借此实现线上管理，资产管理人员处理房产信息与合同的效率大幅提高，从线下3个工作日缩至10分钟，工作效率显著提升。平台预警系统效果突出，租金催收率提升5%，闲置资产占比降低10%，增强资产运营效益。该平台提高资产周转率与使用效率，保障资

---

① 朱喜、胡云海：《河湖污染与蓝藻爆发治理技术》，黄河水利出版社2021年版，第110页。

产保值增值，助力企业效益最大化，对规范优化运河周边资产管理意义重大。

在大运河水质保护治理方面，大运河与梁溪河的"两河"综合整治与提升工程也得到了无锡市委、市政府的高度重视，六大示范段的开发建设已于近年启动。沿京杭大运河建设的南尖运河文化公园与运河艺术公园。"三水汇"科技生态公园等"新运河十二景"也逐步成型，展示全新运河景观。在市民眼中，无锡运河沿线最大变化是"亲水"，变封闭为人们易于亲近水域的空间。梁溪河与京杭大运河岸线已全面实现骑行道、跑步道、漫步道"三道"贯通，成为滨河"城市客厅"。"亲水"的本质是"亲民"，让运河更好地服务百姓生活。如今，沿运河随处可见座椅、灯具、直饮水设施等城市家具，满足市民"坐下来""动起来"的需求。截至 2024 年底，南尖公园先导段、经开区段及江南运河文化公园首开区、"三水汇"科技生态公园已基本完工，准备开馆。其中，南尖运河文化公园更是未开先"火"，虽然还未正式开放，已有不少市民前来打卡、游玩、露营，场景火爆。[①]从运河公园到运河艺术公园，公共空间的全面焕新更加凸显了运河风貌。

无锡市政府为进一步提高运河水质保护要求，于 2024 年 7 月出台《无锡市"无废运河"建设工作实施方案（2024-2025 年）》，全面启动"无废运河"建设，目标是到 2025 年实现江南运河无锡段水质优Ⅲ比例 100%，船舶水污染物转运处置率不低于 98%。原油、成品油装船码头油气回收设施，工业固废安全处置设施，生活垃圾分类设施等覆盖率达 100%，并建成绿色低碳的生态环境基础设施体系。推进运河沿线港口码头及水上服务区的岸电设施建设，探索"光伏＋储能""风电＋储能"等清洁能源供给模式，推动节能减排。同时，强化"船港城"一体化治理，确保船舶水污染物"应收尽收、应转尽转、应处尽处"。开展控源截污、河道清淤，整治入河支浜和雨污排口，建设生态安全缓冲区，并推动污水处理厂尾水接入自然湿地或人工湿地。打造"无废运河"，严格实施垃圾分类制度，严控塑料垃圾入河，

---

① 《南尖运河文化公园未开先"火"》，无锡市人民政府网站，2024 年 12 月 15 日，https://www.wuxi.gov.cn/doc/2024/12/15/4456309.shtml。

提高污水处理能力，夯实水环境保护基础，最终实现运河"水畅、河清、岸洁、景美"。

三、大运河资源综合利用与展示

无锡视运河文化为城市文化的灵魂和血脉，沿岸历史街区、桥梁、码头等遗迹有丰富历史信息与文化内涵。挖掘运河古道文化价值，对传承无锡古城历史精神、展示中国大运河辉煌历史意义深远，必将助力无锡运河文化的传承与城市发展。

整体性修复运河文化遗存是近来大运河资源综合利用与展示的前提，在修复过程中保留了水乡的独特风貌，使运河文化在当代焕发新生，成为连接过去与未来的文化纽带。2022 年，无锡率先在省内举办了纪念习近平总书记视察江苏大运河长江文化保护传承工作两周年的宣传庆典。在《中国大运河生活图鉴》中，无锡的 7 项建设成就位居全省首位。市内推出"江南水弄堂·运河绝版地"等品牌活动，其中"今夜'梁'宵"荣获 2022 年江苏大运河文化带和国家文化公园创新案例称号。

在运河资源配置与规划层面，无锡市在省内率先构建了大运河文化带与长江国家文化公园建设项目库，涵盖文化遗产保全、古镇复原、文化旅游一体化等 7 大领域，共计收录 86 个项目，总投资额逾 928 亿元人民币。近年来，无锡市还成立了大运河文化带及长江国家文化公园建设领导小组，颁布《全市大运河文化带和国家文化公园建设年度工作要点》等重要文件，启动《长江国家文化公园无锡段建设保护规划》制定，推动"一江一河"融合发展，为运河资源总体性保护利用提供专业指引。其间，无锡大运河文化带建设研究院发挥专业优势，启动《无锡运河丛书》编纂工作，完成丛书架构论证，构建了大运河文化理论体系。

在大运河利用展示的政策支持上，无锡市相继发布了《无锡市大运河文化保护和传承规划》《世界级运河文化遗产（无锡段）旅游廊道建设实施方案》等重要文件，旨在对大运河资源的综合利用提供制度保障和操作指导。例如，《世界级运河文化遗产（无锡段）旅游廊道建设实施方案》通过系统推进5类举措和14项重点任务，旨在深度挖掘、阐释和弘扬运河文化价值，丰富运河特色文化旅游产品。计划建设一条集黄金水道、生活展示带、城市绿带、人文纽带和产业示范带为一体的综合廊道。至2025年，以构建全市大运河文化带和国家级文化公园为核心，推动世界级运河文化遗产（无锡段）旅游廊道建设。①

无锡市政府还为大运河利用展示提供专项资金，如无锡大运河文化旅游发展基金是为推动大运河文化旅游发展设立的专项基金，旨在通过资金支持和投资引导，促进无锡大运河沿线地区的文化遗产保护、旅游资源开发、历史文化街区建设及相关文化产业振兴。无锡市充分发挥无锡大运河文化旅游发展基金（"无锡基金"）作用，成功推荐无锡荣巷历史文化街区和图书《北上》入选2022年度大运河母子基金推荐项目，入选数量在全省居首。无锡基金跻身2022年度大运河基金投融资十佳榜单，并获"产融协同"奖。同时，市政府加大对运河长江沿线产业项目的政策扶持，全年支持147个文化产业项目，资金兑付超过3000万元。江南运河文化公园被列为省级历史文化保护传承项目，获补助基金850万元。还有大运河文化带建设资金、文化遗产保护与修复资金、各类社会团体捐赠基金的支持。

在运河资源的理论交流方面，无锡积极举办运河文化研讨活动，包括"江南文脉"论坛、长三角运河文化论坛、2024年大运河文化带专题研讨会和江南史学前沿论坛等，推动长江文化与江南文脉的传承、演变和创新转化。如2024年大运河文化带建设专题研讨会围绕大运河文化遗产保护、城市高质量发展等议题，探讨大运河文化带建设的经验与路径，推动运河文化与沿线城市的可持续发展。江南大学历史研究院、无锡大运河文化带建设研究院举办的"江南运河与文化"专题论坛，吸引全国众多学者参会，

---

① 徐宁：《无锡，奏响新时代江河"共鸣曲"》，《文化产业周刊》2022年第30期。

深入探讨不同历史时期江南运河的政治、经济、社会及文化面貌。无锡市政府还举办大运河戏剧创客设计大赛、《保护传承利用中国大运河》读书会、第17届"中国徐霞客国际旅游节"等系列活动，进一步强化运河长江品牌的文化内涵与特色。

在运河文化遗产利用展示方面，对于茂新面粉厂等运河沿岸的工业旧址，无锡深入挖掘其与运河航运、贸易往来的紧密联系。从原料运输依靠运河水运的便利，到产品经运河销往各地的贸易路径，全方位梳理其在运河经济带上的角色与作用。由此深化对无锡运河在工商业发展中关键作用的认知，传承保护运河经济文化价值，防止因城市变迁切断运河与沿岸产业的历史联系，延续其经济贡献。

中国丝业博物馆以永泰丝厂遗址为核心，详细展示了丝厂生产对运河水资源的利用方式。如缫丝工艺环节对水质、水量的要求以及运河如何满足这些需求，丝绸成品经运河外销的路线等。还通过该平台展现丝业繁荣时运河两岸独特的生活生产场景，如丝工居住与运河的依存、丝业带动的码头繁荣，重现运河与丝业文化交融的历史画卷。以此明确无锡运河于丝业发展的关键支撑作用，捍卫运河在传统产业进程中的核心地位，维系运河文化与传统产业文化的共生关联，避免因产业更迭而忽略运河基础作用，保障运河文化于传统产业传承中的延续性与完整性。

古窑群遗址化身无锡窑群遗址博物馆，深入揭示了古窑烧制与运河的紧密依存关系。运河同样为古窑燃料、陶土资源、产品运输提供便利。博物馆重现了窑工依运河而居、靠运河生活与劳作的场景，如窑址周边临河的生活设施布局以及窑工利用运河采购生活物资的细节等，凸显运河对古窑群发展的关键作用。彰显古窑群文化与运河文化之密切关系，保障运河文化在古窑群传承中的价值留存，丰富无锡运河文化的内涵和作用，进而推动运河资源保护发展，使其成为文化传承典范。

"惠山走廊"是无锡大运河文化带建设的重要组成部分。惠山区积极推进大运河文化建设，编制《惠山区"十四五"期间名人故居（文保单位）修缮保护和发展利用行动计划》。江南运河文化公园稳步推进，惠山"运河八景"（以王羲之洗砚池和运河御码头为重点）及村前村、玉祁礼社古村的保护修复工作完成，洛社秦巷当铺修缮完毕。大运河绿化段低效用地腾退、六龙段码头整治等重点项目已完成，青龙山、阳山、西高山的"显山透绿"工程加速推进，提升滨水岸线景观，拓展绿地空间，优化生态环境。通过洛社敦亲睦邻节、玉祁凤阜民俗节、钱桥舜文化节等民俗文化平台，传承展示凤羽龙、玉祁龙舞、双套酿酒技艺等非遗项目。区内建设李金镛故居、孙冶方纪念馆、薛暮桥故居等名人博物馆，收藏"引水通淤碑""修筑堤岸碑"等历史碑刻，展现"惠山文化"中的工商业基因，彰显惠山人敢为人先、实干苦干的"四千四万"精神，丰富了大运河文化的内涵与当代价值。

无锡积极通过传媒推广运河文化，如2022年9月举办了融媒体直播节目《江山多娇——探访国家文化公园·大运河篇走进无锡》，围绕"一条运河，半部无锡史"与"筑城凿河的吴文化基因"两大主题展开，深度报道了黄埠墩、阖闾城遗址、清名桥等标志性建筑。节目通过上海"看看新闻"和无锡广电"慧直播"平台播出，点击量突破300万次，取得了显著传播效果。2024年11月，江南大学商学院联合无锡城投和无锡广电融媒体中心发布"运河文化·青年说"项目。该项目计划发布10期视频，聚焦大运河沿线无锡的工商业发展历程，全面展示无锡大运河文化带的城市公园建设与城市更新成果。项目将通过线上宣讲和线下研学相结合的方式，挖掘长江、大运河文化中的精神内涵与时代价值，发挥青年力量服务新时代文明实践，助力现代化人文宜居城市建设。

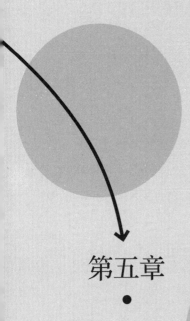

第五章

无锡优化文化建设的
主体场域

文化建设事业的持续发展，与主体场域的优化密切相关，主体场域是文化建设的核心，主体场域彰显文化建设的精神实质。主体场域的优化必须通过人才来实现。为加强文化建设，提升城市品位，丰富市民社会生活，无锡市加强文化专业人才培育与引进，形成文化人才的高地。高度重视多功能文化主体场域建设，引入社会各方力量，完善场馆建设，健全体制机制。

第一节　加强文化人才队伍建设

文化人才建设是文化建设的重中之重，它发挥着重要的主体功能；文化人才是执行与落实公共文化服务体制的载体，只有在做好加强人才队伍建设的前提之下，才能推动相关体制、机制更好落实。因此，无锡市政府积极响应上级号召，全面推进文化人才工作的高质量发展，加速构建高水平人才聚集高地，优化人才发展环境，注重培养本土人才，吸引和留住各类高层次文化人才，为文化事业的持续发展提供强大的智慧源泉。

一、全力推进教育平台建设

教育是人才队伍建设的基础，无锡深知人才对城市发展的重要性，全面优化育人平台，大力发展教育。推进教育平台的建设关键又在于教师队伍的建设。在党的二十届三中全会上，通过了《中共中央关于进一步全面深化改革、推进中国式现代化的决定》，进一步对全面深化教育改革进行了全面而系统的规划与安排。2024 年 9 月 9 日至 10 日，全国教育大会在北京隆重召开，习近平总书记发表了重要讲话，重申了向建设教育强国目标稳步前进的决心。习近平总书记强调，要实施教育家精神铸魂强师行动，加强师德师风建设，提高教师培养培训质量，培养造就新时代高水平教师队伍。

2023 年，无锡就有对教师队伍建设的积极布局，发布了《教育数字化三年行动计划（2023—2025 年）》，聚焦于五大核心领域，除教师队伍建设外，还包括全面育人、资源供给、品质办学、党建引领等四个方面，助力建设现代化的教育强市。为了推动此项计划更好地落地，无锡市教育局率先做出响应，多次对外引入优秀青年人才。仅以 2024 年为例，无锡市教育局发布《2025 年无锡市教育局直属学校引进优秀青年人才公告》，在南京、武汉、长春等三地设置考场，计划从不同地区引进大约 200 位优秀青年，大力提高教育人才队伍的素质，为本地人才培养奠定坚实的基础。

在引进人才的基础上，无锡市教育系统继续对师资队伍进行进一步优化与提升。其中具体路径多种多样，但是极为有特色的方式之一即为"三堂"教育，简而言之：无锡市紧抓"我为良师"教师队伍品牌建设，以"我为良师"大讲堂、大课堂、大学堂为载体，通过"一体三翼"模式协同推进"我为良师"全员行动，深化并落实各项措施。具体如下。

第一，大讲堂是涵养师德、筑牢思想的根基。通过邀请知名学者和专家，传播教育思想，探讨教育前沿领域，激发教师新思维；同时亦注重青年学者的经验分享，尤为鼓励优秀青年教师分享成长经验。大讲堂旨在提升教师的师德涵养，确定了 10 个师德涵养教育基地，以基地为依托，鼓励各校开展师德建设活动，加强文化熏陶，提升教师思想政治意识。因而近来无锡市在师德建设方面取得的成就捷报频传，获得多项全国和省级荣誉。

第二，大课堂锻造师能，精准聚力提升教学与科研能力。市级教育部门组织特级教师与一线教师共同授课，交流经验；区级则多通过网络直播分享教学改进成果；具体到学校，许多学校则基于特色开展校本研修。三级平台促进本地教师互学互鉴，提升教学水平。当然，除了初级教育内部的交流外，大课堂还与多所高校合作，进行教师培养，让教师利用节假日进入高校进行进一步进修与提升，积极吸纳高校教学理论。由之无锡教育成果显著，获多项国家级教学成果奖，新增多位省教学名师和正高级教师。

第三，大学堂强调增强学能，搭建多元平台。例如，无锡市教育局近来与新华书店合作，通过"我为良师"大学堂开展的契机，提供学习资源和专业发展平台，鼓励教师终身学习，充分利用新华书店所掌握的电子教育与线下资源的优势，将社会资源积极转换为学校的教育资源。与此同时，建立了81所市级教师发展示范基地校，促进教育均衡发展。教育局强调，未来将进一步通过此种做法与更多的企业或者社会团体合作，以期加强教师队伍建设，为全国教师高质量发展贡献力量。①

在致力于基础教育的同时，无锡亦特别注重高等教育的发展，尤其是对教育平台的进一步构建与优化，以此促进人才培养平台的提升。长期以来，尽管无锡位于江南文化的中心地带，拥有深厚的人文底蕴和丰富的文化资源，但这些资源在以前并未得到高校的充分研究和有效利用。近年来，无锡的众多高校开始意识到这一点，并开始优化学科规划，寻求平衡发展，推动文史哲等学科的进步，逐步深入挖掘和利用本地的文化资源。以江南大学为例，在2018年之前，江南大学的人文社科建设相对薄弱，优质的文化资源并未得到充分利用，并没有有效地转化为学术资源与公共文化资源，但这一挑战很快被克服。得益于无锡市委、市政府的有力支持，江南大学成立了一系列人文社科研究机构。2019年，大运河文化带建设研究院无锡分院，即无锡大运河文化带建设研究院，在江南大学隆重揭牌；2022年11月3日，江南大学历史研究院正式成立。随着研究平台的进一步升级，一批人文社科领域的专家被吸引加入，为研究平台带来了新的生机。随后，无锡史的编纂工作顺利展开，依托这一项目的推进，江南大学聚集了一批卓越的人文社科核心教师，同时显著促进了学校相关领域人才的培养。

除大力支持本土高校江南大学办学外，无锡市政府与东南大学续签了合作协议，共同致力于加速打造一个特色鲜明、具有世界一流的大学校区。加大力度发展无锡学院，支持无锡太湖学院的发展，打造高水平的应用型大学。南京理工大学江阴校区的注册学生人数已经超过了5000名。为全面提升人

①《无锡：以"三堂"为抓手 构建教师队伍建设新格局》，《新华日报》2024年10月21日。

才培养水平，无锡市还实施系列大学增设计划，旨在促进高等教育的高质量发展。重点建设项目包括着力构建两所高水平研究型大学（含校区）、培育两所江苏省一流应用型本科高校、建设五所江苏省高水平高职学校、新增两所以上职业技术大学、新建一所师范院校和两所高职学校、推进一所高品质中外合作大学的建设。预计至 2025 年，无锡在锡高校数量将增至约 20 所。其具体实施办法主要包括：提升江南大学的建设水平，包括江南大学宜兴校区和江阴校区的建成并投入使用；启动南京邮电大学无锡校区建设工作；规划并建设无锡太湖大学；支持无锡职业技术学院向无锡职业技术大学的转型；推动无锡商业职业技术学院、江苏信息职业技术学院创建或合作创建职业技术大学；鼓励江南影视艺术职业学院、无锡工艺职业技术学院、无锡科技职业学院等高校开展本科层次的职业教育。整合资源，新筹建无锡师范高等专科学校、无锡机电职业技术学院、无锡交通职业技术学院等。

总体而言，无锡在国家教育系统与体制机制已打造得相当完备，社会教育领域所做工作也是有的放矢，采取了多种措施，从多个层面积极促进社会教育的进步。从战略部署层面来讲，无锡市政府对建设全民终身学习体系尤为重视，具体路径如下。

一是创新终身教育发展机制。无锡市正致力于构建一个政府引领、部门协同、全民参与、城乡一体化的终身教育体系，未来五年，政府将优化以开放大学为核心的社区教育网络，激发社会参与，推动学校向社区开放，构建多元主体参与的教育生态系统。市政府将加快培育具有地方特色的社区教育品牌，增强全民终身学习活动周的影响力，深化国家级社区教育示范区和实验区建设，创建示范性居民学校，打造 18 个省级以上特色品牌。完善终身教育学分银行和个人学习账户制度，实现学分互认，探索教育机构间学习成果互认机制。无锡市"十四五"教育事业发展规划指出，将利用在线教育优势，推进数字化平台建设，打造"无锡学习在线"，培育数字化学习型社区，加速形成适应人工智能时代的终身学习新模式。

二是健全终身教育服务体系。为实现这一目标，必须采取切实可行的措施。目前，无锡市正计划通过四个主要途径来达成这一愿景。其一，在"十四五"规划期间，无锡市政府提出加强资源整合，打造至少10个供市民终身学习的体验基地。其二，大力倡导终身职业技能培训，建立一个由教育、培训机构和行业企业共同参与的终身职业技能培训体系。其三，推进农村劳动力转移培训、农业实用技术培训以及农民创业培训，充分利用教育服务在"三农"高水平示范基地中的作用，积极培养新型职业农民。其四，完善老年教育学习网络，拓展老年教育资源，丰富老年教育内容和形式，建设一批具有显著示范作用的老年大学和老年人学习场所，开发满足多样化需求的老年教育课程体系。规划到2025年，市级至少建成3所老年大学，各市（县）、区至少建成1所老年大学，90%以上的乡镇（街道）建立老年大学分校（老年学校），70%以上的村（社区）建立老年大学（老年学校）学习点，确保全市老年人社区教育活动年参与率达到30%。

社会教育弘扬与推动了无锡地区文化。第一，极为重视消减城乡教育资源差异所导致的文化水平差距。文化的传播与接受载体皆为人，然而在过去，受限于中国教育水平总体滞后，城乡教育水平差异显著。尽管无锡位于教育较为发达的地区，总体上也难以避免这种差异。但另一方面，过去农村属于乡土社会，乡土"熟人社会"以"无文字"交往方式为多。乡土社会很长时间是在只有语言、没有文字的"熟人社会"里。"熟人社会"，办事"打个招呼就是了"。[①]换言之，在传统农村社会中，众多老年群体尽管不具备阅读能力，但这并不意味着他们缺乏文化素养。在以前的乡土社会中，很多人特有的生活方式所积累的传统经验本来就是一种知识，进一步讲，许多人所掌握的农业、农村生活技能，是民俗知识、非物质文化遗产知识的来源，这些知识在当下被现代教育奉为圭臬。然而，过去乡村中传统知识掌握者和现代知识传播体系中存在一套话语壁垒，因之，无锡提出开展终身社会教育体系，这是极为有利于弥合二者间的鸿沟的。可以使

---

① 费孝通：《乡土中国·生育制度·乡土重建》，商务印书馆2011年版，第10页。

得城乡文化得以和谐对话，也使得乡村文化能够更好地对外输出，反哺城市文化，此举是加强文化主体培养的重要举措。

第二，终身社会教育不仅针对那些受基础教育或高等教育影响较小的群体，它同样适用于高层次人才。即便是受过高等教育的专业人士，也应继续面向社会和地方进行学习。学校教育并非万能，它提供的知识有时需要与社会实际经验相结合。因此，加强高层次人才的社会再教育显得尤为重要，这有助于打破基础理论与实际应用之间的隔阂。

通常情况下，社会教育更倾向于实践应用，因此国内众多地区在推动社会教育方面主要集中在实践平台的建设。然而，无锡在这方面展现出了不同的侧重点，特别注重社会教育的理论构建。以 2024 年为例，无锡市社会科学界联合会发布了专门针对社会教育的社科研究招标课题，共批准了 66 个项目。这些项目大多从学术理论的角度出发，探讨如何将中华优秀传统文化和高校教育资源有效地融入社区生活。此种做法一方面使学术资源转化成为社会资源，另一方面也极大地推动了无锡社会教育的理论探索。

无锡还大力实施国家级示范区建设。2020 年 7 月，无锡市获批成为普通高中新课程新教材实施国家级示范区。此举旨在深化普通高中的教育改革，探索与区域特色相契合的教育模式。无锡市加强了组织领导、教师培训、教研指导和条件保障，有效促进了新课程新教材的实施。

二、着力强化人才聚集与效能发挥

人才在文化建设的核心领域扮演着至关重要的角色。近年来，无锡市一直在深入贯彻"文化为魂、企业为基、产业为柱、环境为梁"的发展理念，将文化人才队伍建设作为提升城市文化品质的核心。无锡市委通过深化体制改革，精准实施人才政策，加强对科技人才的支持，注重文化核心领域的建设，致力打造一个既能吸引人才又能激发文化创造力的生态系统。

首先，无锡市在引才与聚才方面展现了前瞻性的战略布局和系统性的政策设计，有效推动了人才与城市发展的深度融合。如《"太湖人才计划"人才分类认定实施办法》《"太湖人才计划"高层次人才服务保障实施办法》《无锡市"城市伯乐计划"实施办法》《"太湖人才计划"重点产业紧缺人才引育实施办法》，采用积分制认定紧缺人才，确保了人才引进与产业需求的精准对接。这种以产业为导向的人才引育模式，有效缓解了重点产业的人才瓶颈，促进了产业链、创新链与人才链的有机融合，构建了全方位的人才服务保障体系。这些计划不仅注重提升人才工作者队伍水平，还通过授予"城市伯乐"称号和提供相应服务保障，激励更多人投身人才挖掘工作，并着力提升人才选、育、留、用的整体水平。

除了制定政策办法外，无锡还通过举办人才恳谈会、推介会等形式将以上各种文件实施落地，如无锡各部门多次赴英国、美国、以色列等国家推介"太湖人才计划"，招才引智。举办高层人才交流会、太湖人才峰会、科技合作洽谈会等活动，并参与深圳国交会、广州海交会、中英高层次人才交流会等国际科技人才交流活动，面向全球招才引智。这些举措成功吸引了众多杰出人才，不单单涵盖高端装备、软件、生物医药、人工智能等关键行业，在文化领域也吸引了大量人才，此举又进一步巩固无锡科技、经济、文化等多方面共同繁荣之局面。在不断颁布各项文件的同时，无锡还注重深化科技、经济、文化体制机制改革，探索实施"揭榜挂帅""以赛代评"等新型组织方式，修订科技计划项目跟踪管理办理和信用管理办法，制定出台江苏省首部设区市科技创新立法《无锡市科技创新促进条例》，营造"鼓励创新、宽容失败"的创新创业发展环境，激发科技与文化人才的活力。

其次，为了吸引更多人才汇聚无锡，无锡市不断改善城市建设水平。在城市建设方面，无锡大力推进城市现代化建设，优化城市布局，提升城市功能。地铁、公交等公共交通系统的完善使得市民出行更加便捷。同时，无锡注重高品质住区建设，出台了"高品质住区2.0版"，从总高、层高、绿化、运维、配套等各方面制定了"无锡标准"，力求让未来的城市居住环境实现住有优居。①当前，尽管众多一线及新兴一线城市交通网络已实现高度互联互通，但人口密度极高导致交通资源相对紧缺的现象。无锡则是防患于未然，将城市轨道交通建设作为重要抓手，通过构建便捷高效的交通网络，为人才提供良好的通勤和生活条件，有效提升城市对人才的吸引力。

一是无锡市积极推进地铁线网的建设和加密，形成了"五线共建""五线运营"的局面，并实现了"四线共建"的盛况。在建线路总里程超过150公里，未来线网规模将达到265公里，这将极大地提升城市的交通可达性和便捷性，为人才提供更加方便快捷的出行方式。二是无锡市注重市域线的建设和一体化发展，例如S1线和S2线等市域线项目的建设，将无锡与周边城市连接起来，形成"轨道上的长三角"，为人才提供更广阔的就业和生活选择，促进人才的流动和交流。三是无锡还积极探索城市轨道交通的多元融合发展模式，通过"区域、四网、多交、线路、站城、系统、绿智、文旅、业务"九元融合的研究与实践，提升地铁的经济效益和社会效益，为人才提供更加舒适便捷的出行体验，并促进城市功能的完善和提升。

再次，在人才引进的类型上，无锡一直着力引进高素质的创新型复合型人才，推动形成多层次的宣传文化人才梯队。包括近年来柔性引进40余名国内著名演奏家、指挥家等，也包括社科理论、文化艺术、文化产业等领域的诸多高层次人才，还包括招引百度智能云、阿里云等数字企业的落地。上述这些措施，有效地促进了人才的集聚，为无锡引才奠定根基。2023年以来，无锡市的人才库已扩充至逾183万专业人士，其中研发（R&D）人员超过16万，占全省R&D人才的17%。在顶尖科学家和高端人才领域，成功吸引了17名诺贝尔奖获得者和50余位国内外院士前来合作，推动创新与创业。通过"文化锡军""太湖人才计划"的相关标准，采取"强智聚才"工程等系列措施，对人才分类认定标准进行了精细化调整，提供包括住房保障、出入境便利、交通及文化旅游等综合服务。支持青年人才落户无锡，支持领军人才与团队

---

① 《执笔青绿"环境美"，生态宜居"织锦绣"》，《无锡日报》2024年12月21日。

开展创新创业。同时把握海外人才归国潮机遇,采纳积极、开放、高效的人才引进策略,针对顶尖人才团队实施"专项审议、个性化策略",积极吸纳海内外科技创新人才团队。为彰显无锡的历史文化底蕴,无锡启动高层次考古和古建人才引进工作,文化强市人才支撑更加坚实。

三、努力营造人才发展环境

在加大人才引进力度的同时,更重要的是营造良好的文化人才发展环境,以厚植人才成长沃土,努力形成规模宏大的优秀文化人才队伍。对此,无锡在完善人才管理体系和运行机制方面取得了显著成效,从多维度构建起一个"科学规范、开放包容、高效运转"的人才管理体系及其运行机制,为人才发展营造了优质环境。

第一,党管人才机制不断强化。通过发挥市委人才工作领导小组"指挥部"作用以及实施"书记项目",健全市委科技创新委教育、人才、科技、产业、基金 "五位一体"协同机制,强化"统"的工作格局。创新实施"书记项目",推进"党建+高质量"双考核、"书记+部长"双述职,推动人才工作从"条块化"迈向"体系化",形成"一把手"抓"第一资源",聚焦集成电路、生物医药等重点产业,以专班形式精准发力。逐步健全党委统一领导、组织部门牵头抓总、职能部门各司其职、社会力量广泛参与的人才工作格局。2024 年,无锡人才工作领导小组会议召开,强调要更深层次推进体制机制改革,不断优化人才发展生态。通盘考虑,一体推进教育、科技、人才体制改革,创新人才评价激励机制,优化职称评审方式,畅通人才成长渠道,特别是要围绕青年科技人才所需所想,从多个维度创造性出台政策、抓好落实,鼓励他们潜心研究、长期积累,支持他们挑大梁、当主角,为战略人才梯队"蓄好水""育好苗"。

第二,人才供给机制日益多元。在国内重点区域布局建设创新合作中心,并借助"太湖杯"大赛等品牌赛会平台,扩大引才范围与影响力。同时,资源配置机制更加协同，激发院所经济活力，打造以才引才模式，促进大院大所、科创企业的协同发展及院士经济、校友经济的成长。不断盘活人才存量，加大力度做大增量。精细化实施"太湖人才"计划。通过强调顶尖人才的引领作用，彰显高级人才在技术突破和创新创造领域的重要性，整合高层次人才政策支持体系，建立一套涵盖"人才引进、配置、培育、创新、保障"的综合效能评价体系，扩展人才引进途径，充分发挥团队引才策略，有效运用人才共享平台机制。通过实施太湖人才评选工程，无锡涌现出一批太湖文化名家、文化英才、文化优青。高能级打造人才平台载体，全面激发创新创业活力。充分学习借鉴先进地区人才高地、吸引和集聚人才平台建设经验，积极争取大科学装置、公共实验平台等在无锡落地，集中优势资源推进战略性新兴产业、"5+X"未来产业发展，布局建设特色产业人才集聚区，注重发挥国有企业在科技创新、集才聚智方面的示范作用，充分依托大院大所的功能和优势，加快山水东路科创谷建设，着力提升本地报纸刊物水平，打造有含金量、有影响力的学术平台，不断提高人才资源集聚度。

第三，服务保障机制愈发暖心。优化人才乐居保障，推行太湖人才卡、码，联合银行提供全链服务。无锡为了留住人才队伍，切实为他们及时解决"后顾之忧"，包括无锡经开区的人才公寓，落实住房补贴、子女就学、医疗保障、优惠租房，等等。甚至还有免费游园、优惠出行、机场贵宾服务、青年人才驿站等，从而使文化人才能感受到无锡的温暖与温度，此类留住人才的手段不胜枚举。分层分类为人才精准提供创业支持、子女教育、出入境、交通出行、园林旅游、住房安居、休闲娱乐等全链服务。丰富人才服务内涵，探索打造人才研修院。结合地区实际，完善政策体系，加大宣传力度，高标准落实"飞凤人才计划"政策各项举措，充分发挥政策效应，大力营造鼓励创新、宽容失败的社会环境，全面激发人才创新创造活力。无锡积极改善提升城市环境。这里自然环境得天独厚，太湖和长江为城市提供了丰富的水资源和美丽的景观，红嘴鸥等珍稀鸟类的栖息更是体现了生态环境的改善。无锡也在生态保护方面做出了显著努力。例如，太湖的生态清淤工程和治太资金的投入，确保了太湖水质的持续改善。长江大保护战略的实施，则让江阴主城区的生产岸线变为生态岸线，进一步提升了城市的宜居度。通过自然环境的保护和城市建设的提升，不断改善居住环境，提升了市民的生活质量，展现出一幅生态宜居、生活惬意的美好图景，吸引了各地人才涌入无锡发展。正因如此，无锡连续 6 年被评为"中国年度最佳引才城市"。无锡正在营造适合各类人才成长的一流创新生态，为新质生产力发展与文化无锡的打造汇聚强大的文化人才。

第二节　健全城乡公共文化服务体系

公共文化服务体系是文化建设的重要主体，是文化建设体系的重要组成部分。它涵盖公共文化产品与服务供给、文化设施管理、文化队伍建设及制度保障等多个维度，确保高质量、稳定的文化服务供应。无锡在探索文化建设的征程中，为此做出了不懈的努力，形成了完整的公共文化服务体系。

一、完善公共文化服务供给机制

中国特色社会主义进入新时代，我国社会主要矛盾已经转化为人民日益增长的美好生活需要和不平衡不充分的发展之间的矛盾。其中，人民日益增长的美好生活需要就涵盖了对公共文化服务的需求。随着社会的发展和人民生活水平的提高，对文化的需求越来越强烈，作为管理部门，就需要在文化的供给上下功夫。对此，无锡积极探索公共文化服务供给，形成相对成熟与完善的供给机制。

一是确立文化供给的民生需求原则。通过了解群众需求，向人们不断扩大喜闻乐见的文化供给。譬如，惠山区实施"民生微幸福，惠畅小剧场"计划，设立了 45 个小剧场，逾 4000 场次表演，观众数量突破 200 万。锡山区采纳"阿炳小舞台"项目，将传统街区空间转化为表演场所。无锡尤其注重各类公益性演出活动，根据无锡市统计局统计，截止到 2023 年底，无锡拥有剧团 7 个，其中市级 5 个，江阴与宜兴各一个。全年共计演出 1129 次。[①]就广播节目制作时长而言，总时长高达 52803 小时，包含文艺（综艺）节目 7819 小时。电视制作时长 3842 小时，文艺（综艺）时长达 182 小时。无锡还利用文化站等群众文化阵地，组织展览个数培训 3151 次、训练班班次 10507 次，并建立了 1103 个村（社区）文化室。[②]江阴市的"文化走基层，服务进万家"活动、宜兴市的"我们的中国梦·文化进万家"等系列活动，以及梁溪区、惠山区、滨湖区的各类品牌活动，如"文化下基层·幸福万家乐"、"馨语梅香"文化分享会、百姓大舞台精品文艺巡演等。锡山区通过指导各镇（街道）创建"一镇一品"文化品牌项目，形成了安镇"九里有戏"、锡北"百姓舞台"等具有地方特色和文化影响力的品牌项目，进一步活跃了群众文化生活，提升了公共文化服务的覆盖面和品质。[③]

　　二是确定文化供给的政府主导原则。文化供给的主导和引导职责在政府。无锡致力于培育公共文化服务的社会化主体，包括简化文化实体创办程序、建立政府引导资金，加强业务指导和培训，完善政府向社会购买公共文化服务的机制，涉及制定指导目录、加强监督管理，确保购买行为的公开透明和规范有效。政府对具有群众特色的文化团队实施小额资助策略，扶持了 380 个团队，包括 162 个三星级、176 个四星级及 42 个五星级团队，资助总额为 140 万元。譬如，江阴市推出"澄艺快递"项目，通过社会力量构建文化活动资源库，采用"菜单式"选择与"订单式"配送方式，精确将文化服务送达基层。锡山区致力于打造"10 分钟文化服务圈"这一文化惠民工程创新品牌，旨在提升文化服务的便捷性和覆盖面。[④]

---

① 无锡市统计局、国家统计局无锡调查队：《无锡统计年鉴（2024）》，中国统计出版社 2024 年版，第 287 页。

② 无锡市统计局、国家统计局无锡调查队：《无锡统计年鉴（2024）》，中国统计出版社 2024 年版，第 289 页。

③ 无锡市档案史志馆：《无锡年鉴 2021》，方志出版社 2021 年版，第 408~410 页。

④ 无锡市档案史志馆：《无锡年鉴 2023》，方志出版社 2023 年版，第 353 页。

三是确立文化供给的社会参与原则。无锡积极鼓励并引导社会力量参与公共文化设施的建设与管理，包括鼓励捐助或开办非营利文化设施，推进服务外包模式。2020 年度，将三大类别的 57 个项目纳入政府采购名录，开展了 683 场相关活动，总投资额 584.90 万元，提升了社会力量在公共文化活动组织中的参与热情。譬如，大型现代锡剧《追梦路上》在惠山区完成了 25 场的巡回演出，传播社会正能量，将高质量的文艺作品呈现给广大民众。《追梦路上》亦作为参演作品，参与全国少数民族文艺会演。①2022 年，政府继续购买社会力量提供公共文化服务项目，依托公共文化设施，如场馆、小型剧场及优质文化空间举办公益性活动，共计采购了 48 个项目，举办 718 场活动。鼓励社会力量自发参与公共文化服务，提供准公益性文化产品。譬如，无锡市歌舞剧院有限责任公司就是社会力量参与公共文化服务的典型，其所申报的"2022 年'东林拾忆'小剧场演出项目"，以小剧场为平台，融合了传统戏剧、现代舞蹈和音乐等多种艺术形式，通过相关演出，丰富了市民的文化生活，展现了无锡丰富的历史文化底蕴，为市民提供了近距离接触艺术的契机。

无锡通过多种策略，逐步构建一个开放、多元、高效的公共文化服务供给机制，实现公共文化服务的均等化、标准化和个性化，为建设文化强市奠定坚实的基础。

二、优化公共文化服务管理体系

无锡大力推进构建完善的公共文化服务管理体系，加强组织领导，采取了诸多行之有效的做法。

一是推进管理服务体系的标准化。无锡高度重视群众对服务管理体系的满意度，引入第三方评估机制，制定了《无锡市公共文化服务评价》标准，

---

① 无锡市档案史志馆：《无锡年鉴 2023》，方志出版社 2021 年版，第 408~410 页。

2018 年，第三方评估机构对政府购买的 137 个项目进行了评估，其中 77 个项目被列入购买名单，总额达 830 万元。

二是充分利用和优化公共文化设施。无锡通过积极的财政投入和社会资金引入，新建或改善图书馆、博物院和文化馆等诸多公共文化设施，以满足人民大众的需求。市级层面，无锡市重点建设了一批标志性文化设施，例如无锡博物院、无锡大剧院、无锡市图书馆等，这些场馆不仅拥有现代化的硬件设施，还提供了丰富的文化活动和展览，成为展示无锡文化魅力的重要窗口。

在公共文化设施网络建设领域，无锡通过文化馆新馆、非物质文化遗产展示馆的扩建与改建，优化县级（市、区）、乡镇级（街道）、村级（社区）公共文化设施，各级文化馆、图书馆、博物馆、美术馆、非物质文化遗产馆、剧场、文化站以及村（社区）文化活动室的设置率与达标率，均实现了 100%。2021 年，无锡博物院实施了主体建筑大修、大厅公共区域改造以及西负一层展厅三个部分的改造提升工程。基于其丰富的红色馆藏资源，博物院精心策划并成功举办了"展红色书信，传革命精神"展览。县级层面，各市（县）区积极建设各自的图书馆、文化馆、博物馆等文化场馆，并注重特色发展。例如，宜兴市重点打造陶瓷文化，建设了宜兴陶瓷博物馆、中国紫砂博物馆等；江阴市则重点发展长江文化，建设了江阴长江大桥公园、江阴要塞旅游区等。

三是创新公共文化服务方式。随着时代的发展和社会进步，公共文化管理服务的方式发生与时俱进的变化。如实施图书馆总分馆制，实现图书资源的通借通还；设立 24 小时无人值守图书馆，采取"公共图书馆＋咖啡馆"的合作模式等。无锡还顺应数字化发展的新趋势，积极探索公共数字文化服务新模式，通过移动图书馆、智慧无锡移动 APP 等平台，促进文化信息资源的共建共享。积极推动文化创意产业发展，建设了无锡国家数字电影产业园、无锡动漫产业园等，为文化产业发展提供了良好的平台。宜兴市图书馆全年接待读者超过 70 万人次，新增注册读者 1.6 万余人，新增图书 6 万余册，图书外借 253 万册次，电子资源访问 65.8 万余人次，开展了 2000 余场读者活动，极大地丰富了群众的文化生活。梁溪区图书馆整合"喜马拉雅""樊登读书"等知名平台资源，构建起一个拥有 49TB 资源的数字图书馆，并与国企合作建成联通大厦城市书房，全圆街道纪悦书房也正式启用，拓展了阅读空间。锡山区图书馆围绕"蒲公英读书行动"，成立蒲公英志愿者队伍，聘用绿书签推广大使，举办"流动的公开课"公益培训班、"悦分享"公益讲堂等，打造蒲公英阅读品牌，激发读者的阅读热情。新区图书馆总分馆二级流通服务达成通借通还藏书 50 万册，全年数字资源库点击量近 456 万次，创历史新高，体现了新区图书馆在数字化服务方面的领先地位。[①]

三、完善公共文化服务保障制度

完善公共文化服务保障体系，对于构建现代公共文化服务体系、促进文化事业的全面繁荣具有重要作用，在健全公共文化服务的保障方面，无锡做出了不少探索。

一是落实公共文化服务的资金保障。无锡一直重视公共文化服务，对于资金问题，注重政府拨款与社会筹措相结合，鼓励社会各界参与公共文化服务的建设。在文化服务供给能力上，无锡市不断加大免费开放资金的投入，不仅新增了众多公共文化场馆，且场馆数量呈逐年递增趋势。截至 2024 年，无锡市已拥有 18 个省级以上挂牌文化产业园区和 1000 多家规模以上文化企业，文化产业实现营收 4000 多亿元，增加值达 701 亿元，位居全省前列。[b]

二是落实公共文化服务的制度保障。无锡市积极响应国家所提出的文化强国战略，落实《中华人民共和国公共文化服务保障法》和《"十四五"文化发展规划》，将完善公共文化基础设施作为一项至关重要的任务来对待，致力于构建一个覆盖市、县、乡（镇）、村四级的公共文化服务体系。

---

① 无锡市档案史志馆：《无锡年鉴 2023》，方志出版社 2021 年版，第 410 页。
②《无锡："城"续文脉，文化产业高质量发展"风劲扬帆"》，《无锡日报》2024 年 7 月 14 日。

三是落实公共文化服务的社会保障。无锡颁布《无锡市鼓励和引导社会力量参与公共文化服务实施办法》，为公共文化服务保障体系提供政策框架，为社会力量参与公共文化服务拓展了广阔空间。社会力量涵盖企业、社会组织及个人等多个层面，从国有企业到私营企业，从社会团体到民办非企业单位，以及各类公益机构。

四是落实公共文化服务的阵地保障。在公共文化服务体系中，大多地方以城市为重点，但无锡大力推进乡镇文化站建设，将其作为公共文化服务的重要阵地。作为乡土文化传承的核心载体，农户在乡村文化建构中发挥着不可或缺的作用。为了提高农户的文化素养，无锡市出台了系列推动乡村文化建设的政策举措，以实现乡村文化与城市文化建设的同步推进。

各乡镇文化站配备了图书阅览室、电子阅览室、多功能活动室等设施，还组织开展丰富多彩的文化活动，例如文艺演出、书画展览、非遗传承等，丰富了基层群众的文化生活。这与《中华人民共和国公共文化服务保障法》中关于"保障人民群众基本文化权益"的要求相符。无锡市还积极推进村（社区）文化活动室建设，将其作为服务群众"最后一公里"的重要载体。各村（社区）文化活动室配备了图书、棋牌、健身器材等设施，并定期组织开展广场舞、健身操、棋牌比赛等活动，方便群众就近享受文化服务。这体现了《中华人民共和国公共文化服务保障法》中关于"提升公共文化服务水平"的要求。

乡村文化构建的关键是现代化乡村治理。2022年，无锡市建立了市及市（县）区两级乡村治理联席会议体系，旨在整合自治、法治、德治与智治，形成活力和谐的治理新范式。市农业农村局举办了两期乡村振兴讲习班，全面评估"雁阵计划"，认定15家单位为5A级，并创建了8条示范带。90%的村党组织书记采用"五有五强"模式，县级以上文明村镇比例超92%。行政村（涉农社区）实施"清单制"，覆盖率达100%。村（社区）人民调解委员会、便民服务中心、协商民主平台及网格化服务管理的覆盖率均达100%。全国乡村治理体系建设和项目化农村改革实验稳步进行。江阴市的"一核双网多元共治"模式和宜兴市张渚镇善卷村的"乡村治理智慧赋能"项目成为全省典范。《江苏无锡以"六个一"推进乡村治理现代化》一文在《乡村振兴简报》发表。[①]

在乡村文化的建设方面，无锡市采取了多种措施，以促进乡村文化的繁荣发展。如通过田间学校等多种方式培训高素质农民。2022 年，实施了针对5681 名农民的专业培训项目。选拔 11 位能"引领区域、带动群体"的中青年农民优秀代表，参与江苏省乡村产业振兴"头雁"计划培训；精挑细选 20位具备创新精神的新型农业从业者，根据个人特长推荐进入全省各类专业培训课程；选拔并派遣 20 名具备产业基础的新型农业经营主体负责人，参与全省农村实用人才领军培训项目。

总之，无锡通过公共文化产品的供给、完善制度体系与构建完备的保障体系，逐步形成了一个开放、多元、高效的公共文化服务体系，从而更好地满足人民群众日益增长的文化需求，为建设文化强市奠定了坚实的基础。

第三节　提升公共文化服务效能

无锡通过构建覆盖城乡的公共文化设施网络，精心策划并举办丰富多彩的文化活动，重视并积极吸引和培养人才，有效地推进了文化建设。这些举措不仅丰富了市民的文化生活体验，提高了市民的人文素养，还进一步加深了城市的文化底蕴。与此同时，无锡坚持教育、科技与人才相结合的发展战略，推动了文化产业与教育、科技的深度融合，为文化建设的持续发展奠定了坚实的基础。

---

① 无锡市档案史志馆：《无锡年鉴 2023》，方志出版社 2023 年版，第 313 页。

一、提升公共文化服务能力

为响应人民群众对美好生活需求的日益增长，提升无锡市公共文化服务能力已成为关键策略。近年来，无锡市在公共文化服务领域取得了一系列显著成就，具体表现在以下几个维度。

首先，无锡在提升公共文化服务水平方面取得了显著进步。数字馆建设取得重大进展，为市民提供了更为便捷的线上文化服务。具体而言，以2021年为例，无锡市在公共文化服务领域取得了显著成就。全年共举办了12965场公益性演出和2020场临时展览，向基层地区输送了1716场戏剧演出和超过5万册图书，以及500多场展览。无锡市充分利用各级文化馆（站）等群众文化阵地，组织了各类艺术普及、培训和文艺志愿活动，包括4295次公共艺术培训课程、461期文化骨干培训班和2153场免费文化讲座。全市文化场馆服务人次达到3940.16万，人均接受文化场馆服务5.27次，排名全省第二。

在文化创作方面，无锡市2021年新创作了722件群众文化舞台作品、4859件美术和书法作品以及6640件摄影作品，特别是在庆祝中国共产党成立100周年的主题创作中涌现了大量新品。江阴市月城镇被评为2021—2023年度中国民间文化艺术之乡，市图书馆地铁分馆、荟聚POD荟客厅和"古韵南禅"公共文化空间等19个项目荣获2021年度省"最美公共文化空间"称号，15个团队成为2021年度省"优秀群众文化团队"培育对象。无锡市还开展了优秀群众文化团队骨干成员的线上培训，共计2405人次。①

在古籍保护和传承方面，市图书馆的45部古籍入选第五批江苏省珍贵古籍名录，《心中有谱，家传良风——无锡市图书馆家谱文化特色服务案例》荣获江苏省图书馆学会2020-2021学术年会论文和业务案例评选案例类一等奖，选送的《无锡陆氏西园支世谱》获江苏省首届新修家谱评选一等奖。这些成就不仅展示了无锡市在公共文化服务方面的卓越表现，也为未来的文化

---

① 无锡市档案史志馆：《无锡年鉴2022》，方志出版社2022年版，第349～351页。

发展奠定了坚实基础。基于这些基础，无锡市通过问卷调查、线上线下互动等多种方式，精准对接民众文化需求，并提供相应文化产品和服务。无锡市积极实施"文化+"战略，推动文化与旅游、教育、科技等领域的跨界融合，形成良性发展机制。

其次，无锡在推动公共文化服务转型方面进行了创新。紧随时代发展潮流，无锡市积极推动公共文化服务向数字化、网络化、智能化方向转型。通过建立公共文化服务平台，实现了线上线下有效互动，使市民能够随时随地享受丰富多彩的文化服务。无锡市运用大数据、人工智能等先进技术，提升了公共文化服务的精准度和便捷性，创作文化精品，培育了一批具有鲜明地方特色的文化品牌。例如，无锡市拥有11个国家级非遗项目和51个省级非遗项目，包括宜兴紫砂、惠山泥人、无锡精微绣、无锡留青竹刻等，这些非物质文化遗产项目在全国享有盛誉。近年来，无锡市加快非遗传承人才培养，促进非遗与旅游深度融合，引领非遗创新，让中华优秀传统文化在新时代焕发出新的活力和生机。[①]

在文化产业发展方面，无锡市出台了一系列政策文件，如《无锡市文化产业高质量发展三年行动计划（2019—2021年）》和《关于推动无锡市文化产业高质量发展的若干政策》。这些政策文件明确了支持重大项目引进和支持数字文化产业发展、支持领军企业发展和支持高成长性企业发展等措施。无锡市举办了一系列有影响力的文化活动，如亚太口琴艺术周、无锡原创音乐节、无锡荡YOUNG音乐节等，这些活动不仅提升了无锡市的文化影响力，也丰富了市民的文化生活。无锡市还积极推进长江和大运河两大国家文化公园建设，提升公共文化设施建设水平，如无锡美术馆、无锡市文化艺术中心、交响音乐厅等重大文化设施。

综合分析，无锡在增强和提升公共文化服务能力方面已经取得了令人瞩目的成就。通过一系列有效的措施和策略，为市民提供了丰富多彩、种类繁

---

① 《无锡："城"续文脉，文化产业高质量发展"风劲扬帆"》，《无锡日报》2024年7月14日。

多的文化产品和服务，推动公共文化服务的高质量发展。展望未来，无锡市将继续坚定不移地深化改革，不断探索和创新公共文化服务的模式和方法，力求在建设文化强国的宏伟蓝图中贡献出自己的一份力量，为国家的文化繁荣和文化软实力的提升做出积极的贡献。

二、提升公共文化服务效率

在现代社会，技术的飞速发展和持续创新正在深刻地改变人类的生活方式和国家的治理模式。技术不仅代表着先进的生产力，体现在各种设备和工具中，更体现为一种思维方式和思维模式，其核心追求是提高效率。无锡市公共文化服务质量的提升不单单体现在文化资源供给的丰富性上，更体现在对技术应用的重视程度上。通过整合各类先进的技术资源，对文化资源进行优化与升级，从而使得文化资源能够更高效地服务于公众。

近年来，以大数据、人工智能、云计算、物联网、区块链以及元宇宙为代表的新技术正经历着迅猛的发展，助力无锡的各个主体显著提升了文化供给的效率。具体来说，大数据等技术在宏观层面上重构了国家与社会的关系，在中观层面上推动了组织结构的变革，在微观层面上重塑了行动者的理念和行为。[①]在此背景下，无锡市委、市政府对利用技术提升公共服务效能的途径进行了深入的思考，指出人工智能有望显著推动无锡的文化产业发展，并且提出了相应的具体实施策略。一是加快园区的升级转型步伐。无锡文化产业从业者应响应国家和地方政府号召，推动数字电影产业园等园区建设，利用特色资源和优势改进服务体系。同时，促进关键算力基础设施建设，鼓励创建集人工智能影视应用研发、数据训练、算力共享、概念验证于一体的综合服务平台，提供创新服务。抓住 AI 短视频市场机遇，加强与主要平台合作，扩大文化产业链。吸引和培育新兴影视制作公司，建立成熟的影视工业化流程，提升行业标杆，打造

---

① 刘强强、徐毅成：《价值·制度·技术：公共文化服务效能提升的框架构建——基于公共阅读的多案例研究》，《图书馆》2024 年第 9 期。

AI 时代影视产业新地标。二是不断充实文化数据资源。无锡积极落实国家文化数字化战略，利用第四次全国可移动文物普查，加强文化机构资料搜集、汇总与整理。支持多方参与，推进高质量文化视频语料库建设，促进文化资源数字化。建设无锡文化智慧驾驶舱，整合数据资源，消除数据隔阂，实现文化数据集中存储和便捷访问。支持国有大数据集团与文化企业合作，深化激励评估机制，加强知识产权保护，探索文化数据交易新模式。①

由于大数据技术在整合社会文化资源方面的应用尤为突出，除了对技术赋能公共服务效能的决策思考外，无锡市政府还积极推动这些措施的落地，即采用先进技术推动公共文化服务资源的平台化整合，有效解决了传统公共文化资源分散问题。对于各级政府来说，利用技术手段整合博物馆、图书馆、文化馆以及阅读服务站等资源，形成一个全面的数字资源库，已经成为一种普遍的便民措施。这使得用户能够轻松地访问到他们所需的信息。例如，2024 年以来，无锡市文物考古研究所依据文物保护单位的级别，有序开展大运河（无锡段）文物建筑的调查、测绘与建档工作。选定薛福成故居建筑群、清名桥、黄埠墩、西水墩这四处国家级文物保护单位作为试点项目。在对现有资料进行收集与分析之后，通过实地考察和现场核实来确定具体的工作内容。在数字采集阶段，研究所综合运用了无人机倾斜摄影、三维激光扫描以及传统测记法等多种先进技术手段，对文物建筑及其周边地形进行了精确测绘，从而获取了高精度的原始数据、展示级数据和档案级数据。随后，按照"四有"档案的标准，对数字化成果进行了转化、处理、输出和存档，构建了全面的数字档案体系。在此基础上，考古所计划对此次采集的文物普查数字信息进行示范性应用，推动数字资源、学术资源转换为丰富的公共文化资源。

其次，图书馆技术的应用通过优化流程，打造了智慧化的学习空间，并提升了智慧化管理水平。智慧化学习空间以标准化、便捷化、自动化、专业化和低成本为特点，将科技与文化紧密结合，显著提升了人们的学习体验和空间管

---

① 顾必成：《让生成式人工智能助力文化产业发展》，《群众》2024 年第 16 期。

理水平。这些智慧化举措整体上拓展了公共阅读的服务边界，借助技术手段将阅读有机融入人们的日常生活场景，从而提升了公共阅读服务的品质，满足了个性化的阅读需求。① 随着生活水平的提升，传统的"一对多"服务模式已难以精准满足个性化的精神文化需求。在大数据等先进技术的支撑下，公共阅读服务得以根据读者需求定制专属服务。例如，无锡市图书馆通过技术赋能显著提升了公共文化服务能效。图书馆依托珍贵古籍资源，打造了"金匮琳琅"古籍活化利用品牌，构建了"悦览""云赏""乐学""传本""开新"五大版块，有效架起了传统文化与当代生活的桥梁。在"悦览"版块，图书馆常态化策划古籍专题展览，全面展现馆藏古籍资源的特点特色，并与无锡博物院联合举办珍本联展，凸显文化价值。通过"云赏"版块，图书馆利用数字技术，策划古籍主题直播，让镇馆之宝首次在线上亮相，累计观看量近80万人次，反响热烈。针对青少年，图书馆在"乐学"版块推出研学课程和宣教活动，引导他们感受古籍魅力，传承文化。在"传本"版块，图书馆配备专业设备，年均完成三万余版古籍数字化扫描，建立全文数据库，方便研究。"开新"版块通过影印出版孤本丛书和设计文创产品，让古籍融入现代生活。

三、突出地域特色文化特点

在推动公共文化服务效能提升的进程中，无锡市凭借其独特的地方特色，绘制出一系列丰富多彩的文化图景。通过场馆建设、特色街区打造、文化品牌塑造等多元化途径，不仅展示城市的文化底蕴，也积极推动无锡地域特色的建构，彰显了公共文化服务的显著成效。

在场馆建设方面，无锡的公共文化场馆如同城市的灵魂栖息地，既承载着历史的厚重，又洋溢着现代的活力。以无锡市图书馆为例，其设计巧妙融合了无锡传统的建筑元素，如飞檐、雕窗等，使读者在畅游书海的同时，也

---

① 刘强强、徐毅成：《价值·制度·技术：公共文化服务效能提升的框架构建——基于公共阅读的多案例研究》，《图书馆》2024年第9期。

能感受到无锡传统文化的熏陶。截止到 2021 年，图书馆藏书量超过 428 万册，年接待读者超过 307 万人次。全年开展活动 224 场次，年接待游客达到 117 万人次，成为展示无锡历史文化的璀璨明珠。①

在"一街一品"工程中，无锡的每个社区都被注入了独特的文化活力。以东亭街道的华亭路为例，通过商会和街道的协同治理，成功解决了长期存在的停车难题，使华亭路焕然一新，获评江苏省放心消费创建示范街区。在东亭街道成立各商会分会，引导街区商户自我管理和服务，成功解决了长期存在的停车难题，使华亭路焕然一新，获评江苏省放心消费创建示范街区。如今，华亭路日均客流量超过 1 万人次，商户营业额平均增长 20%。再如清名桥历史文化街区，通过修复古建筑、打造特色商铺等方式，重现了无锡古运河畔的繁华景象，年接待游客超过 300 万人次，成为展示无锡历史文化的重要窗口。

无锡市鼓励各街镇融合传统文化与现代生活，完善"文化云"平台，提升居民生活品质。数据显示，无锡在 2024 福布斯"中国大陆最佳商业城市排行榜"中位列全国第 15、地级市第 4，商业成交热点区域集中在太湖新城、长江路等地，社会消费品零售总额年均增幅达 9% 左右，线上网络零售额年均增长 25% 左右。环境质量亦显著提升，全市 PM2.5 平均浓度、空气质量优良天数比率两项指标位居全省前列；国省考河流断面水质优Ⅲ比例连续两年保持 100%；太湖无锡水域连续 16 年实现安全度夏，2023 年上半年首次达到良好湖泊标准；太湖水质藻情达到 2007 年以来最好水平。② 根据 2020 年《中共无锡市委 无锡市人民政府关于扎实推进美丽无锡建设的实施意见》，无锡市将继续通过六大专项行动和 16 项具体任务，进一步提升城市商业和文化品质，力争到 2026 年，打造消费市场活跃、购物天堂品牌融通全国的国际消费品质之城，彰显无锡在美丽宜居城市和特色文化发展中的卓越成就。

在文化品牌建设方面，无锡更是匠心独运，打造了一系列具有鲜明无锡

---

① 无锡市档案史志馆：《无锡年鉴 2022》，方志出版社 2022 年版，第 349 页。
② 《2023 年度无锡市生态环境状况公报》，《无锡日报》，2024 年 6 月 5 日。

特色的文化品牌。如"无锡非遗文化周"吸引了来自世界各地的非遗传承人和游客，参与人数超过10万人次；"太湖音乐节"作为国内知名的音乐节品牌，每年吸引观众超过5万人次，为无锡赢得了"音乐之城"的美誉。无锡还通过完善"文化云"平台，整合线上线下资源，实现了文化服务的数字化、智能化，平台用户数超过100万，年访问量超过500万人次。

要展现一个地区的独特文化，本质上需要振兴传统文化。例如，宜兴紫砂是无锡传统文化的佼佼者，它不仅丰富了无锡的文化产业，也成了从传统走向现代的典范。为了促进宜兴紫砂的现代化进程并推动其进一步发展，无锡实施了多项策略，积极促进特色文化品牌的产业化。具体而言，在政策层面，政府制定了一系列相关政策法规，为紫砂产业提供法律保障。例如，颁布了《宜兴市宜兴紫砂保护条例》，其目的在于维护宜兴紫砂研究、设计、生产、经营单位的合法权益，推动紫砂产业的健康有序发展。政府积极推动紫砂行业协会的发展，鼓励其发挥桥梁作用，为行业提供公共服务，例如组织展览、研讨会等活动，促进紫砂艺人的交流与合作。政府也积极推动宜兴紫砂申报世界文化遗产，提升其国际影响力，例如组织专家学者进行调研、申报材料整理等工作。

在品牌建设上，宜兴紫砂行业涌现出了一批具有影响力的紫砂壶品牌，这些品牌通过打造独特的品牌形象，提升了紫砂产品的附加值和市场竞争力。在此基础上，宜兴紫砂行业采取多种方式进行宣传推广，例如举办紫砂展览、研讨会、技艺展演等活动，并通过新媒体平台进行线上推广，扩大了紫砂文化的社会影响力。宜兴市政府还积极推动宜兴紫砂的对外文化交流，例如组织紫砂艺术家参加国际陶艺研讨会、举办国际紫砂艺术展等活动，提升了宜兴紫砂的国际知名度。

综上所述，无锡市在全面提升公共文化服务效能的过程中，紧紧围绕地域特色这一核心，通过场馆建设、一街一品、文化品牌等方面的深入挖掘和创新发展，展现了无锡独特的文化魅力和城市特点，通过紫砂壶打造了具有鲜明地域特色的品牌。未来，无锡将继续坚持创新驱动发展战略，不断提升紫砂壶的品牌价值和文化影响力，为建设美丽无锡做出更大的贡献。

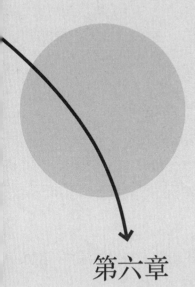

第六章

无锡推动文化建设
成果的外向传播

通过向外展示优秀的文化作品、价值观念和创新理念，能够增加世界各国人民对一个城市文化、历史的理解和认同，促进不同文化之间的交流与交融。无锡始终秉持着开放包容的态度，积极吸收外来文化精髓，向国内外展现无锡文化，显著提升了无锡在国内外的知名度和影响力。展望未来，无锡将深入挖掘和传承中华优秀传统文化，拓宽对外传播渠道，以民众喜闻乐见的形式进一步讲好"无锡故事"，向世界展示无锡文化的博大精深与建设成果，共同书写人类文明交流互鉴的新篇章。

第一节　宣传引领主流价值舆论

主流价值和舆论对于塑造社会共识、引领公众思想方向、促进社会和谐稳定等方面至关重要。近年来，无锡推出了一系列创新举措，以提升主流意识形态的传播效能，引发社会共鸣。通过整合传统媒体与新媒体资源，构建全方位立体化的信息传播网络，不断强化内容创作与策划，聚焦社会主义核心价值观，讲述百姓故事，传递正能量。在舆论舆情引导处置上，加强对网络舆情的监测与引导，及时回应社会关切，化解热点问题，确保网络空间清朗有序。

一、打造正能量的舆论宣传阵地

近年来，无锡全力打造以传统媒体与新媒体融合创新发展的舆论宣传阵地，取得良好成效。其中，无锡市新闻媒体在服务大局、做好重大主题宣传、贴近民生、创新融合等方面发挥着重要作用，通过开设专栏、专题、专版，形成多媒体齐头并进的规模效应，使重大主题宣传成为舆论热点和群众关注的焦点。

　　无锡台的新媒体平台建设起步较早，早在 2012 年，自主开发的民生服务客户端"无线无锡"（2013 年升级为"智慧无锡"）上线，入选国家广电产业发展项目库；2015 年，"无锡博报"新闻资讯客户端上线。作为无锡市级重点项目"媒体深度融合发展示范平台建设"的主体工作，2021 年起无锡台改变原来"无锡博报"与"智慧无锡"双平台格局，全面整合相关内容、技术和人力资源，聚全台之力，构建以"无锡博报"客户端领衔，"无锡博报"与"博报生活"微信公众号为两翼，更具区域头部效应的"无锡博报"平台。"无锡博报"7.0 版客户端上线后在无锡市民生活圈引发广泛反响。

　　无锡日报报业集团作为无锡市新闻舆论宣传的主阵地，积极推进媒体深度融合发展，形成以《无锡日报》《江南晚报》《无锡观察》和无锡新媒体为依托的报、网、端、微、刊、屏的融媒体矩阵，覆盖人群超 2000 万。2022 年 2 月，无锡日报报业集团吹响无锡日报与无锡观察两个平台融合的"集结号"，以移动优先的原则重构组织架构，组建统一建制的融媒体队伍。跨部门柔性组合生产的融媒体产品，成为重大主题报道"标配"。近两年来，无锡日报、无锡观察发布的图文、视频、海报、H5 作品覆盖各类重大主题、新闻热点，以极具视觉张力的作品吸引用户主动参与分发传播。无锡日报报业集团获评 2023 年无锡市媒体融合创新十佳案例的作品《船"承"》，穿透报纸和新媒体传播边界，版面荣获第 32 届中国新闻奖新闻编排三等奖。集团打造的"太湖潮"网评阵地入选中国报业协会新媒体发展大会主旨报告优秀案例。2023 年，该集团开展名为"星火入基层、携手进万家"的全域融媒社区建设项目，在各乡镇街道设立融媒通讯站、发展融媒社区，打通新闻战线服务板块的"最后一公里"。

　　无锡广播电视集团全力打造"无锡博报"媒体融合云平台。该平台集民生服务和新闻宣传为一体，上线的 7.0 版客户端年度总流量超 3 亿，单条最高传播量突破"千万+"。经过近两年的聚力打造，无锡台移动端区域"头部"地位和"主阵地"形态全面确立。"无锡博报"矩阵的传播"头部效应"全方位显现，截至 2022 年 9 月，粉丝增长率均超过 40%，平台总用户数超 320 万。

年阅读量"10万+"作品超200个。"无锡博报"微信号在长三角地级市台新媒体影响力（WCI）排名中位列第一，年阅读总量超5000万。"无锡博报"头条阅读量，微博原创转发量、评论量等均位列无锡市域内新媒体之首。"无锡博报"对区域性重大事件、突发事件的直播每年达30次以上，年视频直播5000多场，总观看人次达亿级。2021年以来，"无锡博报"全面切入短视频领域，年发布原创短视频2500多件，传播总量超1.2亿。"无锡博报"与新华社客户端、央视频、荔枝云、澎湃新闻等平台的合作全面拓展，每年推送优质作品200余篇，多部作品被网信系统全网推送。该APP融主流舆论阵地、民生综合服务、区县镇街信息枢纽于一体，采用"新闻资讯+政用+民用+商用"的运营模式，实现了社会效益与经济效益的有机统一。当前，该平台正以"最新最快最全最有温度的资讯提供者、无锡城市的百科全书、无锡城市美好生活指引"为目标，全面提升内容生产、技术开放、传播运营等水平，全方位打造城市第一的新媒体平台。

无锡市广播电视台成立"百室千端 智慧联盟"。无锡台坚守理念，探索创新，牢牢把握移动优先掌上时代的主动权，激励职工建立以兴趣专长为纽带的媒体人工作室——"百室千端 智慧联盟"。项目旨在聚集社群圈落，通过"我中有你，你中有我"的融合运营理念，进一步活跃受众和用户，提升无锡广电的聚合引领力量。首批13个工作室内容包含短视频生产发布、公益活动、电商运营、维权项目、婚恋亲子等多个领域。无锡广电集团通过"智慧无锡"平台，实现广播、电视、新媒体各方在共享平台上调取素材，根据各自传播特点个性化加工，形成多媒体滚动梯次发布、多元传播的新型格局。无锡广播电视集团获评2023年无锡市媒体融合创新十佳案例的融媒体优秀创新作品"一访定心"进入第33届中国新闻奖得奖公示名单，获新闻专栏类一等奖。无锡市广播电视台"城市媒体超融合综合业务平台"获评2023年"王选新闻科学技术奖"一等奖。

无锡顺应互联网发展大势，加快推动媒体融合发展，除主流媒体外，各类新媒体平台不断涌现。截至目前，无锡已有近30家新媒体平台获得国家互联网新闻信息服务许可资质，10 余家知名商业新媒体平台及超 100 家 10 万以上用户群的自媒体落户锡城，形成了政务发布、生活资讯、民生论坛、评论引导、直播服务、县域融媒等全方位、立体化、全域性宣传矩阵格局。①无锡还培育了畅想等 13 个重点新媒体工作室，以及 5 家自媒体工作室，着力开展互联网企业"同心向党 e 企担当"文化巡礼活动，不断丰富优质网络文化产品供给，提升网络公共文化服务水平，以党的领导凝聚共建共享强大合力。在"无锡观察"客户端上已有江阴发布、平安无锡等 180 多家政务发布平台及各类自媒体入驻"无锡号"。无锡日报报业集团还牵头组建自媒体联盟，在无锡日报版面上开辟专栏发布自媒体的优质内容，将不同属性的"媒体小船"纳入"传播舰队"。

在社会组织方面，无锡市妇联、工商联等组织积极加入正能量舆论宣传阵地的打造。2024 年 11 月，在中国妇女报社发布的《2024 年度妇女宣传阵地建设先进榜名单》中，无锡市妇联与江阴市妇联荣列其间。2023 年 12 月，中华工商时报社、《中国工商》杂志与江苏省工商联举办的"构筑民营经济舆论阵地调研行"活动中表彰了无锡市工商联及七个市（县）区工商联与 11 家商会。仅 2023 年一年，无锡市工商联系统被中央、省市各类媒体录用稿件 1574 篇。

二、拓展积极健康舆论宣传内容

无锡在拓展积极向上的舆论宣传内容方面采取了多种措施，以增强社会正能量和提升市民的精神文化生活。无锡市高度重视社会主义核心价值观的宣传，以设立"善行义举榜"、发布"最美人物"、推出无锡"时代楷模"等方式拓展积极健康的舆论宣传内容。其中，善行义举榜着重体现"爱国、敬业、诚信、友善"，体现中华传统美德，按照"个人品德、家庭美德、职

---

① 《媒体融合"全景式"展现高质量发展无锡实践》，《无锡日报》2023 年 11 月 5 日。

业道德、社会公德"四个方面立榜，也可依据"无锡好人"评选表彰所设立的"助人为乐、见义勇为、诚实守信、爱岗敬业、孝老爱亲"五个类别立榜。在建榜方式上，既可用传统方式建固定榜，也可运用现代媒体在本单位门户网站建网络榜。"最美人物"突出反映时代精神、行业特色、个人特点，可分为"最美工人""最美农民""最美教师""最美医生""最美婆媳""最美家庭""最美基层干部"等涵盖广泛的类别。而无锡"时代楷模"则必须是代表时代发展方向、对全局工作具有指导示范意义和引领推广价值，具有很强先进性、代表性、时代性和典型性的先进人物，事迹厚重感人，道德情操高尚，影响广泛深远。

《无锡日报》在社会主义核心价值观的宣传中努力使积极向上的主流价值观宣传取得普遍渗透、润物无声的效果。2014 年《无锡日报》推出"践行社会主义核心价值观"系列报道，开设"人物""故事""观点"等子栏目，以消息、通讯、言论、图片、活动等多种形式，全方位宣传"践行社会主义核心价值观"，推动形成见贤思齐、崇德向善的社会风尚。《无锡日报》还在微博、微信上开展了"新孝道""晒家训""有爱瞬间，动人故事"全城大搜索等面向大众，接地气、冒热气的主题讨论活动，发动广大市民用自己的眼睛去发现身边的温情故事、美德人物和文化传承。与有关部门合作开设"最美人物""身边的党组织"等系列报道，与市文明办合作《无锡好人》栏目，先后推出 200 多个人物的宣传报道，用身边人身边事提升人们的价值坐标。把对真善美的弘扬与贬斥假恶丑结合起来，《党报热线》栏目抓住典型问题，开展有力度、有理性的批评监督，并以"追踪报道"的形式持续关注、一抓到底。

无锡广泛开展社会主义核心价值观宣传教育，围绕"有善、有序、有礼、有爱"，打造"做文明有礼无锡人"道德实践品牌，推动文明单位、村镇和公共文化场所等建设 2300 多家道德讲堂。坚持榜样引领，评选出一批"时代楷模""感动中国人物"和各类先进典型，凡人善举激发全社会崇德向善的正能量，群众之力润泽城市"精神文明之花"。无锡市通过刊播"我们的价值观"主题公益广告宣传社会主义核心价值观。无锡日报小记者团组织体验式采访活动，参观顾毓琇纪念馆和钱锺书故居，以朗诵、聆听、观看全息投影等方式了解人物的生平事迹和精神风貌。

无锡还积极推动网络文明建设，营造积极向上的网络文化环境，培育积极健康的舆论宣传内容。无锡通过开展"网络中国节"、"锡位出道"、"太湖云享"网络深度访谈、乡音乡情共话"我为家园献良策"等主题采访活动，推出短视频《答卷》《全面小康中的无锡表情》等专题产品；开设"学习进行时"等专题专栏，集纳重点稿件千余篇。无锡做大做强"锡引力·新思享"品牌，开展"太湖讲习所"青少年理论传播、"太湖悦读"全民线上朗读、"青春记忆永不褪色"影像展播等活动，推动党的创新理论入"网"乘"云"飞入寻常百姓家，团结和引导网民特别是青年网民与党同心、与时偕行。2021 年系列网络主题宣传活动全网总传播量近 55 亿。截至 2022 年 7 月，连续十年成功开展"网络文化季"系列活动，举办项目近 550 个，参与人数超 46 万人次，全网点击、转发量超 20 亿次。开展"争做锡城好网民""好网民讲好故事""市自媒体双十佳""五个一批"正能量精品展播、"网上道德讲堂"等典型案例和事迹网上宣传活动，及时宣传网络文明实践中的典型经验、先进做法，推动形成崇德向善、见贤思齐的网络文明环境。

三、提升舆论舆情引导处置能力

无锡在提升舆论舆情引导处置能力方面采取了多项措施，通过建立专门的舆情收集制度、利用大数据监测及时掌握舆情动态，以应对网络舆情的复杂性和突发性。

在制度建设上，无锡建立专门的舆情收集制度，通过安排人员和力量、购买服务等方式，对主要门户网站、用户活跃论坛、"两微一端"等新媒体，以及传统媒体等进行日常监测和突发事件监测，及时掌握舆情动态。对收集到的政务舆情加强研判，分类处置。对建设性意见建议，吸收采纳情况要对外公开；对群众反映的实际困难，研究解决情况对外公布；对群众反映的重大问题，调查处置情况及时发布；对公众不了解情况、存在模糊认识的，主动发布权威信息，解疑释惑，澄清事实；对错误看法，及时发布信息进行引导和纠正；对虚假和不实信息，在及时回应的同时，将涉嫌违法的有关情况和线索移交公安机关、网络监管部门依法依规进行查处。对涉及特别重大、重大突发事件的政务舆情力争在 3 小时内、最迟不超过 5 小时发布权威信息，24 小时内举行新闻发布会，并根据工作进展持续发布权威信息，主要负责人带头主动发声。

无锡针对重大政务舆情，建立与宣传、网信等部门的快速反应和协调联动机制，提高回应的及时性、针对性和有效性。无锡还推动政务舆情回应制度化规范化，明确回应责任。回应责任按照"属地管理、分级负责""谁主管、谁负责"的原则，涉事责任部门是第一责任主体。对涉及市政府重大决策部署的政务舆情，市相关职能部门是回应主体。涉及市（县）、区的政务舆情，市（县）、区涉事责任部门是回应主体。涉及多个地区的政务舆情，上级政府主管部门是回应主体。涉及多个部门的政务舆情，相关部门则需按照职责分工做好回应工作。部门之间应加强沟通协商，确保回应的信息准确一致，必要时可由本级政府办公室确定牵头部门。有重大影响的舆情发生后，涉事部门要第一时间向本级党委、政府报告情况，宣传部门牵头协调做好舆情处置和信息发布。各级政府要适时开展政务舆情应对工作效果评估，建立问责制度，对重大政务舆情处置不得力、回应不妥当、报告不及时的涉事责任单位，要予以通报批评或约谈整改。

无锡强调对政务舆情的全天候监测。为确保能及时掌握舆情动态，无锡建立了有效的在线公共舆论预警与监测系统。利用计算机和大数据技术，科学分析和统计方法，识别、分类和分析危机事件，及时预警在线公共舆论的发展状态及其可能后果。其中监测的主要舆情有：涉及党委、政府重大决策部署及政府部门重要决定事项的舆情信息；涉及经济数据发布和经济形势、重大改革举措、重大政务活动的舆情信息；涉及公众切身利益且可能产生较大影响的媒体报道；引发媒体和公众关切、可能影响政府形象和公信力的舆情信息；涉及重大突发事件和自然灾害应对的舆情信息；严重冲击社会道德底线的民生舆情信息；严重危害社会秩序和安全稳定的不实信息等。在这过程中，无锡充分发挥科技力量。2022年，无锡市委网信办与央视国际网络无锡有限公司合力打造的"锡音·无锡市正能量网络传播分析系统"正式上线。系统通过先进的情感分析算法、话题分类算法、话题聚类算法和相似度分析算法，形成无锡市正能量传播的分析展示平台，为全市网络传播工作提供技术支撑、咨询参考，真正实现用科技赋能城市网络形象建设。

无锡注重建立专业的在线公共舆论应对团队，提高信息收集、分析、研究和判断公共舆论的效率，为政府决策提供客观依据和有效建议。通过多主体协同治理模式，提升网络舆情应对能力。无锡强调快速反应和信息发布的重要性，要求在突发事件和敏感舆情发生时，要在深入调查基础上拟定口径，以权威信息引导舆论，避免谣言滋生。无锡市政府通过政务微博等新媒体平台，及时发布信息，回应公众关切，形成政府与网民的良性互动。无锡通过举办各种培训班，如钱桥街道政风舆情安全暨新闻宣传能力提升培训，增强基层干部的网络评论和媒体应对实操能力。2024年6月，东太湖度假区第二期"滨湖讲坛"系列讲座开讲，以学促思、以思促干，切实提高干部的舆情应对能力。2024年11月，惠山高新区召开网络舆情工作培训会。无锡市还通过实战演练，如模拟采访情景等方式，提升实战处置能力。并通过推动政务公开工作，增强舆情风险防控意识，建立快速反应和协调联动机制，密切监测收集苗头性舆情，对重大政务舆情进行及时回应。这些培训有利于增强相关人员的舆情风险防控意识，建立快速反应和协调联动机制。

自2022年以来，无锡每年举办网络文明宣传月活动，通过"太湖讲习所""争做锡城好网民"等品牌项目，推动网络空间清朗，网络文明建设取得实效。这些活动包括融媒体节目《对话·V视界》、江苏省网络正能量微视频征集暨无锡职工微视频大赛等，旨在汇聚网络正能量，共建文明新无锡。无锡市总工会协办的"网聚职工正能量 争做中国好网民"主题活动，通过人民网直播等形式，吸引了大量网民参与，弘扬了正能量，促进了网络空间的良好生态建设。

第二节　培育壮大对外文化交流主体

无锡市政府发挥引领作用，企业与民众积极参与，共同探索并且实践"政府＋企业＋民众"的立体化对外交流模式，即"政府引领、企业助推、民众参与"，涵盖政治、经济、文化、科技、教育等多个领域。无锡在中国式现代化进程中扛起文化建设的新使命。其中，无锡市政府充分发挥引导与协调的作用，制定长远的战略规划，出台一系列扶持政策，为对外交流活动提供坚实的制度保障。企业作为创新主体，依托自身资源和技术创新，积极主动地开展形式多样的跨省跨国合作项目，成为推动文化交流的重要力量。广大市民和民间团体积极参与，成为民间对外交流不可或缺的组成部分。

一、发挥政府主导引领作用

改革开放以来，无锡市政府坚决贯彻执行党中央关于对外开放的决策，致力于构建全方位、多层次、宽领域的开放格局，积极与周边省份、海外国家和地区政府部门开展深入交流与交往，拓展合作领域，创新合作方式，提升合作水平，在对外交流与文化传播中取得了卓越成果。为中华民族的对外交流积累了宝贵经验，有效提升无锡文化在国内外的传播效力。

一是构建交流平台，拓展对话场域。构建国际交流平台在无锡文化传播与发展中扮演着至关重要的角色。无锡的国际交流平台是文化多样性的展示窗口，也是信息传播的重要渠道，通过国内国际交流平台不仅增进各国、各地区人民之间的了解，还促进不同文化之间的借鉴与融合。

多年来，无锡市政府积极与国内其他市级平台开展合作，以整合资源、优化布局、提升创新能力，与包括上海、苏州、杭州等城市在多方面开展交流与合作。如苏州和无锡两市签署了协同发展战略合作协议，聚焦生态环境的联保共治，携手共同保护和建设美丽太湖，通过一系列举措有力推动了无锡市及长三角地区的高质量发展。除了在长三角地区积极耕耘之外，无锡市政府坚决贯彻共同富裕的要求，全面贯彻落实关于东西部扶贫协作的各项决策部署，对口帮扶延安和海东地区，促进全国区域协调发展。

国际交流方面，无锡地方政府积极联动多方资源，深化与省内高校、媒体、企业、民间组织与社团等的高质高量合作，细致调研对外交流互鉴国家和地区的语言习惯、宗教信仰、文化习俗等多元文化背景，求同存异，弱化意识形态冲突而强化文明通融，促进无锡与世界的多元交流与精准交流。截至 2023 年，无锡与全球 220 多个国家和地区建立经贸往来关系，与来自五大洲 28 个国家的 50 座城市缔结国际友好合作城市关系，并于 2023 年启动无锡全球城市推介系列活动，先后组织经贸代表团出访新加坡、日本、韩国、英国、沙特、阿联酋等国家，看望老朋友、结识新朋友，达成一系列宝贵合作成果。通过举办"国际月"活动打造国际交流品牌，吸引了国际友好人士以及世界 500 强企业高管参与。近年来，无锡市在整合外宣资源、建设传播平台、打造精品内容、推进海外交流、推介中华文化、加强城市形象宣传等方面持续发力，通过与新华社、中央广播电视总台、中国日报等重点媒体合作，打造了一系列国际传播项目，发布中国故事共创会无锡基地、2024"记录无锡"创作工程、"魅力无锡"英文网站和海媒账号矩阵建设等 18 个无锡城市形象国际传播项目。为全面提升国际传播效能，构建"大外宣"格局，无锡还成立了无锡城市形象国际传播智库。

构建国内和国际交流平台在文化建设中发挥关键作用，依托相关平台，不同文化得以交流与融合，助力本土文化的传播与影响力提升。无锡始终坚持主动与世界建立稳固的桥梁纽带，主动融入国内国际双循环，致力为全省、全国开放大局作出更大贡献。

二是护航企业发展，提质经贸往来。随着商业交流活动的展开，不同地区的语言被更多人所学习和使用，技术得以在更广泛的范围内传播和应用，人们增进了相互的理解和尊重，这为文明的交融与发展奠定了基础。作为近代中国民族工商业的发祥地、乡镇企业的发源地、民营经济的集聚地，无锡被誉为"百年工商城"，历来有着尊商、重商的传统。时至今日，无锡商业在国内外市场仍负有盛名，是国外品牌竞相布局的热土，其发展潜力不容小觑。

作为长三角地区的重要城市，在商业活动方面对长三角经济产生了显著的助力作用。无锡积极参与长三角一体化发展，加强了与周边城市的合作与交流，在低空经济领域积极探索，以壮大产业为核心，以技术创新为驱动，以空域优化为突破，以基础设施为保障，以应用场景为牵引，通过争创一批国家和省级示范项目、搭建一批特色应用场景、引育一批低空经济企业，努力将无锡打造成长三角低空经济产业发展高地、全国低空经济创新示范区。无锡与其他省份在政策上协同，助力推动构建统一的创新生态，推动中国经济高质量发展。

无锡市政府始终坚持"引进来"与"走出去"相结合的战略。一方面，为了将外资外企"引进来"，政府不断完善国际营商环境相关立法，确保一流营商环境建设有法可依，聚焦跨境金融、跨境贸易以及投融资领域的常见问题，努力提供从"产业"到"展业"的全生命周期司法保障。无锡政府通过落实"外事九条"，畅通人流物流国际往来，受理外国人来华邀请函，开设"绿色便捷通道"，便利重点外企办理对外业务，确保重大项目在锡顺利发展，提振在锡发展信心。为了吸引和留住外资企业，无锡市政府采取一系列稳外资的政策，努力提升外籍人员出入境通关便利度，优化城市整体环境，建设国际化语言环境。另一方面，无锡市政府支持并鼓励企业"走出去"，除了对企业进行政策支持与资金奖励外，还举办"走出去"企业境外投资政策咨询服务活动，邀请分析专家与银行金融专家进行深度讲解，为企业答疑解惑。无锡遵循市场规律和国际规则，实施对外友好交流"深耕计划"，深化与"一带一路"沿线国家地区在产业、园区等领域的合作交流，打造"一带一路"经济建设典范。无锡还于 2021 年启动了"深耕友好 锡望无限"国际产业对接平台和"中荷大数据产业平台"，助力无锡企业进一步地对接全球产业合作。

商业交流是文化交流和文化创新的催化剂。无锡市政府通过简化程序、优化环境，促进企业间的合作。随着商业活动的展开，无锡乃至中国的文化产品、服务理念得以更广泛地传播到世界各地，增强国际社会对本土文化的认知，进而带动不同文化背景下理念与价值观的交流、碰撞，为文化创新提供肥沃土壤，也为文化建设奠定了坚实的基础。

三是重视海内外互访，深化友谊。海外互访互动是对外交流的一个重要组成部分，是文化交流的直接桥梁。通过亲身访问不同的国家和地区，人们可以深入了解当地的文化传统、社会习俗和价值观念，在亲身感受与体验之中增进对不同文明的理解，建立并深化彼此之间的友谊。无锡重视海内外各层级的互访交流，以促进区域合作与共同发展。

无锡市政府与国内其他省市在经济、科技、文化等多个领域开展深入交流与合作，实现资源共享和优势互补，在传播无锡文化、展示无锡城市形象的同时，也吸引其他省市人员来锡，增进双方友谊。无锡市通过实施一系列便利措施、加强海外人才引进、深耕国际经贸合作以及鼓励企业海外投资，有效推动了各层级的海外互访与交流合作，增强无锡对海外各层次人士的吸引力，提高无锡在全球经济网络和城市体系中的层级。[1]

四是深化文化遗产交流合作。文化遗产是文明的见证者，它们承载着丰厚的历史信息和文化内涵。通过文物的展示与交流，人们可以直观地感受到不同文明的独特魅力，从而加深理解和尊重。无锡利用开放型经济发达的优势，积极开展以政府为主导的对外文化交流与合作活动，把具有浓厚地方特色的文化产品和文化精品推向全国、推向世界。

无锡积极承办各类文化交流活动，以推动文化"走出去"，先后举办了中国·江苏太湖影视文化产业投资峰会、中国国际智能传播论坛、江南文

---

[1]《江苏无锡：提升"国际范"，放大"锡引力"，倾力打造外商投资最满意城市》，《无锡日报》2024年3月3日。

脉论坛、中国（无锡）国际文化艺术产业博览交易会、文化出口基地云对接大会、苏港影视对接交流会、大运河文旅博览会等一系列重大活动，还搭建了"文化锡云—无锡文化贸易服务平台"，实施"千企万人海外商洽拓订单行动"，组织企业参加重要境内外文化类展会。无锡市政府还大力支持专业艺术团体、群众文化团队参加各种文化交流活动，使无锡戏曲、器乐、舞蹈等富有民族和地方特色的表演艺术成功走出无锡，走出国门，在国内外均享有较高的知名度和影响力。2023年4月，无锡市教育局举办了中华优秀传统文化进外籍人员子女学校校园活动，舞龙、惠山泥人、茶艺等非遗项目在活动中精彩亮相，并与外籍学生进行了积极的互动交流。从历史的对外交流中汲取经验，无锡积极参与国际文化市场，与国外主流媒体和国际文化产业集团进行深度交流与合作，注重拓展地域文化的对外交流，无锡不断拓展自身在国内外的影响力和辐射力。无锡举办了"遇见锡引力"城市文化交流节，通过一系列城市形象宣传活动，向世界立体呈现"太湖明珠 江南盛地"无锡，展现可信、可爱、可敬的中国形象。

这种以政府为主导的跨文化交流促进了无锡文化的对外交流与传播，同时也推动了无锡文化的传承与创新，使文明在传承中不断发展，在发展中不断创新，赋予中华文明以现代力量。

二、发挥各界企业主体作用

企业不仅是经济活动的参与者，也是文化传播和文明互鉴的重要推动者，在文明对外交流中扮演着至关重要的角色。无锡企业积极响应政府号召，走出无锡，拥抱世界，在国内外舞台上展现一个又一个"无锡故事"。

一是科技创新，赋能文化传播。企业是创新的主体，是推动创新创造的生力军，无锡企业是科技创新的重要力量，优质企业积极发挥引领带动作用，通过示范效应和协同机制，带动产业链上下游企业共同进步，提升了整个产业链竞争力，为文化的传播与交流提供形式多样的载体与媒介。

无锡企业在芯片、生物医药、物联网等多领域进行技术创新，对国内其他地区产业升级具有示范和引领作用。如无锡的芯片产业，通过引进和培育企业，形成了完整的产业链，成为中国芯片产业的重要基地。为了在激烈的市场竞争中保持优势，各地企业纷纷加大了创新投入，注重提高自身创新能力。同时，无锡企业在其他省份设立分支机构或研发中心，为当地带去先进的技术和管理经验。

无锡企业在打造文化产业的过程中，强调文化传承和产业集聚，形成具有无锡特色的文化产业发展模式。无锡企业深挖地方特有资源和历史文脉，活态传承并利用历史文化遗产，如紫砂企业的建设和发展，展现了无锡文化的独特印记，留青竹刻、泥塑阿福等非物质文化遗产，通过企业进行创新设计和市场推广，成为极具特色的文化产品。不断丰富文化交流传播的介质，以数字化的方式将国内创作者的优质内容输出海外，推动无锡文化产业的数字化发展。无锡企业还通过参加国际展会和交流活动，展示产品和服务，了解国际市场需求和趋势，寻找潜在的合作伙伴和客户。例如，无锡每年举办国际经贸合作交流会，为国际企业经贸合作搭建一个在锡交流平台，推动无锡的产业更好融入全球跨境电商产业链。据2021年数据统计，中国（无锡）跨境电商综试区新增海外仓，总数达到5家，位列江苏省第一。

无锡企业在科技发展的过程中，不仅提高了生产效率，改善了人们的生活，还成为文明传播的重要力量。通过技术的传播和应用，企业科技创新的成果在全球范围内扩散，促进了不同国家和地区之间的交流与合作，极大推动了社会文化的进步。

二是以商为媒，传播商道文化。20世纪80—90年代，在江苏南部苏锡常地区，通过乡村集体力量发展乡镇企业，推动农村工业化和城镇化，实现苏南农村地区的率先发展，形成了大力发展乡镇企业的示范效应，成就了对中国农村发展极具影响力的"苏南模式"。20世纪90年代，在浦东开放开发的影响下，"苏南模式"走上了乡镇企业转制和外向型经济发展的道路，做大股份合作制经济和大力引进外资兴办工业园区，加速城乡一体化建设，形成"苏南模式"的超越。当今的"苏南模式"，是国资、外资、民资和股份制经济共同发展的经济模式，是新时代中国特色社会主义市场经济壮大发展的一个典型，促进区域市场更加开放、城乡发展更加协调，更注重共同富裕，更好地践行"创新、协调、绿色、开放、共享"的新发展理念。①

改革开放以来，无锡企业"走出去"不断加快，加快海外投资建厂的数量与质量，涵盖新能源、纺织、汽车轻量化等多个行业。无锡企业在海外建立联络点和分支机构，以便更好地了解当地市场和政策，并建立本地化的销售和服务网络，提高企业的国际竞争力。无锡企业还利用中欧班列提供的稳定、安全、高效的交付服务，将"无锡制造"产品送出国门，链接世界。2023年，无锡中欧班列"朋友圈"持续扩大，货运量持续攀升，1—9月已开行39列中欧接续班列，发送货物3174标箱，货值约6亿元。从"面粉大王"荣氏兄弟到红豆集团、海澜集团，无锡企业一步步走出国门，积极参与世界市场竞争，在海外投资建厂，抢占市场份额，扩大了企业知名度。

中国式现代化强调全体人民共同富裕、物质文明和精神文明相协调等，企业海外发展正是实现这些目标的一个重要途径。无锡企业通过海外发展，带动国内产业链上下游企业共同"走出去"，为更多人提供就业机会的同时，也推动中华文化的国际传播与对外交流。

三、发挥民众中介桥梁作用

文化交流主体主要有两种，一种是官方的文化交流，代表了一个国家、一个民族的整体形象；另一种是民间的文化交流，是文化多样性的展示。"国之交在于民相亲，民相亲在于心相通。"②民心相通是不同民族和地区深化文化交流互鉴的重要基础，在日常生活中，人们通过多种方式，将各自的文

---

① 王志凯，史晋川：《苏南模式演进与发展》，《上海交通大学学报（哲学社会科学版）》2024年第1期。
② 习近平：《齐心开创共建"一带一路"美好未来》，《人民日报》2019年4月27日。

化特色传递给对方，这种交流丰富了人们的文化生活，加深了人们对不同文化的认识与尊重，为人类命运共同体的构建奠定了思想和文化基础。

一是有识之士身体力行。个体是对外文化交流桥梁的构建者，每个个体都承载着独特的文化背景和故事，通过对外交流，他们能够将自身的文化价值观、生活方式、历史传统等传递给外界，这种直接的交流方式，使得文化的传播更加生动、真实，有助于打破文化隔阂，增进相互理解和尊重。无锡人杰地灵，自古以来便人才辈出，他们在各自的领域内深耕细作，取得了显著成就，在对外交流方面，也凭借卓越的才能和深厚的文化底蕴，成功架起了中外交流合作的桥梁，提升了无锡乃至中国的国际影响力。

无锡名人始终秉持着深厚的爱国情怀，在无锡对外交流之中，展现了无锡独特的人文魅力和城市风采。在古代，无锡人士徐霞客所著的《徐霞客游记》中记录了江南大量的地理、历史与文化信息。《徐霞客游记》是我国最早的详细记录所经地理环境的游记，也是世界上最早记述喀斯特地貌，并详细考证其成因的书籍，领先西方国家200多年，被翻译成多种语言畅销海外，使无锡美名传播海内外。还有"无锡双璧"顾恺之与倪瓒，诗人和政治家李绅等，这些古代名人的故事与成就不仅影响着一代又一代的无锡人，还传至国际。近代以来，无锡一大批爱国人士通过自己的努力和才华，维护了国家的尊严和利益，增进了中外之间的了解和友谊。在外交领域，中国第一代外交官薛福成、中国"最不外交"的外交官沙祖康和体育外交官何振梁等多位出身无锡的外交官，在国际上展现了无锡风采；艺术领域内，无锡人士"瞎子阿炳"创作的《二泉映月》被西方艺术界誉为"东方命运交响曲"，无锡籍作家钱锺书享誉国内外学术界；中国近代民族工商业的先驱荣宗敬、荣德生兄弟，他们的商业故事引得国内外为之侧目。

近年来，无锡充分利用这一独特的名人资源，通过一系列创新措施，放大名人效应，提升城市的文化标识度，促进了经济社会的高质量发展。这些历史文化名人以超常的智慧和不朽的作品推进历史文化的进程，升华和提炼着中华文明的内涵。他们通过自己的创作、言论和行为，丰富和发展了文化内涵，激发了人们对传统文化的兴趣和尊重，让海内外能够更好地理解和感受无锡文化的魅力所在。

二是民间团体积极拓展。非官方主体包括民间各类团体与机构。无锡的民间组织和机构在对外交流中也发挥着桥梁纽带作用，交流领域涵盖了音乐、美术、教育，及非物质文化遗产等，形式多样、内容丰富。

在文化遗产交流与合作方面，无锡民间团体重视非物质文化遗产的传承与交流。无锡市文化遗产保护协会作为一个致力于文化遗产保护的民间团体，通过参加国内外的文化遗产保护研讨会、交流会等活动，与来自不同国家和地区的文化遗产保护专家、学者进行深入交流，共同探讨文化遗产保护的新理念、新技术和新方法。协会还积极组织国际性的文化遗产保护项目，推动无锡文化遗产走向世界，提高无锡文化遗产的国际知名度和影响力。一些民间团体通过举办非物质文化遗产展览，向国内外观众展示无锡的传统手工艺、民间音乐舞蹈等非物质文化遗产的独特魅力。2023年无锡市人民对外友好协会举办了"国际友人文化周"，活动期间，主办方邀请国际友人参观展览、体验中国传统书画的魅力，组织了一系列以体验非物质文化遗产项目为主的活动，如戏之道、药之道、糕之道、茶之道、服之道、墨之道、花之道和古风摄影系列活动。"国际友人文化周"活动已经成为宣传无锡的文化符号，丰富了在锡国际友人的业余文化生活，更是秉承开放包容的精神，增进国际文化交流，促进民心相亲，成为无锡展示城市形象、开展中外民间交流的一个重要平台。在交流过程中，无锡文化得以和不同文化之中的优秀元素相互借鉴和融合，从而催生出新的文化形态和艺术风格，这种互鉴与创新不仅丰富了人类的文化宝库，也为无锡文化乃至中华文明的持续发展注入了新的活力。

在教育交流方面，无锡地区自古以来就有崇文重教的传统，重商而不轻文，这种传统不仅体现在对教育的投入上，更体现在对教育质量的追求和对教育成果的尊重上。早在古代，东林书院就可见来自朝鲜与日本的访问学者；清末民初之际，无锡就有大批无锡学子赴日、美留学，这些留学生回国后成为推动无锡乃至中国教育发展的重要力量。现代以来无锡的教育代表团多次出国访问，与国外的教育机构进行友好交流，探讨教育合作的可能性，无锡也接待了来自世界各地的教育代表团，向他们展示无锡教育的成就和特色。

无锡以发达的经济和独特的教育模式备受国内关注，尽管其高等教育资源不如南京和苏州等城市，但在基础教育和职业教育方面，在全国范围内产生了深远的影响。《关于"十三五"期间全面深入推进教育信息化工作的指导意见》（征求意见稿）中提出："有效利用信息技术推进'创客空间'建设，探索 STEAM 教育、创客教育等新教育模式，使学生具有较强的科技信息意识与创新意识。"无锡市多所学校积极践行和推广"STEAM"教育模式，成为全国基础教育改革的一大亮点，无锡教育的发展不仅提升了本地的人才培养质量，也为其他省份的教育改革提供了宝贵的经验和借鉴。

早在 2006 年，无锡便举办了教育国际化论坛，邀请了来自美、德、英、法等 19 个国家 34 个城市的政府官员和教育机构代表参加，促进教育领域的国际交流与合作[①]。2023 年无锡举办首届中德校园文化节，新增了"一带一路"文化交流等省基础教育职业教育对外合作交流重点建设项目。在 2024 无锡国际职业教育大会暨产教融合博览会上，无锡的职业院校与国内外政府、机构、企业及院校代表进行了深入交流，共同探讨职业教育的合作与发展。教育交流有助于打破文化壁垒，促进文明之间的对话与合作，通过教育交流，不同国家和地区的学生和教师能够直接接触到多样化的教育理念和教学方法，从而拓宽视野，增进对多元文化的理解和尊重。

在体育赛事方面，无锡各类民间团体承办高端品牌赛事，提升了无锡市的体育文化氛围，促进了体育产业、旅游业和各类产业的蓬勃发展。2019 年11 月，无锡马拉松被国际田径正式评定为"银标"赛事。无锡马拉松将体育、文化、旅游和经济融合在一起，赛道沿线汇聚无锡的标志性建筑与景点，有

---

① 《友城交流搭建全新平台　教育合作促进城市发展　无锡友城教育国际化论坛开幕》，《无锡日报》2006 年 11 月 14 日。

鼋头渚、蠡湖、湿地等自然景观，还有双楼、水街小巷、书院等人文景观，给参赛者以视觉享受，无锡民间团体积极参与志愿活动之中，高质量助力赛事组织和活动服务，确保参赛者享有高水平竞技体验，优质的硬件设施和高质量的赛事体验吸引了来自全国乃至全球的参赛者，其中包括许多高水平跑者，更是为这项活动锦上添花。中国国际商会无锡商会和无锡市滨湖区人民对外友好协会等民间团体共同举办了 2018 年中国（无锡）国际瑜伽节，吸引了广大市民和国际友人参与。瑜伽节包括瑜伽大会、瑜伽精品课、展览展示等丰富精彩的内容，在瑜伽大会上，两千余名瑜伽爱好者在三位印度顶级瑜伽大师的带领下，面对碧波荡漾的万顷太湖，感受一场身体和心灵的修行，无锡市瑜伽运动协会成员单位进行了精彩的瑜伽展示。

以上种种民间对外交流不仅是文化传承与发展的重要途径，也是文化创新与融合的催化剂。通过民间交流，传统文化得以在民众间口耳相传，保持其鲜活性和生命力，为文化创造性转换与创新性发展提供了灵感。民间交流还激发了民众的文化自信，为新时代文化建设注入强大的精神动力。

第三节　构建高效对外文化传播体系

文化是一个国家、民族的历史记忆，亦是城市对外形象塑造的重要组成元素。优秀的文艺作品往往能够超越文化、语言的隔阂，传递其内在的文化和价值，成为国内外了解无锡的重要窗口。新时代，无锡市扎根深厚的城市文化沃土，深挖城市文化资源，打造全媒体矩阵，利用新兴技术提升传播效能；创新表达方式，丰富文化内容，加强文化输出，通过精心打造适合国际传播的文化项目，展现无锡的独特魅力和时代风采，从而提升无锡的国际知名度和影响力。

一、加大政策支持力度

在对外传播中，政府扮演着组织协调者和公共权力行使者的角色，是建构城市形象的主要推动力量。无锡市拥有丰富的历史文化遗产，这些资源是传递城市文化的重要载体。如何挖掘这些历史文化资源，并将其转化为独具无锡特色的文艺作品，是政府亟须解决的问题。因此，政府需要充分发挥主导作用，协调组织各方力量，通过优化外宣工作机制、加大文艺创作政策与资金支持等方式，不断提升城市形象的传播效能。

一是完善对外宣传体制机制。提升对外宣传效能，制度是关键。纵观近年来火爆全国乃至全球的 IP，无论是"成都大熊猫"、"长沙茶颜悦色"还是"西安不倒翁小姐姐"，其爆火的背后不仅仅基于当地的文化底蕴，政府的助力同样关键。如成都市政府借助丰厚的大熊猫资源，在加大熊猫培育投资力度的同时，出台各种利于"大熊猫文化"建设的机制、政策，推动"大熊猫文化"走出去。"大熊猫文化"成为国内外了解蓉城的重要窗口，以此搭建起东西方文化交流的桥梁。在文化竞争空前激烈的当下，无锡文化要想破圈，就需要政府牵头，定好对外宣传的主流基调，不断破除体制机制壁障，将具有无锡特色、文化底蕴的作品打造为"顶流 IP"。

定好对外宣传主流基调，引领文艺作品价值导向。习近平总书记对宣传思想文化工作作出"七个着力"的具体要求，其中之一是"着力培育和践行社会主义核心价值观"。习近平总书记指出："当高楼大厦在我国大地上遍地林立时，中华民族精神的大厦也应该巍然耸立。"[①] 在对外宣传时，政府的基本职责就是制定宣传内容的主流基调，即基于无锡深厚的文化底蕴，融合现代元素，传递开放、包容、和平与发展等积极信息。政府不断完善评价激励机制，把价值取向、艺术水准、受众反应、社会影响等作为主要指标，合理设置反映市场接受程度的量化指标，确保社会主义核心价值观引领的要

---

① 习近平：《在文艺工作座谈会上的讲话》，人民出版社 2015 年版，第 6 页。

求落到实处。同时，聚焦道德约束不足、法律规范缺失的重点领域，把实践中广泛认同、较为成熟、操作性强的道德规范及时上升为法律规范，以法治的形式引领文艺作品的价值导向，确保其既符合社会主义核心价值观，又能满足人民群众日益增长的精神文化需求。

优化对外传播机制体制，释放民间创造活力。优化对外传播机制的重点在于构建一个全面、高效的信息共享平台。该平台涵盖无锡市对外传播政策、相关机构、未来开展活动、对外传播重要成果、智库文章等内容。此平台涉及政策解读，帮助和引导民众参与到文化宣传、建设中，成为无锡文化成果对外展示的一个重要渠道。政府要在理论研究上不断深耕，紧跟国际传播领域的最新动态与趋势，注重培养一批既具备深厚理论素养又熟悉新媒体技术、精通跨文化交流技巧的专门人才，精准把握民众的文化需求、深度挖掘无锡地方文化特色，助力无锡文化对外传播。政府通过加强政策引导，完善工作机制，提供必要的资源支持等措施，形成上下联动、内外结合的对外传播工作格局，带动广大社会成员自觉参与对外传播和城市形象建设，塑造"立体式"对外传播格局。

二是政府牵头加强与各地的文化交流。政府牵头交流是促进文化对外传播的重要途径。近年来，无锡市政府多措并举，加强与海内外的交流合作，取得丰硕成果。如无锡市与美国中文电视台、华视、西雅图中文电台、法国尼斯电视台、新西兰 TV33 电视台、澳亚卫视等建立协作关系，设专题板块定期播出无锡文化作品《千年画圣顾恺之》《鱼之乐》等节目。无锡市政府牵头推进文化援建工程。2016 年，"西港特区"江苏教室、无锡市教室、无锡市图书馆正式启用；2017 年，由市文广新局联合江苏有线无锡市分公司共同援建的有线数字电视前端系统在西港特区行政楼试运行；"吴韵书香"城市阅读联盟在柬埔寨西港特区设立了阅读点，配备包含传统文化书籍、无锡市本土图书等书籍，推动西港特区民众对无锡市文化的了解。文化事业援建将无锡市文化带到当地，也向世界展示无锡市友好、和善的形象，提升城市的知名度和美誉度。

　　实践证明，政府牵头开展对外文化交流，是近年来无锡市文化影响力和知名度提升的重要方式。为进一步发挥政府的牵头、引领作用，需要政府积极充分发挥其影响力优势，作为文化交流的主导者，通过定期举办丰富多样的文化交流活动，如国际文化节、高端艺术展览、经典音乐会以及国际电影节等，为国内外文化爱好者提供一个广阔的展示与交流平台。这些活动不仅能够展示各国文化的独特魅力，还能促进不同文化间的相互理解和尊重。同时，政府应加大对本土文化品牌的培育力度，通过政策扶持、资金奖励等多种方式，鼓励和支持文化创新，努力打造一批具有国际知名度和影响力的文化品牌。另一方面制定长期和短期的文化交流规划，明确各阶段的工作重点和任务，确保文化交流活动的有序进行。规划不仅要涵盖活动的主题、形式、规模等具体细节，还应注重活动的连续性和创新性，以持续激发文化交流的活力。政府应积极推动文化产业对外交流合作，通过搭建平台、提供政策引导等措施，积极引进国内外先进的文化理念和技术，为无锡文化产业注入新的活力，从而全面提升无锡文化产业的竞争力和创新能力。

　　三是加强对民间创作的扶持力度。"江山就是人民、人民就是江山"[1]。纵观人类发展史，一切的社会物质财富、精神财富都为人民所创造。文艺作品作为对社会现象、历史传统、价值精神的反映，是人民生活的真实写照。习近平总书记强调"人民是文艺创作的源头活水"，文艺作品一旦脱离人民，就会成为"无根的浮萍、无病的呻吟、无魂的躯壳"[2]，难以寄托情感、打动人心。古往今来，任何能够流芳百世的文艺精品，都源于人民生活、为人民所创造。再优秀的文艺家，说到底，也只是人民历史的记录者和加工者。近年来，无锡市政府始终坚持以人民为中心的文艺创作导向，鼓励民众创作扎根本土、立足时代的文艺精品，向国内外展现无锡市深厚文化底蕴和时代风貌。

　　广泛搭建群众舞台，打造民间文艺作品展示平台。近年来，无锡市推出"激情周末"等文艺展演，以"政府搭台、百姓演出"为模式，向社会征集

---

[1]《习近平谈治国理政》第四卷，外文出版社 2022 年版，第 9 页。
[2] 习近平：《在文艺工作座谈会上的讲话》，人民出版社 2015 年版，第 15 页。

文艺作品，着力打造锡城市民群文大舞台。"激情周末"等文艺展演，一方面给予民众展示才艺的平台，为无锡市文艺发展增添活力，激发民间创作热情；另一方面给予优秀文艺作品展示、提升的平台，拓宽了优秀文艺作品的选材渠道，部分文艺作品在反复编排、表演之下，质量不断提升而广受推崇。政府需进一步总结相关活动开展经验，激发民间创作热情。

广设奖项、经费，激发民众文艺创作热情。近年来，无锡加强文艺创作者的培育和扶持力度。无锡专立文学艺术事业专项基金，用于支持市文艺团发展、创作以及文艺人才培育，设立作协"太湖文学奖"评选工作经费、书协"无锡市书法奖"评选工作经费、剧协"太湖梅花奖"评选工作经费、"文艺进万家"系列活动专项工作经费等。在经费支持的支持下，民间创作热情空前高涨。政府需进一步设立专项基金、提供创作补贴，为文艺创作者提供必要的经费保障，减轻他们的经济负担，让他们能够更加专注于艺术创作，创作出更多优秀的文艺作品。

二、拓宽对外传播渠道

全球化背景下，现代经济和信息技术的深入发展推动信息传播方式的深刻变革，对外传播渠道多元化趋势更加显著。对此，无锡不断拓宽传播渠道、创新传播方式，充分发挥无锡商品对外输出优势和无锡新兴媒体对外传播优势，建立多元立体的对外传播体系，提升无锡在国内外的影响力和美誉度。

一是优化经济传播渠道。经济传播作为文化传播的一种有效手段，其核心在于依托文化产业的发展，巧妙地将文化元素，特别是地方文化、历史文化，融入商品之中，从而实现文化的国际传播与交流。商品在国际贸易中的流通，促进经济上的互利合作，推动了不同文化价值观的传递与交融，增进了各国人民之间的相互理解和尊重。这种潜移默化的文化传播方式，因其隐蔽性和渗透性，往往能产生更为深远和持久的影响。它让人们在享受商品带来的物质满足时，感受到文化的魅力与韵味，在无形中促进了全球文化的多样性和包容性。

正因如此，许多发达国家都将经济传播渠道视为推动本国文化走向世界的重要桥梁。回顾历史，中国古代商人通过丝绸之路，将丝绸、瓷器、茶叶、药材等富含中华文化元素的商品远销海外，这些商品在满足各国人民生活需求的同时，也将中华文化中的精美图案、独特工艺等一路传播，极大地提升了古代中华文化的国际知名度和影响力。这一历史范例，充分展示经济传播渠道在对外文化传播中的巨大潜力和深远意义。

无锡在通过经济渠道进行对外传播时必须更加注重产品的文化创意，将无锡文化元素和符号以更为巧妙和创新的方式融入各类产品中，无论是服饰、音乐、影视，还是旅游、工业产品，都应成为传播无锡市文化的重要载体和窗口。随着无锡市经济的持续快速发展，对外贸易取得了举世瞩目的成就，这为无锡利用经济渠道加强对外文化传播提供了前所未有的机遇和条件。无锡需充分把握这一独特优势，积极而巧妙地将经济传播渠道转型升级为对外文化传播的关键平台和亮丽窗口。这一举措能够有效提升无锡相关产业的产品附加值和市场竞争力，增强无锡对外文化传播的效能与深远影响力，让世界更加认识和了解无锡悠久的历史脉络、丰富的文化底蕴以及独特的城市风貌。如近年来，无锡一些企业纷纷开设运营海外新媒体账号，并取得广泛关注，无锡其他本地企业可参照这些成功案例在海外提高声誉和形象。

二是开拓网络传播渠道。拓展网络传播路径，强化新兴媒体在文化传播中的引领作用。网络传播渠道凭借其卓越的传播力与渗透力，已成为全球化背景下文化交流不可或缺的纽带。网络能轻松跨越地域与时间的鸿沟，接收到来自全球各地的多元信息。这种前所未有的便捷性，使得文化界限日益模糊，为文化的全球流动提供了广阔舞台。习近平总书记指出："谁掌握了互联网，谁就把握住了时代主动权；谁轻视互联网，谁就会被时代所抛弃。"[1]

---

[1] 中共中央党史和文献研究院编：《习近平关于网络强国论述摘编》，中央文献出版社 2021 年版，第 41 页。

因此，积极开拓并充分利用网络进行对外传播，无疑是信息化时代提升对外文化传播效能的有效举措。

随着信息技术的飞速发展，网络传播不断深化，短视频、微电影、直播等新兴媒体形式如雨后春笋般层出不穷，一些优秀的文艺作品迅速占据文化传播的主导地位。这些新兴媒体平台凭借便捷性、交互性、即时性、广泛性、直观性、个性化以及持续优化的多功能性，为受众打造了一场场精彩纷呈的文化盛宴。它们极大地丰富了人们的文化生活，促进了文化的交融与创新，加速了全球文化的互动与共享。相较于报刊、广播、电视等传统媒体，新兴媒体以图片、短视频等直观生动的形式展现信息，贴合受众在碎片化时间中的浏览、欣赏与学习需求，并凭借其独特魅力吸引大量年轻受众。

因此，新时代无锡对外文化传播工作应紧跟时代潮流，充分利用新兴媒体的技术优势，推动文化与科技的深度融合。例如，通过网络平台、VR（虚拟现实）、AR（增强现实）等先进技术，打造"文化＋旅游""文化＋影视""文化＋商业"等线上线下融合发展的文化产业新模式，为受众提供更加丰富多彩的文化体验。

三、完善对外传播策略

传播力决定影响力，话语权决定主动权。在二十届中共中央政治局第十七次集体学习会上，习近平总书记强调推进国际传播格局重构，创新开展网络外宣，构建多渠道、立体式对外传播格局。要想从日益繁荣的文化市场脱颖而出，无锡就必须立足本土资源，通过精准定位目标受众所需所想，用心、用情打造文艺精品，提升对外传播的专业性和互动性。

一是根植文化沃土。传统文化是文艺作品的"根"和"魂"。纵观历史，那些流传千古、脍炙人口的文艺精品无不建立在对历史文化精神的深入挖掘和巧妙阐释之上。传统文化作为一个地区宝贵的历史记忆与独特的精神家园，为文艺创作提供了取之不尽、用之不竭的创作素材与灵感源泉，承载着该地区独有的风俗习俗、价值理念与审美观念。文艺精品之所以能够穿越时空的界限，深深打动人心、传递永恒的价值，关键在于它们内在蕴含着一个城市乃至一个国家独特的价值情感、生活方式与精神追求。这些作品通过艺术化的表现形式，带领观众穿越时空的壁垒，使其身临其境般地沉浸于故事中的每一个细腻情节，深切感受不同文化的独特韵味与无穷魅力。那些脱离传统文化根基的文艺作品，则如同无根之木、无源之水，缺乏深厚的文化底蕴与情感共鸣，难以真正传递情感、讲好故事，难以在观众心中留下深刻而持久的印记。

讲好无锡故事，必须立足无锡悠久的历史文化。在精神内涵与价值取向上，无锡故事的核心在于展现城市独特形象，更在于对文化的弘扬，这是无锡绽放其独特魅力的关键所在。因此，在对外叙事内容的建构中，需结合文学、艺术、影视等多种形式的载体，以文字传递思想，以声音传播情感，以文化滋养人心，向世界阐释和推介更多具有鲜明无锡特色、能够展现无锡美好形象、蕴藏无锡人民智慧的优秀文艺成果。这些文艺精品应当充分展示无锡文化的独特韵味与深厚底蕴，让海外受众在欣赏和学习的过程中，更加全面、深入、细致地了解无锡这座城市及其文化，增进对无锡文明的理解、认同和尊重。

二是强化精品意识。文艺作品若想跨越国界、赢得全球观众的共鸣，树立精品意识是不可或缺的前提。习近平总书记强调，文艺界要"以充沛的激情、生动的笔触、优美的旋律、感人的形象创作生产出人民喜闻乐见的优秀作品"[①]。所谓文艺精品，往往具有深刻思想内涵、高度艺术价值，能够结合历史文化背景，注入丰富的文化内涵，引发观众对生命、爱情、友情等人生主题的深入探讨。在全球文化多元并存的今天，面对文化背景、思想观念、审美旨趣的诸多差异，中国的文艺作品要想成功走向世界，必须在内容与表现形式上不断追求卓越，力求达到新的高度。这意味着创作者需具备国际视

[①] 习近平：《在文艺工作座谈会上的讲话》，人民出版社 2015 年版，第 14 页。

野，深刻理解不同文化背景下的审美需求，同时坚守本土文化的精髓，通过创新的艺术手法和叙事策略，搭建起跨越文化鸿沟的桥梁，使作品既能展现中国文化的独特魅力，又能实现与世界各国文化的深度交流与互鉴。

对外讲好中国故事，内容是关键。科学技术的进步推动信息全球化传播，在促进国际间文化交流的同时，也使各国文化对外传播的竞争愈发激烈。在海量的文化产品中，赢得海外的青睐与持续关注并非易事。唯有深耕内容领域，持续优化文化产品供给质量，才能不断提升其吸引力与影响力，进而有效提升中华文化对外传播效能。这就要求无锡进一步优化对外叙事内容质量，做到内容为王，以优质文化产品提升城市吸引力、影响力。

对外讲好无锡故事，从根本上来说，就是深入挖掘并生动讲述无锡人故事、无锡历史故事，以独具无锡特色的语言、表现形式展现文化底蕴、城市面貌。其中"人"作为故事的灵魂，是讲好无锡故事不可或缺的核心要素，只有紧紧抓住"人"这一具体、生动、可亲可感的根本，才能触动人心，让受众在情感上产生共鸣，进而理解和认同故事所传达的深层意义；"历史"作为文化的载体，是对外宣扬无锡文化的依托，通过历史故事讲故事，兼具文化厚度和吸引力。无锡要进一步优化对外叙事内容，突出"无锡文化""无锡人物"等特色元素，更好向世界展示真实立体、底蕴深厚的无锡。

无锡在构建对外叙事内容时，必须深深扎根于无锡丰富的历史土壤。这些承载着无锡记忆与智慧的历史片段与文化精髓，应当以一种既自然流畅又深刻动人的方式，巧妙地渗透进文艺作品的每一个小故事和每一个人物形象的刻画之中，让海外受众在品味故事的同时，深刻感受到无锡文化的独特韵味与深厚底蕴。如新中国成立 70 多年以来，无锡在开创"苏南模式"的艰辛奋斗历程中，涌现诸多感人事迹，取得许多辉煌事迹，为对外叙事提供了丰富而生动的素材。在叙事文本中，必须深入挖掘并广泛传播那些关于普通人幸福生活的真实故事，通过细腻的描写和真挚的情感表达，在情感层面使国际受众产生强烈的共鸣，使他们在听闻、目睹、感受的过程中，形成对无锡更加客观、全面且深入的认识。

三是转换话语体系。深入了解各国国情特征，准确把握国际社会中的价值共鸣点、话语共通处、利益交会区域以及历史文化兴趣的共同所在，并以此为切入点，有针对性地改进叙事内容、叙事语言，是对外讲好无锡故事的重要方法。

针对海外受众群体讲故事的根本目的就在于宣扬文化价值、塑造国际形象，如若海外受众因文化差异、语言障碍或兴趣不符而无法理解，或是由于价值观冲突而不愿接受，势必影响传播效能。习近平总书记指出："要采用贴近不同区域、不同国家、不同群体受众的精准传播方式，推进中国故事和中国声音的全球化表达、区域化表达、分众化表达，增强国际传播的亲和力和实效性。"[1] 因此，在进行对外叙事时，必须深入细致研究海外受众群体的文化背景、认知习惯及兴趣偏好，精准把握他们的特性，以确保讲述中国故事的方式准确无误，巧妙融入他们的文化语境，引发共鸣，从而真正触达并吸引他们的注意力，实现有效沟通。

新时代，无锡推动对外叙事时需充分考虑海外不同国家受众群体的习惯与文化，既要注重内容的丰富度与深度，也要讲究策略与艺术的巧妙运用，采用他们熟悉、认同、感兴趣的形式讲好无锡故事。首先，建构海外受众对无锡故事的"认同"。寻求认同是对外叙事的难点，根源在于叙事内容难以把握海外受众群体的价值观念、审美旨趣，因而难以获得认可与接纳。这需要精确洞察海外受众的接受心理和传播机制，主动寻找与他们文化、思维方式的"共通之处"，通过联结目标受众的文化根基与心理特质，唤起他们的情感与文化共鸣。如国际版舞剧《寻》，之所以能够在美国、加拿大等地备受追捧，在于此舞剧由无锡市歌舞剧院与加拿大著名导演合作编排，在保持中华文化的同时融入西方艺术，容易被海外接受。因此，无锡在对外叙事时必须从受众者的价值观念、思考模式、表达风格、行为倾向等多个角度进行细致分析，深入了解受众的特性。

---

[1]《习近平谈治国理政》第四卷，外文出版社2022年版，第318页。

无锡在对外叙事时需坚持"尊重差异"原则，深入研究不同国家的国情特点，涵盖政治体制、经济发展水平、文化背景以及社会价值观等多个方面，发掘不同国家在价值观、话语体系、利益诉求以及历史文化等方面的共鸣点与兴趣所在，尊重并理解受众的文化背景与价值观念，密切关注受众的实际需求与兴趣点，主动调整叙事策略。

无锡对外宣传必须坚持"以小见大"的叙事方法，以平凡琐事讲好无锡市文化，展示无锡形象。在国际传播领域，尽管宏大叙事能够全面且宏观地展示无锡整体风貌与历史进程，由于受众置身于一个多元化、多样化的文化背景中，这种叙事方式往往难以确保故事的完整、精准传达，且在跨文化交流的语境下，受众对于故事人物情感的共鸣程度也相对较低，难以保证传播效果。因此，无锡在进行对外叙事时需摒弃单一、刻板的宏大叙事模式，转而从细微之处着手，聚焦于普通"小人物"的日常生活与情感故事。通过深入挖掘不同文化的共通元素与情感共鸣点，运用饱满真挚的情感表达与生动具体的故事情节，营造出一种沉浸式的叙事体验，使受众能够身临其境地感受无锡文化的魅力与深度，以此促进受众在认知与情感层面的深度处理与共鸣，进而激发他们内心最真挚、最质朴的情感认同与文化共鸣，提升无锡对外叙事实效。针对不同传播平台的受众，需依据他们的媒介使用习惯，采用差异化的叙事方式。通过细分目标受众和精确定位传播平台，运用更加精确的分众化和差异化叙事，从而不断提升无锡对外话语叙事的说服力与吸引力，进一步增强无锡文化的传播力与影响力。

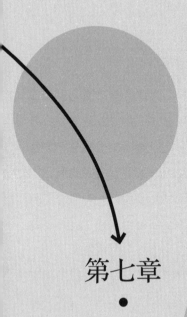

第七章

无锡文化建设探索的
经验与启示

无锡的文化建设之路，是一条将文化传承与创新、历史与现代、物质与精神紧密结合的新路径。在经济社会发展的大背景下，无锡有效整合各类文化资源，探索出了经济与文化相互促进、共同发展的良性循环，为无锡的文化繁荣注入了新的活力，在实践中也积累了丰富的经验，为城市的可持续发展提供了坚实的文化支撑。历史是最好的教科书，无锡的文化建设经验对推动我国其他城市文化建设的创新发展具有重要的参考作用。

第一节　无锡探索文化建设的经验

由前述可知，无锡在尊重和保护传统文化的基础上，积极探索文化发展的新路径，注重文化设施的实体建设，重视文化服务的内涵提升，将文化资源优势转化为经济优势，实现了文化与经济的良性互动，文化产业成为无锡经济增长的新引擎，为区域经济发展注入了新的动力。同时，无锡不断创新体制机制，形成了政府、市场与社会共同参与的文化发展新格局。认真总结和学习无锡文化建设经验，对进一步深化文化发展规律认识、在新征程上推进文化繁荣发展具有十分重要的意义。

一、历史与现代的交融相济

作为全国历史文化名城，无锡具有深厚的历史文化底蕴，刻满了岁月的痕迹，同时也拥有着繁华的现代城市风貌，闪烁着现代文明的光辉。在历史的时空隧道中，古老的文化与现代文明不仅并存，更是相互融合、相互启迪。在这种对话和交融中，古老的历史文化被现代文明赋予了新的生命和活力，而现代文明也在历史底蕴熏陶下变得更加深刻与富有内涵。无锡在推进文化繁荣发展和文化强市建设的征程中，充分发挥历史底蕴和现代文明融合的力量，在尊重历史、理解传统的同时，积极拥抱现代、鼓励创新变化，探索出了一条传统和现代、过去和未来彼此融合与共生的新时代文化建设新路径。

首先，突出对江南文脉的挖掘与传承。历史赋予了无锡丰富的文化遗产，据统计，无锡现拥有各级文物保护单位 467 处，其中全国重点文物保护单位 34 处，文物资源总量位于江苏省前列。中华优秀传统文化特别是江南历史文脉是续写新时代无锡故事的不竭源泉，其中，吴文化、江南文化、运河文化、工商文化等都显示出独特价值，成为新时代无锡进一步发展的历史根基。一直以来，无锡坚持统筹谋划、以用促保，持续盘活丰厚的家底，致力于探索江南文化传承与创新的新路径，通过创新驱动，做好历史文化遗产保护利用和开发文章，在创新发展中延续江南文脉，着力打造历史文化名城传承创新的"无锡实践"。如 2019—2021 年，出台《无锡市文物保护工作三年行动计划》，累计投入近 4 亿元对 153 座名人故居和历史旧址进行修缮和改造利用。2022 年正式启动《无锡市"百宅百院"活化利用工程三年行动计划》，让文物"活"起来，为无锡历史文物建筑叠加新功能、植入新业态；崇安寺，无锡城市原点，经过新一轮的升级改造，以全新的面貌回归，激发了街区的商业活力。2023 年，出台《无锡市"百匠千品"非物质文化遗产传承创新工程三年行动计划（2023—2025）》，重点扶持惠山泥人、留青竹刻、锡剧、精微绣等项目，让非遗"火"起来，无锡非遗系统性保护和创新性发展水平持续提升。

其次，注重对现代文明的吸纳与打造。无锡在推动中华优秀传统文化创造性转化、创新性发展的同时，也积极克服传统文明对现代文明的排斥和抗拒。近代以来，在"西学东渐""欧风美雨"的时空背景下，无锡凭借沿江沿海，交通便利、经济发达，快速发展成为苏南经济文化中心和中西文化的一个支点，在兴办新学的潮流中走在全国前列，留学风气领先外邑。西方现代文明给无锡带来了新气息新动静。新中国成立以来，无锡依托乡镇企业，大力推动区域协调发展和城乡融合发展，走上了快速发展的快车道。新时代以来，无锡提出争当中国式现代化建设城市范例的奋斗目标，坚持科技打头阵，以科技创新引领产业创新，因地制宜发展新质生产力，把坚守实体经济、构建现代化产业体系作为强市之要，进一步扩大高水平对外开放，为建设"强富美高"新无锡和中国式现代化无锡新实践提供强劲科技支撑。

再次，找准历史与现代交织的结合点。促进古今交融是无锡城市更新的要义。让历史和现代相得益彰，这是以往城市文化建设的经验总结，也是未来文化强市建设的基本要求。在推进城市更新和文化建设的过程中，无锡着力处理好"古与今""历史与现代"的关系。其中，无锡通过微更新、微改造等多样方式，努力找准历史遗产保护与现代生活的结合点，科学合理地把握历史与现代之间的平衡，让历史文化和现代生活融为一体，在努力留住无锡"根"与"魂"的同时，又让城市借助现代文明焕发出新的活力和生机。

二、人文与经济的深度融合

习近平总书记在多个场合强调文化与经济之间的交融互动，指出"文化很发达的地方，经济照样走在前面"，这为人文经济学的研究和实践提供了重要指导。这一理念强调文化与经济的相互促进，认为经济活动不应脱离文化背景和社会价值，而应与之相互交融、共同发展。这种理论视角为经济发展注入了深厚的文化内涵，认为经济增长不仅仅是物质财富的积累，更是文化价值的体现和人文精神的提升。2024 年 7 月，习近平总书记在江苏考察时指出："苏州在传统与现代的结合上做得很好，这里不仅有历史文化的传承，而且有高科技创新和高质量发展，代表未来的发展方向。"[①]无独有偶，无锡同样在文化与经济的结合上展现了其独特魅力。2024 年，无锡市政府工作报告已明确提出："建设人文与经济、历史文脉与现代文明交融赋能的文化名城，打造新时代人文经济学的无锡实践样本。"新时代的无锡坚定文化自信，深入践行新时代人文经济学。当前，无锡"人文"与"经济"之间已实现融合与双向赋能，以文化人、以文惠民、以文润城、

---

① 陈月飞、林元沁等：《江苏大地唱响"走在前、做示范"最强音》，《新华日报》2023 年 7 月 28 日。

以文兴业的人文经济学内涵得到深刻的践行，为城市文化建设奠定了坚实的物质基础，提供了强大的精神力量。

首先，坚持以历史文脉涵养城市经济发展。一个城市的历史文脉贯通了城市的过去、现在与未来，塑造着城市的精神品格。对城市历史文脉的传承与创新、对城市历史文化资源的挖掘，构成了城市经济发展的内在驱动力。一直以来，无锡始终坚持以"第二个结合"为指引，不断挖掘其历史文化资源，保护与利用历史遗产，深入探源城市的文化记忆。如无锡作为吴文化的发源地之一，吴文化的尚武、崇文、开放、包容特点，为无锡的城市发展注入了独特的精神内涵；大运河贯穿无锡全境，使得无锡成为南北经济文化交流的重要节点，大运河文化也为无锡留下了丰富的历史遗产，见证了无锡经济的繁荣与兴盛；范蠡授业、东林读书、荣氏家族等一批具有开拓精神和爱国情怀的民族企业家的出现，铸就了无锡的工商文化，推动无锡成为中国民族工商业和乡镇企业的摇篮，筑牢了无锡经济发展的精神支撑。这种文化与经济的交融，丰富了无锡的文化内涵与底蕴，也为经济发展提供社会文化环境。

其次，坚持以文化产业厚植城市人文精神。人文经济的本质内涵是以人民为中心，主张经济的发展最终回归于人的发展。一个城市的经济发展是其文化建设的基础，经济发展的水平也决定了文化建设的高度。无锡始终坚持经济高质量发展与文化建设同步推进，形成了以文化产业繁荣发展为经济引领的发展态势。当前，文化产业已成为无锡经济发展的新动力，夯实了文化建设的物质基础，也培育了无锡的人文精神。正如习近平总书记强调："要促进人民精神生活共同富裕，强化社会主义核心价值观引领，不断满足人民群众多样化、多层次、多方面的精神文化需求。"人文与经济的融合发展，要求无锡在物质层面实现高质量发展，在精神生活领域也提出了更高标准。无锡文化产业的繁荣发展在提供经济支撑的同时兼顾人文关怀，坚持以文铸魂、以文化人、以文惠民的理念，为人民群众提供高质量文化产品与服务，推动文化成果由人民群众共享，滋养人民群众的主观世界，满足多样化的精神文化需要，帮助实现人民群众物质生活与精神生活的共同富裕，促进城市人文精神的形成。

再次，坚持以科技赋能深化人文经济融合。科技早已成为推动社会发展的重要动力，时下以数字经济为代表的新质生产力，更是人文经济发展的重要驱动力。人文经济需以文化为支点，要整合多种资源要素，如利用科技要素、数据要素等，形成强大的协同效应，实现经济、社会和文化效益最大化。无锡拥有文化产业园、文化博览园、软件园区等创新高地，汇聚了众多文化科创企业、科技机构与综合型各类人才，他们利用人工智能、大数据、虚拟现实等新兴技术，更加高效精准地推动文化资源的挖掘和保护工作。如采用数字化技术，将文化遗产转化为数字形式，便于其保存与研究，也使更多人通过物联网、AI 技术等接触和了解无锡历史文化资源。这些平台是无锡探索新技术、挖掘文化资源、发展文化产业的前沿阵地，通过科技赋能为文化的传承与发展提供了全新的视角和方法，极大地扩展了文化产品的表现形式和传播方式，为无锡人民提供一系列新的文化产品和服务。

无锡在人文与经济的互动实践中，通过多种方式实现了传统文化与现代经济的有机结合。这种融合不仅为无锡经济发展注入了新的动力，也为传统文化的保护和传承提供了新的思路。无锡人文与经济的互动实践，展现了现代文化与传统文化的和谐共生，证明人文与经济的互动是推动城市可持续发展的重要途径，具有重要示范借鉴意义。

三、政府与市场的同频共振

处理好政府与市场的关系是文化建设和文化体制机制改革的核心问题。政府通过制定政策制度、加强市场监管、提供资金支持、进行项目扶持等方式为文化事业发展提供支持保障。同时，在市场经济条件下，市场作用发挥得充分和有效，能够激发文化事业的发展，促进文化建设的进程和繁荣。反之，政府可以及时对市场进行调节引导。充分发挥政府监管和市场调节在文化建设发展中的积极作用是世界各国的通行做法，也是无锡推进文化繁荣发展的重要手段。

首先，从政府视角来看，近年来，无锡通过发布《关于推动无锡市文化产业高质量发展的若干政策》《无锡市文化产业高质量发展三年行动计划（2019—2021年）》等一系列政策，明确文化产业发展方向，确保文化市场的健康有序。如，无锡进一步明确了影视传媒、创意设计、文化旅游等六大重点文化发展领域，并设定具体增长目标，为产业发展提供了明确方向和量化标准。在此基础上，制定"八大行动"策略，从产业集聚、项目引育、主体培育等多方面入手，展现了全方位、多层次推动无锡文化产业的决心。无锡各级政府持续完善和优化文化体制机制，积极履行政府在文化建设中经济调节、市场监管和公共服务职能，实现政事分开、管办分离。无锡文化体制改革的着力点就是围绕面向群众、面向市场进行体制和机制创新。如早在2005年，为全面深化文化事业改革、进一步转变政府职能、促进文化市场开放，无锡市政府就颁布《中共无锡市委、无锡市人民政府关于全面深化文化事业改革的实施意见》，组建无锡市文化艺术管理中心，代表市政府履行国有资产出资人职责，并接受市文化局业务指导和行业管理的市政府直属行政管理类事业单位。又如2017年出台《无锡市关于进一步深化文化市场综合执法改革的实施方案》，科学设置综合执法机构，合理配置执法力量，厘清综合执法机构和行政主管部门关系，通过有效履行政府职责为文化建设发展提供良好的市场环境、政策环境和法治环境。

其次，从市场视角来看，无锡着力构建现代文化市场体系和充满活力的文化市场机制。无锡充分发挥市场这只看不见的手在文化资源配置中的调节作用，积极培育文化企业，壮大文化产业。如依托民营资本助力非遗项目，民营资本积极响应政府的文化政策，纷纷投入非遗项目的保护与发展；开发非遗旅游，民营企业将非遗项目融入旅游景点，让游客体验传统文化魅力。同时民营企业助力非遗文创产品研发，将非遗元素与现代设计相结合，拓宽市场渠道。民营企业在塑造无锡文化符号方面发挥着关键作用，据统计，无锡共有100家企业的自主品牌成功入选"2023—2025年度江苏省重点培育和发展的国际知名品牌"名单，占全省比重达21%，省级国际知名品牌数量蝉联全省第一。这些文化品牌逐渐成为无锡文化的显著标志。无锡依托市场激励机制，不断调动各类文化文艺工作者参与文化建设和文艺创作的积极性，提高文化资源配置的效率和效益，使文化资源得到最有效和最公正的分配与使用。

四、城市与乡村的协同发展

城市与乡村作为两种不同的文明形态和社会文化体系，只有分布上的差别而无性质上的不同，其协同发展对构建新的文化格局至关重要。但是乡村文化建设不是简单地模仿城市，而是要在城市文化建设中保持其独特魅力。同理，城市文化建设也不应该涵盖乡村文化全部内容。作为全球文明生产力的主体，现代城市文化和文明的发展成果可助力于乡村文明建设。近年来，无锡坚持城乡一体化建设，统筹新型工业化、新型城镇化和乡村全面振兴，推进城与乡功能互补，产业、基础设施等协同配套，就"城乡融合发展"作出一系列重大部署。在此过程中，无锡市积极推进城乡文化协同发展，促进文化互补与融合，推动文化资源共享，增强文化自信，助力乡村全面振兴，构建和谐城乡关系。此举不仅丰富了城乡文化内涵，提升了市民对本土文化的认同，也为缩小城乡差距、推动社会公平正义和实现共同富裕提供了动力。

一是坚持城市文化建设领跑。无锡充分发挥城市文化的支点和撬动作用，着力将城市文化不断转化为全市经济社会发展的新力量、新动能，通过城市文化体验价值的提升赋能文化经济的发展，为乡村全面振兴和乡村文化建设赋能。无锡积极发挥城市文化引领功能，并在推动文化创新、完善文化基础设施、保护文化遗产、促进文化产业、加强文化对外交流和教育普及等多个层面予以呈现，希冀带动和促进乡村文化的现代化，为乡村全面振兴提供强有力的文化支撑。

二是坚持农村文化强基补短。无锡坚持文化传承与乡村全面振兴齐头并进，致力于提升农村文化的基础，通过挖掘和传承农村地区的中华优秀传统文化，如农耕文化、民间艺术等，增强农村文化的生命力和吸引力。例如，结合美丽乡村建设，构建以梅里、鸿山、后宅、鹅湖（荡口）、安镇、严家桥等为遗产脉络的锡东文化遗产廊道，以及以徐霞客、青阳、村前、秦巷、玉祁、阳山等为遗产脉络的锡西文化遗产廊道。始终围绕农业、旅游、文创三大产业做好乡村发展文章，推动乡村旅游与现代农业、文化创意产业的深度融合，如举办各类农业节庆活动、发展创意农业体验项目等，让游客在欣赏乡村美景的同时，还能体验农耕文化。因地制宜开展乡村空间设计和乡村美化，扎实做好镇村布局动态更新，加快优质公共文化服务资源下沉乡村，着力打造具有江南特质、无锡风韵的宜居宜业和美乡村。

三是坚持城乡文化互动互促。为了实现城乡文化均衡发展，无锡推进城乡公共文化服务体系一体建设，缩小城乡公共文化服务差距，特别是采取了一系列措施推动文化资源向农村地区倾斜。与此同时，积极构建城乡文化融合发展的产业集群架构，大力培育发展餐饮、民宿、采摘、休闲旅游等农村新型业态，形成了"一村一品，一村一业"的特色经济格局，从而有效缩小了城乡之间的文化经济差距。在这种良性互动中，无锡城乡文化发展呈现出互促共进的良好态势，为构建更加和谐、均衡的城乡文化发展格局奠定了坚实基础。

第二节　无锡探索文化建设的启示

文化建设新使命不是主观臆造也不是单纯的理论推演，而是生成于城市文化建设的生动实践。近代无锡的异军突起及其后来的"百年繁华"，离不开其深厚的文化底蕴和文化赋能。改革开放以来特别是进入新时代以来，无锡秉承"以文聚力、以文兴城、以文传声"的发展思路，聚焦城市文脉传承，围绕持续夯实"强富美高"新无锡的文化根基进行了艰辛探索，不断激发城市文化活力，积累了正如前文所述的宝贵文化建设经验。这些探索实践和宝贵建设经验蕴含着更高的文化智慧和文明追求。这些宝贵的历史经验极不平凡，也给人以深刻启示。梳理好、讲清楚无锡文化建设实践过程中所蕴含的道理和启示，有助于进一步深化对城市文化建设的规律性认识，为文化强市建设提供坚实学理支撑，也为推动文化事业繁荣发展和文化强市建设继续向前提供不竭的力量源泉和遵循参考。我们坚信，只要认真汲取这些经验启示，无锡文化建设的道路必将越走越宽广，文化强市的宏伟愿景必将顺利实现。

一、在立足地方特色中谋划文化建设方略

俗话说，"一方水土养一方人，一方人筑一方城"。不同的自然禀赋，不同的历史人文，形成了不同的城市文化。正如习近平总书记所指出："中国幅员辽阔、人口众多，要想发展振兴，最重要的就是立足国情、走自己的路。"立足中国实际、彰显中国特色，走自己的路，这是我们党全部理论和一切实践的立足点，也是党百年奋斗深刻总结后得出的历史结论和宝贵启示。同理，城市文化建设实践必须立足于城市实际，紧扣城市文化建设过程中的历史、市情、民情等，全面把握所在城市的历史人文资源及其优势、短板、弱项，特别是问题所在，以此制定和谋划文化建设战略举措，制定和实施契合城市实际、具有地方特色的建设路径。立足无锡实际，牢牢把握无锡特色，这是无锡文化建设区别于其他城市特征的依据，也是必须牢牢把握的重要原则。地域特色文化和历史人文元素不仅赋予了无锡独特的魅力和个性，还有效增强了全体市民的认同感和归属感。

首先，"特色"来自无锡的历史挖掘。不同的地区，历史文化资源各有不同。无锡依托地域禀赋，率先以挖掘历史文化资源为立足点，深入挖掘和整理无锡特色文化和历史资源，为无锡特色文化打造提供坚实的历史基础。无锡抓住全国文物普查工作契机，坚持"应查尽查、应细尽细、应保尽保"工作理念，通过组建专业队伍，积极运用现代科技手段，对无锡辖区内不可移动文物进行全面细致的复查与登记，建立详细的资源库，做好历史文化资源普查认定，力求摸清全市历史文物家底。同时，强化对无锡历史建筑的监督检查，出台《无

锡市历史建筑保护管理办法》，规范历史建筑保护修缮、改造、迁移的审批管理；持续开展"百宅百院""百匠千品"等文化工程，重视对历史建筑的保护和修复，使其成为城市的文化名片。

其次，"特色"来自无锡的因地制宜。城市文化建设不能"一刀切"，必须因地制宜有鲜明的地方特色。如作为工商名城，无锡大力弘扬工商文化，通过"传承保护＋活化利用"，推动工商历史文化遗迹改造和保护利用，中国民族工商业博物馆、中国乡镇企业博物馆、中国丝业博物馆、无锡窑群遗址博物馆等历史印记重现时代荣光。2007年、2008年，无锡先后发布了两批"无锡市工业遗产保护名录"，涉及茂新面粉厂旧址等30多处工业遗产。无锡巧妙地将吴文化、江南文化、工商文化等本土文化元素融入城市规划与建设。例如，依托江南水乡文化、祠堂文化特色，打造了一系列具有江南风情的文化小镇，如荡口古镇、惠山古镇等，成为展示无锡历史文化的重要窗口。多次承办"中国吴文化国际研讨会"，吸引来自世界各地的学者共同探讨吴文化的发展与传承。素有"江南水弄堂，运河绝版地"美誉的无锡，1983年在全国率先编制古运河保护规划，是最早以政府规章形式开展大运河保护的城市。近年来，积极推进长江、大运河两大国家文化公园建设，2023年无锡运河汇等3个项目成功入选《2023世界运河城市论坛创新案例集》；高水平打造运河长江品牌活动，"流动的文化"更好地融入当下无锡人民的生活当中。

再次，"特色"来自无锡的渐进推进。文化建设不是一蹴而就的事情，也不是一劳永逸的事情，而是一个"文火慢炖"、循序渐进的动态过程。无锡在规划文化建设战略的过程中，坚持从小起步、循序发展，做到既量力而行，又尽力而为。具体实施来看，无锡按照"每年有进步、两年有突破、三年大提升"的节奏，以项目化、目标化、节点化的举措，全面提高无锡文化建设质量和水平。如2019年，无锡市率先在全国同能级城市中出台了《无锡市文化产业高质量发展三年行动计划（2019-2021年）》《关于推动无锡市文化产业高质量发展的若干政策》等文件。在实施过程中，及时总结好的经验举措，并通过新一轮的政策制定将其固化下来。相继出台《无锡市文化事业高质量发展三年行动计划（2022-2024 年）》《无锡市文化产业高质量发展三年行动计划（2022-2024 年）》，切实保障文化建设政策的稳定和延续。

二、在坚持守正创新中推动文化创新创造

文化建设必须坚持守正创新，这是由文化本身的内在属性和建设要求决定的。坚持守正创新是新中国成立以来中国文化建设的经验总结，更是新时代中国文化繁荣发展的必由之路。正如习近平总书记所指出："对文化建设来说，守正才能不迷失自我、不迷失方向，创新才能把握时代、引领时代。"在立足无锡地域特色、推进城市文化建设的过程中，无锡一直把坚持守正创新作为城市文化探索建设的行动指南和科学方法，在不断守正创新中推动中华优秀传统文化创造性转化、创新性发展，以持续的文化创新创造不断满足人民精神文化需求和城市文化建设需要。

一方面，坚持文化守正不动摇。文化建设不是历史虚无，也不是把旧有的直接推倒重来另起炉灶。而是在原有历史文化基础上的继承和持续发展，是历史文化精神内核的一脉相承。如果离开历史传统，断绝历史血脉，就会迷失方向，丧失根本。在思想文化守正引领和崇德向善文明培育上，无锡在全市掀起"强国复兴有我·锡心永远向党"等群众性主题宣传教育活动，通过独具特色的各类主题宣传、形势政策宣传、发展建设成就宣传等，汇聚全市奋进的昂扬风貌。在社会领域，围绕"有善、有序、有礼、有爱"，积极弘扬社会正能量，不断打造"做文明有礼无锡人"道德实践品牌，在全市建有2300多家道德讲堂，鼓励文明单位、村镇和公共文化场所等依托"道德讲堂"激发全社会崇德向善的正能量。在推动传统文化的建设改造上，紧密结合无锡的吴文化、工商文化、运河文化等，为新时代无锡文化强市建设提供丰厚的养料来源。无锡文化建设实践牢牢扎根于传统文化沃土，并结合新的时代条件，推动无锡优秀传统文化创造性转化、创新性发展，让无锡优秀传统文化在"薪火相传、代代相守"的基础上彰显出其永不褪色的时代价值。如作

为宜兴紫砂、惠山泥人、无锡精微绣、无锡留青竹刻等非物质文化遗产的重要非遗地，无锡出台《无锡市"百匠千品"非物质文化遗产传承创新工程三年行动计划（2023-2025 年）》，其内容对象涵盖锡剧、滑稽戏等地方传统戏剧，也包括惠山泥人、二胡制作、玉祁双套酒、太湖船点等传统工艺项目，还包括惠山庙会、泰伯庙会、灯谜等民俗文化项目等。此外，建立无锡市非物质文化遗产人才库，并加快非遗传承人才培养，实施"薪火百匠"非遗传承人计划，通过在全市选树 100 名具有工匠精神的非遗代表性传承人等，将传统技艺薪火相传。截至目前，无锡已孕育了 11 个国家级非遗项目、51 个省级非遗项目。在此基础上，无锡加大对传统文化的财政扶持力度，设立非遗保护资金，用于非遗保护传承传播、非遗基础设施建设等。

另一方面，坚持文化创新不停步。无锡优秀传统文化延续着无锡的精神血脉，既需要薪火相传、代代守护，更需与时俱进、推陈出新。无锡深刻理解"两个结合"的重大意义，以"古韵今风"为创意理念，将传统文化与新时代文化实践和文化体验活动等相融合，在保留历史文化精髓的基础上融入现代元素，通过创新性的形式、年轻化的表达、沉浸式的体验，不断探索传统文化更为有趣的"打开方式"，让历史文化更好适应现代社会需求，发挥更大价值。如无锡素有"民乐之乡""中国二胡之乡"美誉，近年来倾力打造"梅村二胡"品牌，成立二胡行业协会，同时组织策划"中国二胡之乡"新年民族音乐会，实现民乐与现代音乐兼容发展。又如，在传承经典锡剧的同时，在锡剧的剧目创作上不断守正创新，将传统锡剧与当代审美有机结合，探索锡剧表演的现代表达，点燃全年龄人民的文化激情和文化热爱。无锡举办了多种文化活动和文艺创作，如原创舞剧《10909》、无锡国专纪录片、无锡城市艺术季等，丰富了市民的文化生活，提升了无锡的文化形象和影响力。针对无锡丰富多彩的非遗项目，无锡创新媒体平台宣传方式，加强对非遗项目和特色文化资源的研究阐释、开发运用，提高公众对非遗工作的认知度和关注度，不断夯实延续非遗文脉的社会基础；结合文化市集等开设紫砂泥塑、漆扇等非遗体验课程或民俗体验活动。当然，无锡在推动文化创新的同时，也持续探索各种文化的新表达，特别是不断拓宽"让文物活起来"的路径，把历史遗迹、文物保护与城市发展、文旅开发结合起来，激活文化产业发展新动能。

文化守正创新是无锡文化建设的显著标识，也是新时代无锡文化建设实践的鲜明气象。正是在守正创新的原则下，无锡鼓励文化创新，成功地将传统文化与现代发展相结合，不仅保护和传承了文化遗产，也推动了文化创新和城市发展。着眼未来，持续不断的文化传承创新，将继续为无锡经济社会发展提供源源不断的精神动力和思想智慧。

三、在站稳人民立场中把牢文化建设方向

文化繁荣发展，"人民"是关键内核所在。一直以来，源于人民、为了人民、属于人民，是推动社会主义文化繁荣发展的价值指针，更是文化建设前进方向的"方向盘"。因此，开展城市文化建设，必须牢牢站稳人民立场，尊重人民主体地位，提高公共文化产品和服务的供给能力，进而增强人民群众文化获得感、幸福感。实践证明，只有以人民为中心的文化建设才能深入人心，赢得人民的参与和支持。近年来，在推进文化建设的探索实践过程中，无锡坚守人民立场，时刻牢记文化建设的基层之根，群众之本，把群众参与作为文化建设重要路径，把群众满意作为文化建设最终标准，确保无锡文化建设始终沿着正确的方向前进。

一是牢牢依靠人民群众推动文化建设。无锡把尊重文化发展规律与尊重人民主体地位统一起来，发挥人民群众主体作用，以全市群众之力筑起文化发展高地，依靠全市群众的主动精神推进文化的创新创造和实现"文化上的每一个进步"。鉴于此，无锡把人才作为文化事业发展的第一要素，先后通过建立健全人才引育留用机制、完善激励示范引领机制、深化院校合作培养机制等，努力培育一批文艺人才。如聚焦文化建设和文化产业高质量发展对人才的需求，2023年先后制定出台《"太湖人才计划"宣传文化人才引育实施办法》《无锡市"百匠千品"非遗传承创新工程三年行动计划（2023—

2025）》等文件，打造科学均衡的"金字塔"型文化人才梯队，发挥高层次艺术人才在文艺创作、宣传推广、艺术科研、人才培养等方面的示范带动作用，促进无锡文艺精品创作水平的提升和高品质文化产品的供给。

城市文化建设不仅是一个人的涓涓细流，更是全民参与的波澜壮阔。为此，无锡鼓励和吸引人民大众参与文化建设和创作，繁荣发展群众文化。其中，无锡市数千名社会文艺志愿者年均组织近万场文艺活动，"情韵江南"群众文艺展演、"文艺进万家"志愿服务活动、太湖之秋全民艺术共享月等品牌深入人心。据统计，截至 2024 年 12 月，无锡已有 30 支优秀群文团队、80 名优秀骨干入选江苏省群众文化"百千万"工程，无锡亦连续 6 届获紫金合唱节优秀组织奖。无锡人民群众的实践创造，代表了无锡文化发展的方向，为无锡文化强市建设源源不断注入"文化养料"。

二是推动人文与经济的深度创新融合。立足深厚历史人文底蕴和实业经济基础，新时代的无锡把推动人文与经济各领域工作的创新融合作为文化建设发展的重要方向，突出交融共进，探寻人文经济共生共荣的文化建设密码，这是新时代探索为人民谋幸福的时代实践。文化与经济从来不是彼此孤立的，而是紧密联系的。但人文经济学的精髓要义在于不是立足"人文"说经济，也不是着眼"经济"观人文，而是以人为中心、以人文价值为导向、以文化为基础，时时追问经济发展的价值取向和财富增值的终端旨归。无锡把"打造新时代人文经济学的无锡实践样本"正式写入 2024 年政府工作报告。在具体实践中，无锡通过建设国家文化公园、打造文艺精品，推动中华优秀文化成果走向数字化、网络化、智能化，开发多元化的文化消费数字化应用场景，将特色文化资源转化为数字文化资产，实现历史文化资源向新型生产要素的转化并实现市场化应用。如无锡围绕古运河、崇安寺、小娄巷等传统古迹的复兴项目，着力将历史文化遗产以可持续市场化方式运作，实现文化事业和文化产业"双轮驱动"。无锡还大力推动文化与其他经济业态深度融合。例如，无锡影都华莱坞，通过 VR、人工智能等数字科技赋能文化产业革新，加速推进电影行业迈进电影工业 4.0，这也为全球数字文化产业发展提供了新的示范。

三是让文化建设成果惠及全体人民。文化建设的落脚点和目的是惠及人民群众。近年来，无锡不断优化城市文化基础设施布局，大力补齐公共文化服务短板，先后开展建设无锡美术馆、无锡市文化艺术中心、无锡交响音乐厅等三个重大文化设施建设项目，旨在更大程度满足人民精神文化生活新期待。首先，各类文化艺术阵地建设稳步推进，据统计，无锡目前已打造上百个"钟书房"，构建优质公共阅读空间矩阵，并建成锡剧艺术中心、无锡民族乐团新团址及 111 个各类公益小剧场，公共文化服务愈加普惠均衡。一个个文化阵地，从"建起来"到"用起来"再到"活起来"。其次，无锡创新实施文化惠民工程、新时代文艺精品"明珠工程"和公共文化服务数字赋能工程，推进线上剧场、舞台、展厅建设，不断丰富文化精神产品的数字化供给，有力促进了文化发展成果全民共享。

四、在秉持开放包容中倡导文化交流互鉴

文化交流是打破"滤镜"、拉近距离的最佳方案。现实历史显示，只有秉持开放包容理念，才能铸就文化自信，才能推动城市文化的持续创造和文明进阶。无独有偶，开放包容是无锡这座城市的秉性气质。放到更长的时间轴上观察，无锡的开放有其历史血脉基因。早在 3200 多年前，泰伯奔吴带来先进的中原文化，在与土著文化融合中孕育出新的文化形态——吴文化。可以说，吴文化从孕育伊始就打上了善于吸纳、包容异质文化的文化基因[1]。近代以来，无锡更是得风气之先，积极吸纳西方文化，最早对中国传统文化进行革新。这种开放的品质和对外界文化变革的敏感，也在日后深深影响了无锡这片土地上的人与事，演变成无锡文化的鲜明内在特点。从自然地理来看，作为江南水乡，拥有江河湖融合的水系，无锡以宽广的胸怀拥抱

---

[1] 王国中主编：《无锡工商文化》，南京大学出版社 2015 年版，第 133 页。

来自五湖四海的文化元素，推动着文化的交流融合。新时代以来，这种蔓延生根、向外生长交流拓展的顽强生命力仍然在激励无锡与外界文化开展深度链接，助推无锡继续历久弥新的文化建设实践进路。

一是始终以平等姿态对待不同文化。在开放包容的历史传统和文化氛围中，无锡不断吸收和融合各种文化精华，使得外来文化和本地文化、国内文化和国外文化、传统文化与现代文化等在无锡汇流交织，展现出无锡对多元文化的尊重和接纳。如无论是传统的锡剧、书画，还是现代的摇滚、街舞，在无锡都能找到生长的土壤，展现出无限的文化生命力。无锡鼓励不同文化背景的人们相互交流、相互学习，这种文化的交融在丰富市民的精神生活同时，也为城市的文化创新提供源源不断的灵感。

二是积极推动全市文化"扬帆出海"。文化"出海"是无锡地方文化融入世界舞台、推动文化交流碰撞的重要途径。近年来，无锡积极抢抓"一带一路"倡议带来的新机遇，通过建好平台，借助各种渠道让文化"千帆出海"，积极支持文化企业"走出去"。如作为首批 13 家国家文化出口基地之一、江苏首家以城市全域入选的基地，无锡国家文化出口基地以"大文化"理念引领产业发展，不断扩大文化出口规模，优化文化出口结构，提升文化出口质量，推动更多具有无锡文化元素的优秀作品漂洋过海"走出去"，以开放姿态打造引领文化产业高质量发展的"无锡模式"。目前，无锡国家文化出口基地登记在册的文化单位总数超过 2 万家，规模以上文化单位近 1000 家，从业人员超 10 万人。其中，11 家被评为国家重点文化出口企业，3 个项目被评为国家重点文化出口项目。此外，大力拓展各类交流平台视野，如先后承办全国文化出口基地交流会、苏港影视交流对接会等重大活动，搭建"文化锡云—无锡文化贸易服务平台"，组织企业参加重要境内外文化类展会。

三是着力打造国际文化交流品牌。塑造和维护城市文化品牌体系，成为城市文化建设过程中不可或缺的考量因素。当前，宜兴紫砂、惠山泥人、锡绣……这些耳熟能详的无锡特产已成为无锡对外文化交流的"金字招牌"。为扩大无锡对外交流的影响力，无锡聘请海外留学生担任"无锡文旅海外推荐官"，聘任华文媒体代表颁发"无锡文旅海外推广大使"称号等，助力无锡文化国际化进程再进一步。与此同时，无锡持续加强城市对外文化交流品牌、渠道建设，通过中国国际智能传播论坛、中国·江苏太湖影视文化产业投资峰会、苏港影视交流对接会等对接展示活动，搭建文化出口企业对外交流交易平台，打造无锡文化出口国际品牌。在此基础上，无锡积极推动无锡市歌舞剧院、无锡市民族乐团、红豆集团等各类文艺院团和企业承担对外文化交流项目，展示中国形象、无锡形象。

五、在突出统筹兼顾中处理文化建设关系

文化建设是一个系统工程，既是政府职责，也是全社会共同任务；既要谋长远，又要抓当下；既要强外力，又要提内力；既要打造精品文化，又要推进大众文化，等等。因此，在文化建设过程中，必须坚持统筹兼顾的根本方法，引导人们正确认识和妥善处理文化改革发展中的重大关系，在更高层次、更大范围、更宽领域内推动文化繁荣发展。只有重视和处理好这一系列关系，才能有效推动新时代无锡文化高质量发展，让文化建设更好地服务人民、反映时代、助力文化强市建设。

一是文化建设布局上，坚持文化事业和文化产业统筹推进。公益性文化事业和经营性文化产业内在统一于文化建设，是文化建设的两种不同形态，既互为支撑又各有侧重，共同推动着文化建设。无锡把文化事业和文化产业区分开来，坚持文化事业和文化产业"双轮驱动"，推动形成文化事业和文化产业"两手抓、两加强"的工作格局。一方面，繁荣文化事业，主要坚持以无锡各级政府为主导。政府通过加大公共财政投入力度，加快建设一批重点文化基础设施，加快构建覆盖全市城乡的公共文化服务体系，组织开展一批群众性文化活动，努力实现基本公共文化服务均等化，从而不断满足广大市民的精神文化需求。另一方面，发展文化产业，主要坚持以市场为主导。充分利用好国内国外两个市场、两种资源，建设好文化业

务和经营管理两支队伍，大力发展新兴文化产业，努力培育一批知名度高、影响力大的文化品牌，形成一定规模的文化产业链，推动文化产业成为无锡国民经济支柱性产业之一。

二是文化建设策略上，坚持精品文化与大众文化统筹兼顾。精品文化和大众文化是无锡城市文化建设的不同着眼点。其中，精品文化代表着无锡的文化建设品位和文化创造水平，而大众文化则代表着无锡精神文化生活的活跃程度。一直以来，无锡努力推动精品文化与大众文化不断融合、共同繁荣。一方面，提升文化品位，大力打造文艺精品。近年来，无锡市委宣传部、市文联等部门坚持"坚持出新品、出精品、出新人"，全面统筹全市各类文艺精品创作规划，分门别类实施文化精品工程，设立"文艺名家工作室"，助力精品文化艺术生产，先后诞生了一批精品文化力作。与此同时，推动精品文化走出"象牙塔"，不断在大众群体中扩展精品文化的受众面。另一方面，扩大文化受众面，大力普及大众文化。

无锡以全市人民大众的文化需求为第一信号，根据不同层次、不同群体、不同年龄的文化需求，设计不同的文化载体，开展多样的群体文化活动，真正体现"到群众中找文化、让群众演文化、使群众享受文化"的宗旨，使大众文化更加多姿多彩、更具吸引力和感染力。如无锡通过"钟书房"，全力打造全民阅读的"书香之城"。截至目前，无锡已建成百个"钟书房"优质公共阅读空间矩阵，地方特色鲜明，运营方式多元，有力助推了全市全民阅读工作，不断满足人民大众文化需求。

三是文化建设内容上，坚持文化硬件与文化软件统筹建设。文化硬件建设与文化软件建设是有机统一的，加强文化建设必须统筹硬件和软件建设。无锡坚持"软硬皆施"，推动文化事业全面繁荣。其中，围绕"文化硬件建设"，无锡近年已建成文化艺术中心、美术馆、国学纪念馆、锡剧艺术中心、音乐厅等一批标志性文化设施，目前正加快建设无锡交响音乐厅、无锡文化艺术中心、无锡美术馆等一批标志性公共文化设施项目，进一步完善城市文化服务功能布局，特别是着力改善城乡基层文化设施，不断健全公益性文化设施网络。而围绕"文化软件建设"，无锡紧紧抓住建设社会主义核心价值体系这个根本，大力实施思想理论武装工程、人文精神培育工程、文明风尚引导工程、正确舆论导向工程等，引进高水平文艺演出、文化展览，成立无锡交响乐团等，打造国家级非遗传承体验中心，不断丰富全市人民群众精神文化生活的内容。

进一步汇聚文化强市建设的强大合力

　　文化与经济犹如一对"黄金搭档"，呈现总体上的正相关性关系。正如习近平总书记所指出，"文化很发达的地方，经济照样走在前面"。毛泽东同志强调，"文化是不可少的，任何社会没有文化就建设不起来。"[①] 文化建设是城市繁荣发展的赋能性因素，谁能抓住文化繁荣发展这个"关键变量"，谁就能驶上发展的快车道。近代以来，无锡凭借深厚历史文化底蕴、独特文化气质，走出了一条富有鲜明地域特色的高质量发展之路，率先完成城市近代化转型，开创乡镇企业的"苏南模式"，实现了历史大跨越。这些创新实践、辉煌成就和成功经验，已积淀转化为当下无锡发展的文化自信。

　　光阴不系过往，百年只是序章。站在中国特色社会主义新时代的历史起点，无锡坚持以习近平文化思想为指引，自觉主动承担起文化繁荣的使命任务，制定并大力实施《在社会主义文化强省建设中多做无锡贡献行动方案》，明确提出到 2025 年无锡现代文明建设走在全省全国第一方阵，到 2030 年建成"文化强市"，到 2035 年成为在国际国内具有较强竞争力与影响力的江南文化名城，全力打造新时代文化高质量发展市域典范，塑造与经济地位相匹配的城市文化形象，为无锡争当中国式现代化建设的城市范例提供强大的

---

①《毛泽东文集》第 3 卷，人民出版社 1996 年版，第 109~110 页。

价值引导力、文化凝聚力、精神推动力。建设社会主义文化强市，是无锡深入贯彻落实党的二十届三中全会精神，切实扛起推进文化自信自强的使命担当，也是传承弘扬"无锡经验"、创新发展无锡文化的重大命题。

回望历史，无锡成功走出了一条具有时代特征、地域特色、无锡特点的文化建设新路，深刻认识并自觉坚持文化建设宝贵经验，是我们更加从容自信地推进新时代文化强市建设、推进文化繁荣发展、担负新的文化使命的重要前提。回首无锡文化建设的探索实践，我们认为主要有以下特征。

一、高举思想旗帜，把牢文化建设前进方向。坚持什么样的文化方向，推动建设什么样的文化，事关无锡文化强市探索实践的根基。无锡文化强市建设取得的一切成果，说到底是坚持党的文化领导权的结果，这也是推动文化繁荣发展的根本政治保证。历来，无锡市委、市政府高度重视运用文化引领前进方向、凝聚奋斗力量，审时度势调整文化发展战略和发展路径。新时代以来，习近平文化思想进一步为无锡文化强市建设指明了路线图和任务书。无锡持续强化政治引领，把学习践行习近平文化思想作为党员领导干部增强担当新的文化使命的素质本领，确保习近平文化思想在无锡落地生根、开花结果。其中，在学习上，强化理论武装，坚持不懈用习近平新时代中国特色社会主义思想统一思想、统一认识；在研究上，深入开展理论研究阐释，推动无锡文化建设研究；在实践上，持续推进新时代文明实践，推动文化建设各项工作始终沿着习近平总书记指引的方向前进。

二、守住文化根魂，赓续城市历史文化基因。观一城文脉，可知古今春秋。吴文化、江南文化、工商文化、运河文化、慈善文化、红色文化、东林精神……是无锡具有历史厚重感的独特文化留存，也是无锡文化建设不可或缺的驱动资源。千百年来，这些文化基因、历史文脉已浸润到无锡每个角落。无锡基于这些丰厚的历史文化遗存，先后启动《无锡史》编纂，出台《无锡市文物保护工作三年行动计划》，实施地域文明探源工程，推动大运河文化带和大运河长江国家文化公园建设等。同时，不断探索江南文脉传承创新的新模式，拓宽"让文物活起来"的路径，大力开展运河汇、运河外滩等工业遗产改造，充分激发江南文脉的时代价值，推动在创新发展中延续江南文脉，为无锡文化建设探索赋能。

三、坚持统筹联动，构建文化建设新格局。文化建设是中国特色社会主义"五位一体"总体布局的重要组成部分。无锡从"五位一体"总体布局理解新时代文化建设，强调推动高质量发展，文化是重要支点；满足人民美好生活需要，文化是重要因素；推进共同富裕，文化是重要抓手；应对风险挑战，文化是力量源泉等。鉴于此，无锡坚持体系化统筹，深化高质量发展的经济基础、人民当家作主的政治实践、高品质生活的精神追求、规范有序的社会秩序、和谐共生的生态追求等共进发展格局。特别是，积极探索出统筹城乡融合发展的"苏南模式"，推动文化与经济、城市与乡镇相互交融、相互促进，用坚实的经济建设成果为文化建设夯基，走出一条城乡文化并进的发展之路，努力绘就人文与经济交融共生的"江南画卷"。

四、秉承开放包容理念，推动文化对外交流传播。习近平总书记指出："文明交流互鉴，是推动人类文明进步和世界和平发展的重要动力。"无锡坚持外向发展，注重以文传声，内求文化"出圈"，外推文化"出海"，特别是把文化"出海"和对外贸易合作有机结合、推向纵深，在深化文明交流互鉴中传播无锡声音、展示江南形象。其中，通过持续优化涉外营商环境，助力打造外商投资最满意城市，有效消除文化隔阂、吸引外资融入，更好服务保障高水平对外开放。同时，出台《无锡国家文化出口基地发展规划》等政策，推动紫砂、泥人等非遗项目通过创意破圈"出海"，大力发展对外文化贸易，把更多具有无锡元素的优秀文化产品和服务推向世界，绽放出无锡文化特色的时代风采。

文化建设既指向历史也指向现实。2023 年，无锡已发展到人均 GDP 跨过 20 万元关口，连续四年荣登全国大中城市首位。不管是历史积淀还是现实支撑，无锡有责任有基础有能力继续推进社会主义文化强市建设。新发展阶段需要涵育文化建设新的发展动力，也需要增强全民文化创造活力。建设文化强市是无锡全社会的共同信念所在，更好担负起文化强市建设的使命，要能够正确把握党政主导力、企业运营力、社会配置力等不同力量的关系，实现政府、产业和社会力量等多层面协同推进，在发挥优势中合力攻坚，实现多方文化建设资源的整合和转化，从而团结带领广大人民群众在建设文化强市的奋斗中凝聚起干事创业魄力、创新发展动力、文物遗产活力，为推进文化强市建设汇聚磅礴力量。具体而言，要把握以下几点。

一是强化制度保障，有序推进文化体制机制改革。党的二十届三中全会专门就"深化文化体制机制改革"作出部署，提出优化文化服务和文化产品供给机制，这些为新时代推动文化繁荣发展、推进文化强市建设提供了体制机制改革的正确指引。体制机制问题具有根本性、全局性、长期性。只有坚决破除文化领域各方面体制机制弊端，才能为推进文化强市提供坚实制度保障。丰富全市人民精神文化生活的关键在改革，提升无锡文化传播力影响力的关键更在改革。因此，要进一步明确体制机制改革方向，建立与现代科技发展相适应的体制机制，精准化扶持文化产业，制度化支持文化产品创作。同时建立健全激励机制，努力培育形成规模宏大、结构合理、富有创新精神的文化事业人才队伍，为无锡文化强市建设注入活力、动力。

二是凝聚磅礴力量，激发全社会文化创新创造活力。文化建设着眼于人、落脚于人。文化繁荣发展是人民群众的事业，建设文化强市本质上是为有效满足广大人民群众持续变化和更加丰富的文化需求。实践使我们真切地感受到：人民群众是文化强市建设的创造主体，只有调动全社会各方面力量，整合社会各方面资源，才能形成全市共同兴办文化事业的格局。因此，推动文化强市建设，既要坚持文化发展为了人民，从文化载体、形式、内容上切实发力，创新实施文化惠民工程，建立优质文化资源直达基层机制，也要坚持文化发展依靠人民，尊重人民主体地位和首创精神，特别是把人民群众的文化创造实践作为文化强市建设的源头活水。

三是突出科技赋能，注入文化事业发展的新动力。21世纪以来，互联网、人工智能、AI等数字信息技术迅速发展和广泛应用，不但使得传统文化行业的应用场景日益广泛，而且催生了很多文化新赛道、新业态。正如习近平总书记强调："文化和科技融合，既催生了新的文化业态、延伸了文化产业链，又集聚了大量创新人才，是朝阳产业，大有前途。"可以预见的是，当前科技催生的文化新业态和新模式不会是昙花一现，而是未来文化发展繁荣的重要一环。要大力顺应数字产业化和产业数字化的时代发展趋势，既要改造提升传统文化业态，又要加快发展新型文化业态。特别是要促进文化和科技深度融合，这是科技创新赋能无锡文化产业高质量发展的方向和大势所在。无锡要进一步解放和发展文化生产力，在产业创新链条融合上发力，加快文化产业发展动能切换，用科技创新为文化创新发展保驾护航。

四是着力赓续文脉，激活当地优秀传统文化的新活力。文化越悠久，就越有生命力，而文化建设主体更要面对和处理好城市文化的昨天、今天、明天间的关系，这就涉及文化传承和创新的关系。习近平总书记指出，"着力赓续中华文脉、推动中华优秀传统文化创造性转化和创新性发展"。事实上，坚持文化建设守正创新的目的也在于处理好文化发展的时间关系，"守"为继承守护，"正"为价值取向，换言之即如何看待和传承昨天的文化、如何弘扬和发展未来的文化。历史证明，抛弃自身文化血脉、搞全盘西化是行不通的，只有把马克思主义基本原理同中华优秀传统文化相结合，才是文化的发展之道。推进文化强市建设，首要就是要梳理和利用好地域的特色传统文化资源，充分挖掘优秀历史文化的时代价值。在此基础上，多业态打造"两创"展示空间，将无锡历史文化资源优势转化成城市发展动能，使当地优秀传统文化焕发新的生机与活力。

有悠久历史和美好未来的文化之城值得每个人期待和向往。无锡正以历史为底色，围绕传承好、守护好生生不息的江南文脉不断努力，突出历史与现代交相辉映、内在与外在和谐统一、政府与市场同频共振、自立与开放协同共进，努力实现"大文化"与"小文化"、"现代文化"与"传统文化"、"文化保护"与"文化建设"、"精品文化"与"大众文化"的有机结合，不断探索具有中国特色、时代特征、无锡特点的文化强市建设新模式。

假以时日，无锡的文化强市建设必将带给人耳目一新的感受，一座历史文脉与现代文明交相辉映的文化名城必将屹立在人们面前。

参考文献

（一）著作类

[1]《马克思恩格斯选集》第一——四卷，人民出版社 2012 年版。

[2]《毛泽东选集》第一——四卷，人民出版社 1991 年版。

[3]《邓小平年谱》第五卷，中央文献出版社 2020 年版。

[4]《胡锦涛文选》第一——三卷，人民出版社 2016 年版。

[5]《习近平谈治国理政》第一卷，外文出版社 2014 年版。

[6]《习近平谈治国理政》第二卷，外文出版社 2017 年版。

[7]《习近平谈治国理政》第三卷，外文出版社 2020 年版。

[8]《习近平谈治国理政》第四卷，外文出版社 2022 年版。

[9]《习近平关于社会主义文化建设论述摘编》，中央文献出版社 2017 年版。

[10] 习近平：《在文艺工作座谈会上的讲话》，人民出版社 2015 年版。

[11] 中共中央党史和文献研究院编：《习近平关于网络强国论述摘编》，中央文献出版社 2021 年版。

[12] 雷群虎：《无锡特色文化》，苏州大学出版社 2006 年版。

[13] 徐国保：《吴文化的根基与文脉》，东南大学出版社 2018 年版。

[14] 夏锦文：《运河文化研究》，江苏人民出版社 2019 年版。

[15] 王卫平、王国平：《吴文化与江南社会研究》，群言出版社 2005 年版。

[16] 王国中：《无锡工商文化》，南京大学出版社 2015 年版。

[17] 王立人：《吴文化与工商文化》，凤凰出版社 2008 年版。

[18] 中共中央宣传部、中央广播电视总台：《平"语"近人：习近平总书记用典》，人民出版社 2019 年版。

[19] 薛福成：《出使英法义比四国日记》，岳麓书社 1985 年版。

[20] 吴锋、孟磊：《长三角文化产业发展研究》，上海三联书店 2014 年版。

[21] 宗菊如：《无锡农村经济起飞之路》，上海社会科学院出版社 1997 年版。

[22] 赵立平：《物联网产业与技术发展的无锡实践》，上海财经大学出版社 2017 年版。

[23] 中共无锡市委党校：《无锡高水平全面建成小康社会案例选编》，江苏人民出版社 2021 年版。

[24] 中共江苏省委宣传部：《全面小康追梦之路》，江苏人民出版社 2021 年版。

[25] 文明城市长效机制研究课题组：《文明城市与文化发展》，广西人民出版社 2011 年版。

[26] 江苏省文化厅：《文化遗产与社会发展》，南京出版社 2007 年版。

[27] 王文章：《非物质文化遗产保护研究》，文化艺术出版社 2013 年版。

[28] 无锡市博物馆协会：《城市慢生活 无锡地区博物馆指南》，古吴轩出版社 2017 年版。

[29] 瞿立新：《江苏运河工商文化保护传承利用研究》，中国纺织出版社 2024 年版。

[30] 庄若江：《千载化育 璀璨华章》，光明日报出版社 2019 年版。

[31] 成长春、杨凤华等：《协调性均衡发展：长江经济带发展新战略与江苏探索》，人民出版社 2016 年版。

[32] 张文珍：《中华优秀传统文化传承创新的动力机制研究》，人民出版社 2022 年版。

[33] 沈壮海：《文化强国的关键要素及其建设研究》，人民出版社 2023 年版。

[34] 陈明琨：《新时代中国对外话语体系建构基本问题研究》，人民出版社 2023 年版。

[35] 严克勤：《无锡历史文化的源脉品》，上海三联书店 2007 年版。

[36]江庆柏:《明清苏南望族文化研究》,南京师范大学出版社2016年版。

[37]陈璧显：《中国大运河史》，中华书局2001年版。

[38]无锡市新产业研究会：《无锡绿色低碳发展报告2022》，上海社会科学院出版社2022年版。

[39]无锡市新产业研究会：《迈向高质量发展的现代产业园区 无锡开发区发展报告2020》，上海社会科学院出版社2020年版。

[40]无锡市新产业研究会：《数字无锡 智创未来 无锡数字经济发展报告2021》，上海社会科学院出版社2021年版。

（二）统计年鉴类

[1]无锡市地方志编纂委员会办公室编：《无锡年鉴1986-1990》，上海人民出版社1992年版。

[2]李京文：《中国经济科学年鉴1994》，中国统计出版社1994年版。

[3]江苏省地方志办公室主办、江苏省人民政府办公厅主管：《江苏年鉴2022》，江苏年鉴杂志社2022年版。

[4]江苏文化和旅游年鉴编纂委员会：《江苏文化和旅游年鉴2022》，广陵书社2024年版。

[5]无锡市统计局：《无锡统计年鉴2023》，中国统计出版社2023年版。

[6]无锡市档案史志馆：《无锡年鉴2023》，方志出版社2023年版。

[7]庄申：《无锡市志（第三册）》，江苏人民出版社1995年版。

（三）期刊类

[1]周秋光、万佳敏:《论社会流动对慈善近代化的驱动作用》,《安徽史学》2024年第4期。

[2]赵文聘：《数字化转型中公益慈善的失范行为及其规制》,《理论探索》2024年第4期。

[3]任鹏、赵海男：《习近平文化思想中的家国情怀：内涵、境遇与培育》，

《浙江工商大学学报》2024 年第 3 期。

[4] 刘余莉、聂菲璘：《家国情怀的精神境界与历史文化内涵》，《甘肃社会科学》2021 年第 5 期。

[5] 李跃力：《精神秩序的整一化与革命历史主体的诞生——论革命文学对革命信仰的书写与强化》，《文史哲》2011 年第 4 期。

[6] 杨义：《吴文化的发生特质及其意义》，《中国社会科学院研究生院学报》2011 年第 6 期。

[7] 李茂叶：《大运河文化传播路径探析——以江苏段运河文化为例》，《新闻爱好者》2020 年第 10 期。

[8] 李泉：《中国运河文化的形成及其演进》，《东岳论丛》2008 年第 3 期。

[9] 中共无锡市委党校课题组成大江、贾秀飞等：《新时代"四千四万"精神的审视和实践观照》，《江南论坛》2018 年第 12 期。

[10] 梅亚萍：《"四千四万"精神的核心要义、价值意蕴和实践路径》，《江南论坛》2023 年第 6 期。

[11] 武力：《"四千四万"精神：中国式现代化中的农民贡献》，《江南论坛》2023 年第 6 期。

[12] 肖卜文：《"第二个结合"破解"古今中西之争"：价值、逻辑与实践空间》，《求索》2024 年第 7 期。

[13] 王钰鑫：《社会主义文化强国：出场、要素、评价与进路》，《江西社会科学》2024 年第 11 期。

[14] 李风华、张丹：《科学社会主义价值观的出场、转场及时代赓续》，《社会主义核心价值观研究》2024 年第 5 期。

[15] 朱献苏、杨威：《在中国式现代化进程中推动形成社会主义家庭文明新风尚论析》，《学校党建与思想教育》2024 年第 10 期。

[16] 赵文：《新时代社会主义新风尚的培育路径》，《学习与实践》2018 年第 10 期。

[17] 曹恒涛：《新时代中国共产党领导文化主体性建设的重大成就、基

本经验与使命担当》，《郑州大学学报 (哲学社会科学版)》2025 年第 1 期。

[18] 杨越明：《从数字赋能到生态构建新时代文明实践志愿服务创新机制研究》，《人民论坛》2024 年第 3 期。

[19] 汪雷、罗成：《推动新时代文明实践中心建设走深走实》，《党建》2024 年第 10 期。

[20] 赵文：《新时代社会主义新风尚的培育路径》，《学习与实践》2018 年第 10 期。

[21] 李长平：《培育文明新风尚促进跨越式发展》，《社会主义论坛》2018 年第 8 期。

[22] 杨宇辰：《中国式现代化进程中的公民道德建设》，《中州学刊》2024 年第 2 期。

[23] 丁伯军：《培育先进文化工程加强街区道德建设》，《江南论坛》2017 年第 7 期。

[24] 丁宏：《人文经济学的"无锡样本"及其启示》，《江南论坛》2024 年第 7 期。

[25] 方世南：《以人与自然和谐共生的现代化创造人类生态文明新形态研究》，《江苏大学学报（社会科学版）》2023 年第 5 期。

[26] 邢纪红：《习近平文化思想引领新时代思想道德建设》，《江苏社会科学》2024 年第 5 期。

[27] 俞祖华：《百余年来中国共产党人对精神文明建设的探索——兼论中国式现代化是物质文明和精神文明相协调的现代化》，《人文杂志》2024 年第 4 期。

[28] 李留新：《绿色文化有力支撑绿色发展》，《人民论坛》2019 年第 16 期。

[29] 杨新力：《转变文化发展方式加快文化改革发展》，《江苏社会科学》2010 年第 4 期。

[30] 王韶菡、李尽沙：《体验原真与保护原真：文化数字化背景下的文

化遗产可持续传承与综合利用》，《艺术设计研究》2023 年第 1 期。

[31] 曹军：《大型展品的博物馆空间展示和技术利用——以"大运河——中国的世界文化遗产"展览为例》，《东南文化》2021 年第 2 期。

[32] 张帆、邱冰：《大运河物质文化遗产属性的再认知与实践反思——基于文化公共物品的视角》，《学海》2021 年第 5 期。

[33] 曹雨平、汪瑞霞：《协同推进长江和大运河国家文化公园建设的动因与路径》，《江海学刊》2024 年第 6 期。

[34] 唐宁、潘天波：《江苏大运河文化记忆场所的建设及其活化传承》，《南京社会科学》2020 年第 2 期。

[35] 张卫：《大运河文化带建设国际性传播发展状况及策略——以江苏段为例》，《艺术百家》2019 年第 2 期。

[36] 王立人：《在传承中丰富发展无锡工商文化》，《江南论坛》2008 年第 6 期。

[37] 于珍、孟国祥：《江苏革命遗址的保护和利用》，《档案与建设》2012 年第 2 期。

[38] 李卓一、李建华：《文化空间类非遗的空间画像及与物质文化遗产的联动保护初探——以无锡惠山庙会为例》，《城市发展研究》2018 年第 12 期。

[39] 李剑：《无锡运河文化遗产资源的数字化保护与传播研究》，《装饰》2016 年第 8 期。

[40] 范岚：《文旅融合背景下无锡近代园林文化遗产活化研究》，《文化学刊》2020 年第 11 期。

[41] 胡逸：《无锡数字经济提速和数字化转型路径研究》，《江南论坛》2023 年第 9 期。

[42] 王建兰：《无锡推进人才引进工作的实践与思考》，《江南论坛》2023 年第 10 期。

[43] 程姗姗、李涛：《江苏农村职业教育与乡村旅游资源开发的实证研究》，《常州工学院学报》，2024 年第 5 期。

[44] 杨永年、袁建刚：《苏锡常都市圈职教样板建设：价值贡献、现实困境和提升策略》，《职教发展研究》2024 年第 3 期。

[45] 马中文、陈思聪、林嘉恒：《基于宜兴紫砂壶的沉浸式数字文创互动系统设计》，《包装工程》2023 年第 14 期。

[46] 任宝龙：《明清宜兴紫砂外销欧洲的文化映射与互鉴——基于英国 V&A 博物馆典藏的考察》，《农业考古》2022 年第 5 期。

[47] 孟献丽：《习近平文化思想的科学性及其多维向度》，《马克思主义研究》2024 年第 8 期。

[48] 罗静、韩婷婷、裴利利等：《乡村公共服务布局与统筹政策研究进展及展望》，《人文地理》2024 年第 6 期。

[49] 李少惠、赵军义：《农村居民公共文化服务弱参与的行动逻辑——基于经典扎根理论的探索性研究》，《图书与情报》2019 年第 4 期。

[50] 谢丹：《探索多元化的对外文化传播路径》，《人民论坛》2018 年第 15 期。

[51] 毛峻凌：《中华优秀传统文化的传承与国家话语的对外传播》，《广西社会科学》2019 年第 9 期。

[52] 陈白颖：《城市地域文化对外传播的话语策略研究——以杭州为例》，《城市发展研究》2020 年第 5 期。

[53] 杨希燕：《构建人类命运共同体与中华文化对外交流传播》，《红旗文稿》2021 年第 7 期。

[54] 刘胜枝：《做好网络空间的对外文化传播》，《人民论坛》2021 年第 31 期。

[55] 王志凯、史晋川：《苏南模式演进与发展》，《上海交通大学学报（哲学社会科学版）》2024 年第 1 期。

（四）报纸类

[1] 习近平：《齐心开创共建"一带一路"美好未来》，《人民日报》

2019 年 4 月 27 日。

[2]《推动社会主义核心价值观在家庭落地生根》，《人民日报》2020 年 8 月 19 日。

[3]《培育和践行社会主义核心价值观》，《人民日报》2017 年 11 月 17 日。

[4]《加强精神文明建设践行社会主义核心价值观》，《中国建设报》2017 年 3 月 23 日。

[5]《深入推进全省社会主义核心价值观教育》，《江苏教育报》2016 年 12 月 21 日。

[6]《伙伴携手，新时代文明实践多姿多彩》，《新华日报》2024 年 12 月 16 日。

[7]《文明实践扬新风春风化雨润诗城》，《精神文明报》2024 年 7 月 8 日。

[8]工拓：《全国人大代表杜小刚：打造践行新发展理念高质量发展示范区》，《新华日报》2022 年 3 月 9 日。

[9]李小敏：《以解放思想领先推动高质量发展领先》，《新华日报》2018 年 7 月 10 日。

[10]马薇：《打造践行新发展理念高质量发展示范区》，《新华日报》2022 年 1 月 21 日。

[11]孙彬：《以体制改革促发展转型》，《经济参考报》2011 年 12 月 14 日。

[12]朱品昌、贡超、辛万里：《无锡文化产业成为经济"助推器"》，《江苏经济报》2009 年 12 月 28 日。

[13]《关于深入学习实践社会主义荣辱观　大力加强思想道德建设的实施意见(摘要)》，《新华日报》2006 年 6 月 7 日。

[14]袁飞：《打造鲜明文化标识建设江南文化名城》，《新华日报》2018 年 11 月 13 日。

[15]《兴文化育文明，共享美好城市精神家园》，《新华日报》2022 年 10 月 11 日。

[16]苏雁、张运：《续写"太湖美"打造"幸福湖"》，《光明日报》

2023 年 10 月 31 日。

[17]《弘扬"四千四万"精神 书写高质量发展新辉煌》，《无锡日报》2021 年 1 月 21 日。

[18] 李建秋、薛柯柯、袁斌：《弘扬"四千四万"精神，推进中国式现代化无锡新实践》，《无锡日报》2023 年 3 月 14 日。

[19]《传承创新，"文化无锡"显魅力添活力》，《无锡日报》2023 年 8 月 10 日。

[20]《我市加快推进重点文化设施建设工作》，《无锡日报》2022 年 4 月 15 日。

[21]《用新时代文艺精品讲好无锡故事》，《无锡日报》2023 年 11 月 21 日。

[22]《擦亮标识，凸显历史文化名城个性》，《无锡日报》2023 年 7 月 12 日。

[23]《传承创新，"文化无锡"显魅力添活力》，《无锡日报》2023 年 8 月 10 日。

[24] 张静：《以文兴城激活城市"流量密码" 无锡"四大场馆"建设火热推进》，《无锡日报》2024 年 8 月 13 日。

[25]《保护传承＋活化利用，激发历史文化街区"生命力"》，《无锡日报》2024 年 1 月 26 日。

[26]《无锡全力推进大运河文化带建设 让流淌千年的厚重传承焕发澎湃生机》，《无锡日报》2022 年 4 月 15 日。

[27]《媒体融合"全景式"展现高质量发展无锡实践》，《无锡日报》2023 年 11 月 5 日。

（五）网络文献

[1] 无锡市统计局、国家统计局无锡调查队：《2023 年无锡市国民经济和社会发展统计公报》，无锡市统计局网站，2023 年 3 月 5 日，https://tj.wuxi.gov.cn/doc/2024/03/05/4191383.shtml。

[2] 中共无锡市委宣传部、无锡市文化广电和旅游局、无锡市财政局：《关于印发〈无锡市文化产业发展扶持 资金管理实施细则〉的通知》，转引自无锡市梁溪文体旅游局， 2019 年 9 月 3 日，https://www.wxlx.gov.cn/doc/2019/12/11/2728975.shtml。

[3] 北有清华、南有国专：《无锡国专纪念馆开馆》，澎湃新闻，2022 年 11 月 4 日，https://www.thepaper.cn/newsDetail_forward_20599144。

[4]《守正创新，打造新时代文化强市》，无锡市人民政府网站转自《无锡日报》，2024 年 1 月 9 日，https://www.wuxi.gov.cn/doc/2024/01/09/4153959.shtml。

[5]《“遇见锡引力”城市文化交流节启动 | 无锡，向世界展现中国美》，无锡市人民政府外事办公室网站转自“无锡观察”，2023 年 9 月 11 日，https://fao.wuxi.gov.cn/doc/2023/09/11/4058637.shtml。

[6]《江苏无锡：文化“扬帆出海”，在世界舞台绽放中华文化风采》，人民网转自《无锡日报》，2023 年 8 月 6 日，http://js.people.com.cn/n2/2023/0806/c360303-40521514.html。

后　记

　　《传承与发展：新时代文化建设的无锡实践》是在深入学习贯彻习近平文化思想的基础上，沿着历史之维、现实之维、实践之维，探究无锡推进文化建设的实践与经验总结之作。

　　党的十八大以来，地处长三角中心区域的工商名城无锡，立足悠久的历史根基，深入挖掘文化资源，强化社会主义核心价值观引领，努力推进文化传承与创新，加强文化遗产保护、开发与利用，大力发展文化事业与产业，展现文化建设与经济发展互融互促的崭新风貌。这一研究，旨在为新时代加强文化建设提供有益的借鉴和启示。

　　文化建设的无锡实践研究是一项系统工程，也是一项长期任务，需要持续跟踪研究和不断丰富完善。本书仅是尝试性的总结探索，期待各城市与各地区在未来找准文化定位，探寻文化建设新路径，从而坚定文化自信，为助推中国特色社会主义现代化建设与实现中华民族伟大复兴贡献智慧。

　　本书为中共无锡市委宣传部委托立项研究成果。本书由刘大禹教授、马素伟副研究员共同担任主编，负责全书的纲目、统稿、修改、完善、润色等。编写任务分工如下：刘大禹撰写前言、结语、后记等；第一章由李丰撰写；第二章由张丽、贺文强、马素伟撰写；第三章由胡哲撰写；第四章由闫志远撰写；第五章由徐梓又撰写；第六章由向羽撰写；第七章由马素伟、陈良琨撰写。本书在编著出版过程中，得到了人民日报出版社的大力支持。感谢江南大学历史研究院、江南文化研究院、马克思主义学院的倾力相助。感谢郑立平、罗安斌、汤可可、刘焕明等专家学者提出的宝贵修改建议。在此，向所有关心、支持并参与本书调研、编著和审改的领导、专家和同人表示衷心的感谢！

本书编著者主要为江南大学马克思主义理论方向的博士研究生，另有硕士研究生余慧、唐小凤、王艺璞等参与了材料收集等部分工作。他们文字表述风格存在差异，尽管经过修改润色，各章节难免文风不一致。同时，限于编著者的学识、能力和时间，书中难免有疏漏不足之处，敬请读者批评指正。本书参考了不少专题文献、学术论著、政府网页等，未能在参考文献全部详细列出，在此表示诚挚谢意。

本书编写组

2025 年 1 月 3 日